都　市　文　化　研　究　译　丛

上海市高水平地方高校（学科）建设 – 上海师范大学中国语言文学学科成果

都市文化研究译丛编委会

主编
董丽敏

编委
毛尖 倪伟 詹丹 薛毅 董丽敏

我的洛杉矶

从都市重组到区域城市化

[美] 爱德华·W·苏贾 著

强乃社 译

上海 人民出版社

出版说明

　　都市文化研究是一门新兴的前沿学科，主要研究现代都市文化的缘起、变化和发展的规律。 它与文化研究、都市研究、社会学、地理学、历史学、文学等学科紧密相关。 都市文化研究在中国的兴起，也与中国经济、社会、文化的发展密不可分，我们期待着这门学科在中国生根、发展，能以中国经验为基础，放眼世界，取得新的突破，并积极参与到中国的都市文化建设中去。 为达到此目的，大规模地译介国外的都市文化研究成果，不仅是必需的，而且也是很紧迫的。 他山之石，可以攻玉，学科的自主和创新，必定要建立在全面了解已有成果的基础之上。

　　都市文化研究译丛不仅包括一批都市文化研究、文化理论的经典著作，也包括显示出最新发展动向的近作，我们注重在理论方法上有重要启示意义的名家名著，也注重对某种现象作实证性研究的学术专著，同时计划译介一些概论性的著作。 总之，只要是对中国的都市文化研究有参考价值的作品，都在我们译介的范围内。 我们吁请海内外的学者、专家对我们的工作提出意见和建议，吁请更多的翻译家加入我们的行列中。

上海师范大学中文系

2018 年 6 月

致　谢

　　我首先要表达对斯蒂法诺·布洛赫(Stefano Bloch)的感谢，没有他的帮助，本书第九章就不能完成。 布洛赫是第 8—12 幅图片的拍摄者。 其中有三幅是壁画艺术家米尔·奥恩(Mear One)创作的，使用这些画得到了他的许可。 尤其要感谢加州大学北岭分校地理系欧根·特纳(Eugene Turner)和詹姆斯·艾伦(James Allen)，他们准备了第 1—4 幅地图。 摄影艺术家安东尼斯·里克斯(Antonis Ricos)，我关系密切的朋友，帮助准备了第 2—6 幅图片以及第 12 幅地图，这些原来发表在《第三空间：去往洛杉矶和其他真实或者想象地方之旅》(*Thirdspace：Journeys to Los Angeles and Other Real-and-Imagined Places*，Blackwell，1996)一书中。 一起准备插图资料、做出版准备并重新绘制第 7 幅图片的是肖恩·库姆斯(Sean Combs)，不是那位说唱乐明星①而是我的女婿，也是超快乐的安蒂森(Addison)的父亲。 谢谢肖恩。

　　第一章到第八章是我以前发表的文章不同程度的修改稿。 所有章节的主要来源在附录 1 当中做出说明。 尤其值得说明的是第 5—11 幅地图，是从《后现代地理学：批判社会理论的空间重述》(*Postmodern Geographies：The Reassertion of Space in Critical Social Theory*)一书中复制而来。 该书是 Verso 出版社 1989 年出版的，在他们 2011 年"激进思想家"丛书中重版。 第三章部分内容直接来自《第三空间》一书第八

---

　　① 指与 Sean Combs 同名的在美国知名度很高的歌星，艺名"Puff Daddy"更为人所知晓。 ——译者注

章"外城之内：后现代世界中的日常生活"。 我也很感谢明尼苏达大学出版社，允许我使用 2010 年出版的《寻求空间正义》（*Seeking Spatial Justice*）第八章的内容，以及加州大学出版社，允许我使用《城市》（*The City*）一书导论中的地图作为我这本书的第 13 幅地图，《城市》是我和艾伦·斯科特（Allen Scott）合撰的。 必须感谢我的合作者：哥兹·沃尔夫（Goetz Wolff）、丽贝卡·莫拉雷斯（Rebecca Morales）、艾伦·斯科特、胡安·米格尔·卡奈（Juan Miguel Kanai）。

x 　我完成本书初稿时，作为 2012 年 7 月 2 日到 8 月 10 日的麦隆（Mellon）高级研究员，在蒙特利尔市的加拿大建筑中心，充分利用了那里的优渥条件。 我感谢麦隆基金会，感谢加拿大建筑中心的菲利斯·兰伯特（Phyllis Lambert，基金会主任）以及米尔克·扎蒂尼（Mirko Zardini，总监和总策划）。 在蒙特利尔期间，自始至终给我诸多帮助的是研究中心的主任阿历克斯·索宁（Alexis Sornin）。 也感谢凯瑟琳·贝拉（Catherine Bella），她是我的研究助手。 在蒙特利尔期间，对地方和区域政治学的研究，为本书最后三章增色良多。

目录

导　论

　　洛杉矶以其无与伦比之向外地理延伸，将自己鲜活地展示给世人，激发起想象——还有热烈的观点——几乎来自每一个人，包括那些从来没有到过洛杉矶而依靠他人的意见和想象来构筑其印象的人们。 洛杉矶的标志性形象激发了夸张情形，引起了情感上的剧烈排斥，但又散发出无法抵挡的吸引力。 真实和想象的洛杉矶与这些悖论并存——交织着乌托邦和去乌托邦、迷人的阳光和黑色的颓废、机遇和危险、乐观和失望。

　　使得任何对于这个真实地方的理解更为复杂的是，在过去一个世纪里，洛杉矶已经是各种富有想象力的幻想的源头，通过侵蚀真实和想象、事实和虚构之间的差异，散发出一种迷惑人的力量，掩盖了现实。 就像一个观察者所说的那样，洛杉矶有一部"遗忘史"[1]，吞噬了它的过去，再造了它魔幻般的现实。 没有其他城市被包裹在这样一个被歪曲的铠甲中，使人很难知道所见是否真的在那里，或者是否有一个什么东西在那里，来诠释和重新定位格特鲁德·斯泰因（Gertrude Stein）著名的对加利福尼亚州另外一个部分的评论。[2]

　　19 世纪晚期，洛杉矶第一次大的城市发展的浪潮形成，这根植于一个伊甸园般的洛杉矶创造性的模仿。 从雷蒙娜神话（Romona Myth）中宣扬人间天堂、和平种族间爱情的假浪漫主义[3]，到猖獗的房地产繁荣，几乎"狡黠"地吸引着成千上万的美国人，到这个充满对生命有益的阳光的地方（还有停泊着爱荷华号战舰的太平洋海港等其他引以为豪的景点）。 在这个充满遗忘的重新想象的过程中被掩盖起来的——更不用说其他令人尴尬的小问题——所谓的沙文主义的热情，它伴随着1846 年到 1848 年战争之后，对于洛杉矶说西班牙语的人的种族清洗。在这次战争之后，美国人对土地的大劫掠，获得了加利福尼亚北部的黄金，同时也漂白了洛杉矶的非西班牙裔白人。

更具有世界影响的是好莱坞，这台美国浮华的梦幻机器，推出了现实的假造物，几乎让地球上的每个人都感到愉快。 对全球大部分人来说，好莱坞与洛杉矶是同义词，它成了文化评论家让·鲍德里亚(Jean Baudrillard)所说的"超现实"(hyperreality)蔓延的源头，混淆了我们区分真实与想象、现实与虚构的能力。 鲍德里亚漫不经心地指出，当超现实，无论是好莱坞生产出来的还是其他地方生产的，控制了个体和集体行为的时候，"地图优先于领土"：真实的物质世界(以及和它一起真实存在的洛杉矶)似乎融入了它从未完全准确呈现的(请原谅我的陈词滥调)所谓的蹒跚世界①中。

当然，迪士尼乐园是从所有这些越来越有影响力的现实模拟中蓬勃发展起来的，它于 1956 年在奥兰治县建立，由那些专业"想象师"所勾画，将其划分为具有代表性的大陆地区：明日世界、探险世界、边域世界、幻想世界，所有这些都是通过缩小版的美国小镇大街进入的，这样就会更好地欺骗你，让你认为它们都是真的。 然而，超现实并不局限于主题公园的边界。 从迪士尼乐园延伸出去，覆盖着相邻的奥兰治县和洛杉矶县，形成了一个厚厚的欺骗的地毯，这使得卷入其中的每个人越来越难区分什么是真实的，什么是纯粹(或不纯粹)想象的。 在事实和虚幻缝隙间的超现实的扩散，形成了我在第三章所描绘的"欺骗场景"(scamscape)，这是一个建构起来的地理学，充满了诡计、歪曲并且经常具有一种欺骗的革新形式，就像 1990 年代早期的储蓄和贷款风波一样，是那些真心相信自己所做的事情不仅是可以接受的，而且是善良

---

① 蹒跚世界(reel world)这个词语一般用来指代，当进入到电影、虚拟镜像等状态时，整个世界将变得和平常不同。 这往往在电影拍摄者、音乐家、艺术家、工艺家的作品中有一种表达或者揭示。 这里强调了鲍德里亚所说的虚拟世界的意义和价值，具有比较特殊的空间意义。 ——译者注

的人所犯下的罪行。

欺骗场景及其虚幻的压迫没有停留在南加利福尼亚本土，而是通过许多渠道向外和向上传播。充满政治偏见的电视新闻广播的出现，促成了国家范围的真正相信这些东西的人的运动，这场运动由一帮犬儒的政治说客所支持，这些人冷眼看着"以现实为基础的社区"，假定事不关己。欺骗场景甚至非常成功地扩展到新媒体，比如计算机游戏"模拟城市"（SimCity）以及它的衍生品，将大量观众吸引到"第二现实"（Second Reality，有史以来最成功的电脑游戏之一）的模拟奇观中。没有任何其他地方在欺骗性超现实的扩散中发挥了如此建构性与生成性的作用，但与此同时，真实的洛杉矶也许更加具有生成的幻觉。它几乎无所不在地传播开去，已经变成了无与伦比的极端吸引和招人反感的目标。它的吸引力由这样的事实所证明：在过去一百年左右的时间里，更多的人（近1 700万人，而且还在不断增加）搬到洛杉矶的城市区域，而不是美国其他的城市区域，或许其他任何一个西方工业化世界的地方也没有如此多的人迁入。这种离散的吸引力在全球范围内是如此之大，以至于洛杉矶和纽约在今天是种族和文化上最为多元化的两个城市，学校的孩子们所说的语言超过了200种。

同时，部分来说也是因为同样的原因，没有其他地方能像想象中的洛杉矶那样激起如此令人嘲讽的恐惧和厌恶。和它的吸引力相匹配的是，世界上很多城市的居民都感到可怕的惶恐，认为他们的城市变得"像洛杉矶一样"，紧跟着洛杉矶的流行潮流，会导致迫在眉睫的厄运和末日般的电影《银翼杀手》（Blade Runner）的场景。当电影《独立日》（Independence Day）展示了纽约市被摧毁的时候，观众们保持沉默和严肃。当洛杉矶被炸毁时，很多听众开始以热烈欣赏的态度欢呼起来。我们对洛杉矶的想象是多么奇特的情感极端：爱与恨、吸引与排斥、独一无二与普普通通、光明与黑暗。没有什么别的东西像它一样，然而说到处都变得越来越像洛杉矶也并不令人惊讶。

然而，变得"像"洛杉矶比它看起来要复杂得多，因为城市的现实

3

永远在运动中，不停地变化，从来没有缓慢下来一点，让最敏锐的观察者有信心来捕捉它。 例如，被很多人描绘的最具有毁灭性的蔓延①和最浪费的低密度美国大都市，今天怎么会是美国人口最密集的城市化地区呢？ 一个曾经以反劳工、亲商环境著称的地区，怎么可能成为美国工人运动的前沿呢？ 这一切是在洛杉矶汇聚在一起，还是四分五裂、支离破碎呢？

这些极端对立中的洛杉矶，哪一个方面将在下面的章节中进行探讨？ 一个简洁的答案是"两个方面都要，而且更多"，这是一个两极在重组漩涡中汇聚在一起的地方。 甚至即使从更正式的角度来看，"洛杉矶"也有许多不同的含义，每一种含义在规模、范围和观点上都不同。这些情况对于其他城市的名字来说也是如此，比如纽约，它可以是一个城市、一个州、一个有多个州的区域，也可以是县/曼哈顿行政区的名称。 然而，当使用"纽约市"这个词语的时候，并不会产生混乱。 它指的是五个行政区。 洛杉矶作为一个"城市"更加模糊，这使得有必要在使用这个词语时要澄清多种可能性。

定义洛杉矶

一些人在使用洛杉矶一词的时候，以一个更地方性的意思来替代其广泛的含义，专门指的是中心城市区域，就是可以称作所谓"洛杉矶市中心"的那个地方。 在这里，整个洛杉矶被压缩至其核心聚集区并被这个区域所表征。

---

① 蔓延(spawl)指的是城市蔓延或者郊区蔓延，是一个复杂概念，包括了一个城市和郊区的扩展，向周围、低密度地方、以汽车才可以达到的农村土地的扩展，有一个很突出的特点是，鼓励依赖汽车作为通勤工具。 结果一些批评家认为蔓延有一定的劣势，包括工作过程中太长的通勤距离，对汽车的依赖，一些诸如医疗健康、文化设施的不足，还有人均基础设施更高的花费。 但是有关讨论有含混的一面比如一些人用一个给定区域每平方英里的居民的平均数量，一些人将它与没有确定的中心的人口的去中心、不联系、隔离等联系起来。 ——译者注

这种标志性的中心城市，以市政厅的具有冲击力的形象为中枢（确实是一个中心的位置），是几乎向所有方向延伸 60 英里（100 公里）的城市化区域的心脏（见地图 1）。 中心和聚集，这两个词语定义了所有城市的特征，自从两个多世纪前西班牙传教士为寻求实质性定居点在这里首次建立起"天使皇后城市洛杉矶"①以来，一直与中心城市息息相关。 曾经的通瓦（Tongva）部族的土著居住地，如今的中心城市，自从 1781 年以来就是洛杉矶的经济、政治和文化的枢纽。 今天，这里是南加州最大的机构和工作集中地，华盛顿特区以外的政府雇用人员和权力机关

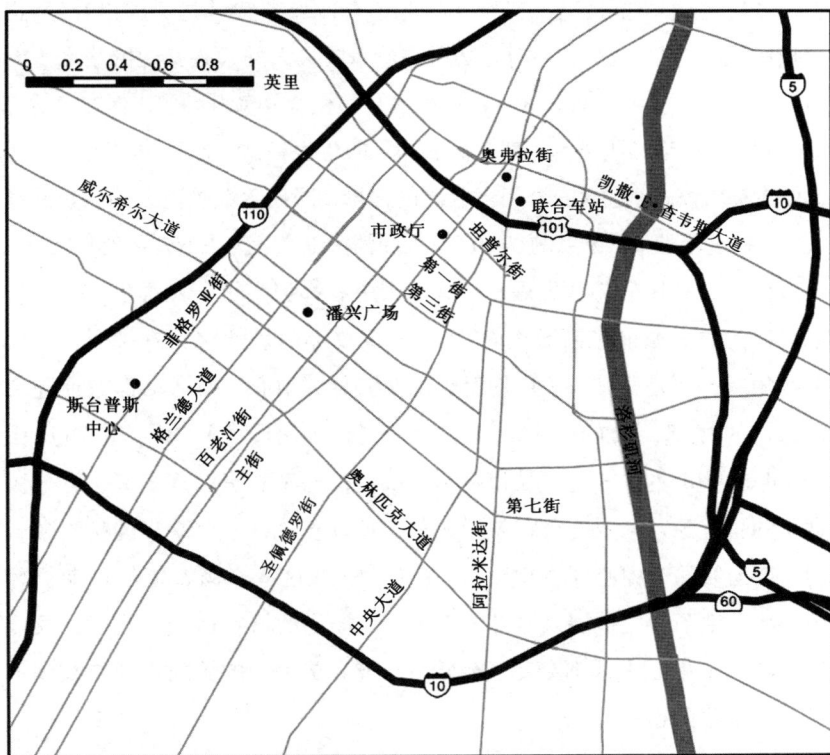

地图 1　中心城市/洛杉矶市中心。加州大学北岭分校地理系欧根·特纳绘制。

---

①　天使皇后城市洛杉矶（El Pueblo de Nuestra Señora la Reina de los Ángeles de Porciúncula）是最早建立洛杉矶的西班牙人给这个城市的称呼。 洛杉矶是西班牙在北美殖民期间在非军队和非宗教组织的民间人士主导下于 1781 年建成的。 ——译者注

最密集的节点，也是世界上最大的娱乐综合体之一，服务于歌剧和古典音乐爱好者，也服务于篮球和冰球的球迷。

中心城市也因为它小范围的摩天大楼，在相对低矮的平常景观当中凸显出来。 然而，与曼哈顿或者芝加哥比起来，天际线依然是小巫见大巫，但现在已经变成了当代洛杉矶在明信卡片上的首选符号，就像流行印象中象征性的好莱坞标志，即使被包裹在浓厚的绿色雾霭之中。

尽管有过于明显的中心和聚集特征，洛杉矶的中心城市也是一个长期存在的城市自卑情结的参照点，这与它的规模、活跃程度和天际线有关。 现在几乎全部被遗忘了，中心城市在 1920 年代曾是美国最繁忙(也最拥堵)的市中心之一，当时它是所有城市中最大的公共交通网络之一的中枢。 然而，大规模的汽车驱动的郊区化虽然很早就开始了，但在二战后加速发展，使洛杉矶成为"新美国城市"的代表模式，这种模式是一个扩大的大都市模式，包含一个相当紧凑的内城，居住着数量庞大的少数族裔人口，被蔓延的、低密度的以中产阶级和消费主义者为主的郊区所包围。

由于大规模的郊区发展，所有的市中心都遭受了一定程度的衰落，洛杉矶的中心城市也包括在内。 大型行政部门依然保留在那里，但大多数的银行、公司总部、百货商店以及其他"中心"的活动都搬迁到更加绿色的边缘。 自从 1965 年的瓦茨骚乱(Watts Riots)①、邦克山(Bunker Hill)的第一轮"城市重建"以后，充满梦想的规划者、有公民意识的企业家，乐观的公司领导人就定期地宣称，一个繁华的曼哈顿式的、全天候的市中心即将出现。 在几乎所有这些充满希望的周期循环中，都发生了一些扩展，但去中心化、多样化的城市区域地理学，可能使洛杉矶市中心永远不会变成曼哈顿、或者更大型的美国东部或欧洲那样人口密集的市中心。

然而，不断发展的洛杉矶中心城市提供了一个特别具有启发性的窗

---

① 瓦茨骚乱(Watts Riots)，1965 年 8 月 11 日，洛杉矶市警察以车速过高为由，逮捕了 1 名黑人青年。 事件发生后，该市瓦茨地区的黑人与警察发生冲突。 黑人抢劫了白人的商店，焚毁建筑物。 8 月 16 日，骚乱被镇压下去。 骚乱导致 34 人死亡，1 032 人受伤，近 4 000 人被捕，财产损失达 4 000 万美元。 ——译者注

口，通过它可以看到和了解都市重组(urban restructuring)①的进程，这个进程将主导 20 世纪后半叶几乎所有北美城市的城市发展。都市重组，以这样或那样的方式，从主题上贯穿了本书的所有章节。然而，对都市重组进程的规模和范围的体会，需要超越中心城市的空间，首先是"洛杉矶市"奇形怪状的构成。（见地图 2）

7

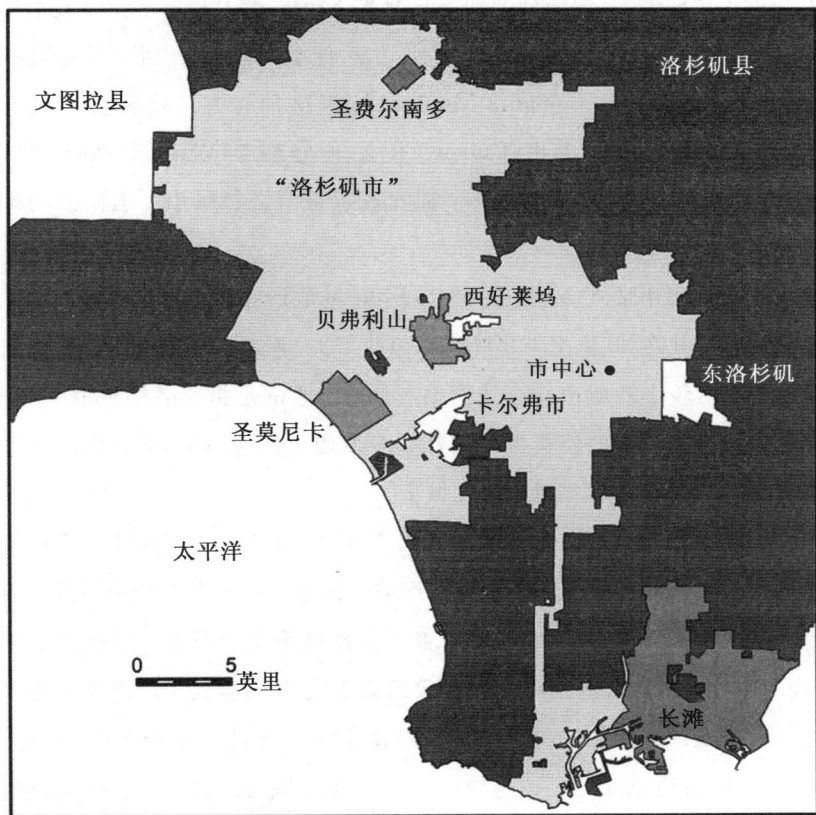

地图 2　"洛杉矶市"。加州大学北岭分校地理系欧根·特纳绘制。

---

　　①　urban 一词可以翻译为"城市的"，也可以翻译为"都市的"。但是 metro 一般翻译为"大都市(的)"。鉴于本书所涉及的城市，多是现代和当代的城市，和传统的城市并不相同，甚至作者力图展示其新，所以在本书的翻译中，urban 一般情况下翻译为"都市的"，涉及历史或者传统城市的时候，urban 翻译为"城市的"。主要考虑在汉语中，都市比城市更为发达、重要、复杂等。相关词语也做如此处理。——译者注

近乎 400 万人挤满了"洛杉矶市"（City of Los Angeles，注意大写字母 C，指行政城市时需要大写）①。 在 20 世纪上半叶，"洛杉矶市"在很大程度上是通过吞并和吸收圣费尔南多谷（San Fernando Valley）蔓延的郊区而发展起来的，同时建立了好莱坞自治市（municipality of Hollywood），主要基于对水供应的控制。 城市的一个细小的分支，依然被称为"鞋带"，向南延伸到圣佩德罗（San Pedro）和占了巨大的洛杉矶港一半面积的长滩，还有向西边延伸到太平洋沿岸的威尼斯（Venice）。 圣莫尼卡（Santa Monica）抗拒这种吞并，就像贝弗利山（Beverly Hills）、卡尔弗市（Culver City）、西好莱坞（West Hollywood），还有北部的圣费尔南多，每一个都变成了被"洛杉矶市"围困的岛屿飞地。

随着大都市形式（以及它的郊区星群）的成形在第二次世界大战后迅猛提速，吞并在 20 世纪下半叶几乎停止了。 考虑到它发展迅速、人口众多，相对较小的城市核心使得洛杉矶——通常是指"洛杉矶市"——似乎只是一个郊区的聚集地，或者如多萝西·帕克（Dorothy Parker）②所言，是"72 个郊区在寻找一座城市"。

虽然市政厅、市议会、市长中的"市"可能特指"洛杉矶市"，但这些词语通常指向更大的一个城市区域，包括了数十个其他市政厅、市议会以及市长。 行政区划的城市曾经是衡量城市大小最广泛使用的单位。 应用这种老式的量度，从行政区划上定义洛杉矶，它就成了美国第二大城市，排在芝加哥的前面，但在由五个行政区组成的纽约市后面。 如果纽约的行政区被当作一个个分立的城市，那么，洛杉矶就变成了美国最大的城市。

---

① 作者在本书中使用了 city of Los Angeles 和 City of Los Angeles，前者指洛杉矶作为一个传统意义上的城市，和洛杉矶县相区分；后者指的是一个大洛杉矶的城市行政管理区域。 本书译文以加引号的"洛杉矶市"来指代 City of Los Angeles。 ——译者注
② 多萝西·帕克（Dorothy Parker, 1893—1967），美国诗人、作家、评论家，常驻纽约。 ——译者注

　　大规模的郊区化(suburbanization)，以及在近来不断增长的郊区城市化①(urbanization of suburbia)，使得界定什么是洛杉矶的都市与郊区变得异常困难。 例如，行政区划上的"洛杉矶市"，在全美大都市区域的比较中，按惯例被归类为"都市"，尽管它的大部分是由典型的(虽然正在迅速变化的)郊区组成的。 在外人看来，即使是标志性的"中南部"和瓦茨的黑人聚居区，与类似的"东部"地区相比，也几乎是郊区。 **洛杉矶**这个名字的模糊性奇怪地反映在：虽然圣费尔南多谷的郊区是洛杉矶市的一部分，但洛杉矶"郊区"通常包括了几乎有 50 万居民的长滩，以及长滩的市中心、市政厅和警力，还有字面意义上其他几十个人口超过 10 万的自治市。

8

　　尽管在媒体和大众话语中经常被使用，但"洛杉矶市"被限定为作为一个整体的洛杉矶来定义。 如果只看到"洛杉矶市"是有问题的，那么当我说"我的洛杉矶"的时候，我说的是什么意思呢？ 我的意思是，至少还有一个洛杉矶县(见地图 3)。

　　洛杉矶县以其西方世界中最大的地方政府单位而闻名，总人口接近 1 000 万(2010 年为 9 818 605 人)。 洛杉矶的区域性视角从此开始，这个区域性视角在下面的章节当中占据优先地位。 几十年来，这个县定义了大洛杉矶和美国人口普查所称的洛杉矶—长滩标准大都市统计区(SMSA)。 有人说，美国的区域规划开始于洛杉矶县，它有一个历史悠久但不是强有力的区域规划委员会。[4]

9

　　然而，洛杉矶区域开始于这个县。 现在称为洛杉矶—长滩—圣安娜的大都市统计区(MSA)，已经替代了原来的标准大都市统计区，反映

---

　　① urbanization 通常翻译为"城市化"，鉴于作者认为城市发展形成重大变化，比如核心城市为基础的城市的广泛形成模式，将为区域性多个城市同时形成的城市的广泛形成模式所替代，所以城市化发生了重大变化，翻译为"都市化"似乎更为恰当。 但是鉴于这个词语在本书中使用对象复杂，也包括了从传统城市到现代和后现代城市的变化，也有对于历史和传统城市化的情况的指代，所以一律翻译为城市化。 但是差别尚需仔细体会。 比如 urban 一词，指代多是现代和当代城市；urbanization 主要指代向现代和后大都市的变化。 所以，前者多翻译为"都市的"，后者多用"城市化"。 urbanized 和 urbanism 也做类似处理。 city 一词依然翻译为"城市"，town 翻译为"镇"或者"小城市"。 ——译者注

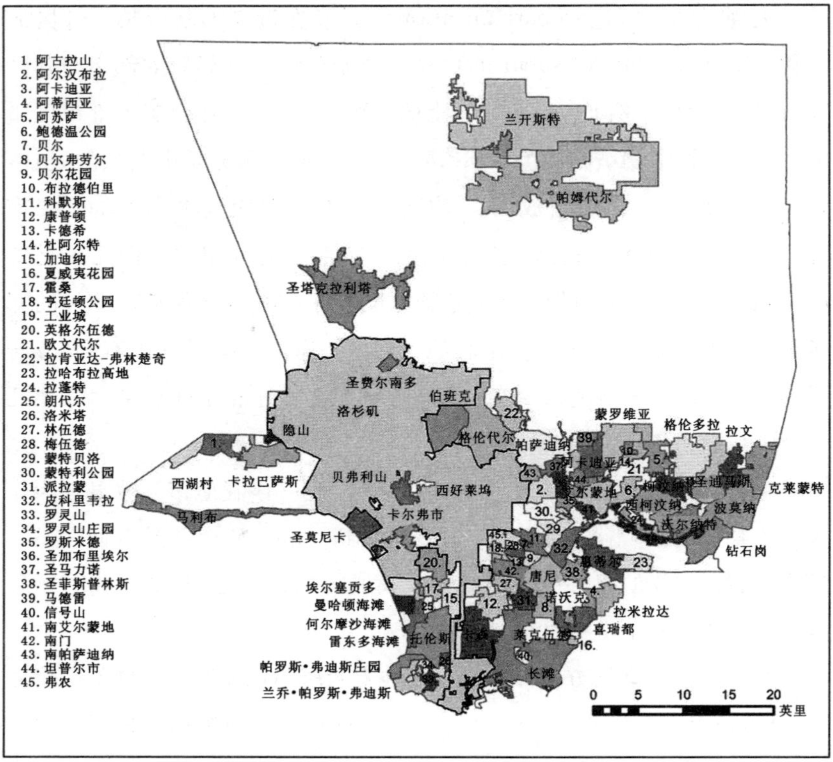
1. 阿古拉山
2. 阿尔汉布拉
3. 阿卡迪亚
4. 阿蒂西亚
5. 阿苏萨
6. 鲍德温公园
7. 贝尔
8. 贝尔弗劳尔
9. 贝尔花园
10. 布拉德伯里
11. 科默斯
12. 康普顿
13. 卡德希
14. 杜阿尔特
15. 加迪纳
16. 夏威夷花园
17. 霍桑
18. 亨廷顿公园
19. 工业城
20. 英格尔伍德
21. 欧文代尔
22. 拉肯亚达-弗林楚奇
23. 拉哈布拉高地
24. 拉蓬特
25. 朗代尔
26. 洛米塔
27. 林伍德
28. 梅伍德
29. 蒙特贝洛
30. 蒙特利公园
31. 派拉蒙
32. 皮科里韦拉
33. 罗灵山
34. 罗灵山庄园
35. 罗斯米德
36. 圣加布里埃尔
37. 圣马力诺
38. 圣菲斯普林斯
39. 马德雷
40. 信号山
41. 南艾尔蒙地
42. 南门
43. 南帕萨迪纳
44. 坦普尔市
45. 弗农
兰开斯特
帕姆代尔
圣塔克拉利塔
圣费尔南多
伯班克
洛杉矶
格伦代尔
隐山
西湖村
卡拉巴萨斯
贝弗利山
西好莱坞
马利布
卡尔弗市
圣莫尼卡
帕萨迪纳
蒙罗维亚
格伦多拉
拉文
克莱蒙特
波莫纳
钻石岗
唐尼
诺沃克
拉米拉达
喜瑞都
莱克伍德
长滩
托伦斯
埃尔塞贡多
曼哈顿海滩
何尔摩沙海滩
雷东多海滩
帕罗斯·弗迪斯庄园
兰乔·帕罗斯·弗迪斯
0 5 10 15 20
英里

地图 3　洛杉矶县主要地方。加州大学北岭分校地理系欧根·特纳绘制。

了当你飞往洛杉矶国际机场(LAX)时看到的巨大的洛杉矶“盆地”在洛杉矶和奥兰治两个县持续蔓延的程度。旧的统计区类别需要包含所有较大城市的名字，这在洛杉矶区域会冗长得可笑，有太多的城市超过了15万人口，新的统计区只加上了圣安娜，是奥兰治县的县治所在地，正式将这两个县合并为一个拥有12 944 801名居民的新“大洛杉矶”。为比较计，根据2010年的人口普查，纽约市大都市统计区有人口19 015 900人，而芝加哥作为第二大城市，有9 504 753人，达拉斯、休斯敦、费城、华盛顿特区等大都市统计区次之。

奥兰治县的一些人抗议将该县并入大洛杉矶区域，担心该县的独特性会丧失。他们认为，奥兰治县理应成为一个独立的大都市统计区，人口近 300 万，足以跻身全国最大的 20 个大都市统计区之列。它肯定不再是洛杉矶的郊区，它的人口密度和城市（规模）也和欧文（Irvine，美国最大的规划中的新城）一样，工作职位多过睡觉的地方，这说明它现在是城市而不是郊区了。

有时我的洛杉矶包括奥兰治县，而另一些时候奥兰治县是被单独对待的。然而，大洛杉矶扩展到奥兰治县表明了一种更广泛的趋势，这一趋势在世界各地的许多大都市区域都可以找到。现代大都市似乎正在打破旧的界限，变得越来越大，这是我所说的区域城市化的定义特征之一。有些人称之为"无边大都市"（metropolis unbound），这导致了对扩张型城市的另一种区域性定义，即多核心的、网络化的、全球化的"城市区域"（city region），或者到现在为止没有被广泛使用的"区域城市"（regional city）。[5]

认识到城市的区域规模在不断扩大，行政管理和预算局（OMB）现在划定综合统计区（CSA）时，完全放弃了大都市（metropolitan）一词，而美国人口普查越来越关注它定义的"城市化地区"，这与综合统计区大体一致。对洛杉矶而言，综合统计区要加上里弗赛德（Riverside）县、圣贝纳迪诺（San Bernardino）县和文图拉（Ventura）县，从而构成有五个县的洛杉矶城市区域（见地图 4），在 2011 年人口为 18 081 514 人，相比之下，纽约市综合统计区 23 个县人口 22 214 083 人，芝加哥—内珀维尔（Naperville）—密歇根市综合统计区人口 9 729 825 人。紧随三个最大的城市区域之后的依次就是华盛顿特区、波士顿和圣何塞（San Jose，现在比圣弗朗西斯科和奥克兰都要大）的综合统计区。

洛杉矶的城市区域依然围绕着旧的市中心展开，是一个巨大的城市网络，其中至少有 40 个城市的人口超过 10 万。最新统计的五县地区的自治市接近 190 个。每隔十年，仍在增长的"洛杉矶市"在该区域总人口中所占的比例就会缩小。同样，中心城市就业数依然保持最大，但它的主导地位相对于其他城市已经在下降。几乎所有的地方人口密度都在增加，围绕中心城市的移民地区，达到了与曼哈顿相当的密

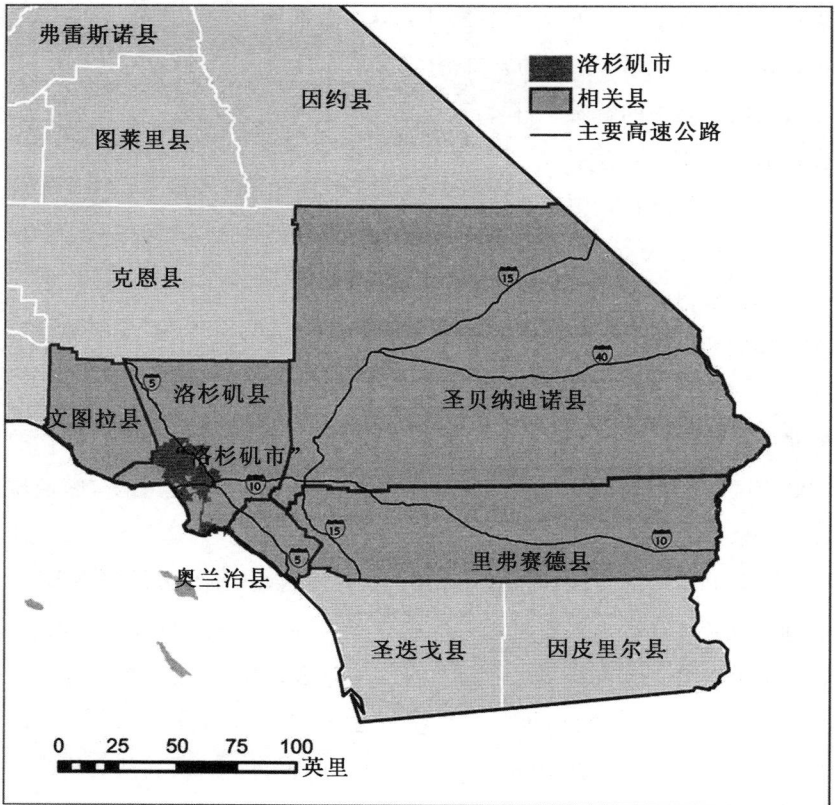

地图 4 洛杉矶城市区域。加州大学北岭分校地理系欧根·特纳绘制。

度水平，而大片的郊区正变得更加城市化。 比起不断向外扩张，吞噬大片的沙漠或农业用地，旧的大都市地区在很大程度上正在被填满，这是已经进行了 30 年的区域城市化进程的一个基本组成部分。[6]

在城市规模的国际比较中，城市区域或者区域城市已经代替了"更大的"与"大都市"的类型，就像每一年联合国人居署（The United Nations' Office of the Habitat）所列举的那样。 洛杉矶榜上有名，成为除日本以外工业化世界中唯一快速增长的城市区域。 在国家范围内的城市化地区和人口密度方面，洛杉矶表现得更加具有戏剧性，在 1990 年竟然超越了纽约，成为美国人口密度最大的城市化区域，这只是洛杉矶 40 年来都市重组带来的一长串令人震惊的发展之一。[7]

"我的"洛杉矶

还需要稍费口舌来解释书名里的这个"我的"。 我撰写有关洛杉矶的文章已经超过了 30 年，早些时候我的工作主要是关于东非经济发展地理学。 我从来没有专门出版过一本关于洛杉矶的书，但我经常把它当作一个更一般的和理论化论证的案例。[8] 在这样做的过程中，我已经因为我对洛杉矶的"解读"而在定义广泛的城市研究领域变得相当广为人知。 在这里，我试图将这些解读放在一起形成一个有机的整体，同时反思、更新和解释其不断变化的重点和观点。 我并不排斥其他解释或不同的观点，而是将注意力集中在我自己关于洛杉矶的大量写作上。（我发表的关于洛杉矶的作品的单独书目清单，见附录 1）

我过去所有的学术写作都沉浸在提倡一个坚定的空间视角，这本书 12 也不例外。 对于大多数读者来讲，无论是学术圈子或者其他人，严肃思考空间和地方是不舒服和不熟悉的。 在过去 10 年到 15 年当中，所谓空间转向已经将某种程度的空间思维传播到了几乎每一个学科和话题领域。[9] 除了体现在这些作品中的个人理论上的探索以外，我也尽可能让洛杉矶占据舞台中心，以其全部的迷人特殊性表达自己。

我一直认为自己是一个区域主义者而不是一个城市主义者，我对洛杉矶的反思表达了这样一种坚定的区域视角。 这种区域主义（regionalism）有几个的含义。 首先，它表明了对"大图景"的强调。 如果你期待一系列关于个人的故事或亲密的街头场景来说明更宏大的传记主题和记忆，你会失望。 我的区域视角有意放在宏观地理学上，它更多地关心将城市区域作为一个整体，而不是微观检验或者经验细节。 我理解那种所谓自下而上的观点的吸引力，但我要呈现的是更大范围的本土化观点，尤其是来自洛杉矶广阔的都市之海，如果没有一个总体的概念框架——可以说是从高处俯瞰——是很难理解的。

　　虽然，我偶尔会仔细考察一个特定的地区，但主要的目标是从总体上了解城市发展的地区动态，即使不是鼓励与世界其他城市区域进行比较，这样做也是可以的。 地方的特殊性和独特性只有在某种程度上才是有趣的，因为它们使人们对从都市重组到区域城市化的运动有了更广泛的总体理解。 同样的，对历史的细节和分析也是如此。 只有当历史能够解释 1965 年以来在洛杉矶发生的事情时，我才去钻研它，不仅在洛杉矶，别的地方也一样。 换言之，我更感兴趣从洛杉矶学得什么，而不仅仅是关于洛杉矶本身。

　　其次，对区域的强调，创造了地理学和城市—区域规划领域的特殊学科联系。 我在国税局的纳税表格上将自己列为地理学家—规划师，这种对规划和城市研究的以地理学为导向的方法，在《我的洛杉矶》一书的每一章节都有充分的体现，无论是在形成我的观点，还是在我参考更广泛的文献时都是如此。 这种对于区域—地理—空间的强调，并不意味着排斥社会学、人类学、政治科学或任何其他研究城市和都市问题的方法，而是给予那些表现出强烈的空间视角的学术和学者。

　　指引我以地理学家—规划师为业的一直是一个坚定的信念，即无论你的兴趣是什么，都可以通过采用"因果性的"空间视角来推进和增强它们，这种视角认为社会(或城市)的空间组织不仅是社会进程的结果，而且本身也是一种解释性或"因果"力量，以重要的方式影响这些社会进程。 从这个意义上说，我更多地将空间视为物质形式，并将人类地理视为社会化的空间，是社会—空间互动或者"辩证法"的共同构成的产物。[10]

　　我并没有试图探讨洛杉矶的所有方面。 例如，虽然文本中贯穿了一些关于国家以及少许全球政治和地缘政治的评论，但是我没有更多讨论本土城市政治。 我也没有详细讨论环境问题，不是因为这些问题不重要，而是因为我找不到一个有效的方法，将环境辩论与洛杉矶在过去40 年里因危机而引发的重组联系起来，除了在最肤浅的层面上。[11]呼吁可持续或"智慧"城市发展的辩论，也许切中肯綮，但并不完全符合这里所讲的 1960 年代以来有关都市重组的故事。

有些人可能仍然会对我对洛杉矶的区域性解释中包含或排除的内容感到失望，但我必须强调这是个人的观点，这是对我过去 30 年以来有关洛杉矶写作的重新思考和重新解释。而且，接下来的不仅是关于洛杉矶，也是我对它随时间和空间发展的独特和不断进化的解释，这本书有点像一个知识分子的自传，至少 1972 年我就搬到了洛杉矶。

我不太好说这是否令人惊讶，但至少有一点讽刺的是，洛杉矶——直到 1970 年代，实际上在学术性的城市文献中是被忽视的，在大众话语中被简单地模式化了——在后面的几十年当中变成了新的、得到广泛认可的城市理论发展的焦点，有将都市主义①作为一种生活方式的大量实证研究，以及世界上任何地方都能找到的一些最具创新性的以城市为基础的社会运动。这样就催生了城市研究的洛杉矶"学派"（School）的理念，这部分来说是内在的，也同样有外部的助益。而且在这里，在这种学术流派的认同行为中，也存在着有争议的和相互矛盾的极端观点。咄咄逼人的学派推动者和引爆者比比皆是，不由得让人想起一句老话，学院政治如此风起云涌因为并无定则。

也许谈到这些学院争吵非常有趣，但这不会在《我的洛杉矶》中占据主导位置，这不是因为我在关键问题上不偏袒任何一方，而是我希望将观察和理解洛杉矶当作我的首要关注点。在任何情况下，有没有一个洛杉矶学派都无关紧要。真正重要的是，人们要认识到，在过去 30 年中出现了关于洛杉矶的异常庞大和有影响力的文献，将洛杉矶的形象从离奇的例外改变为世界上最能唤起人回忆、最具代表性和引领潮流的城市区域之一。

14

---

①　都市主义（urbanism）这个词语的含义很复杂。在汉译中，有都市生活、城市生活方式、都市研究等。该词在本书的含义也很多。比如，一些情况下指的是城市、城镇或者城市地区，在城市人工建造的环境中，居民之间的一种有城市特点的互动，可以说是城市生活、组织、问题的特点等。有些情况下，也是有关城市特征、城市社会的物质需要的研究，或者是城市规划研究。有时候也是指人口向城市地域运动的情况，向城市的集中等，和城市化非常接近。但是，由于视野、立场等不同，导致都市主义有意识形态的特征，不是像城市化那样一般是对一种事实的表述。所以有很多的都市主义，比如马克思主义的都市主义、（和传统区分的）新都市主义等。——译者注

灵感

某种程度上，我这本书的观点是由下列三本有关洛杉矶的书塑造的，这三本书在最好和最受欢迎的城市书籍中脱颖而出。 每一本书都挑战了被扭曲的洛杉矶的形象，并利用洛杉矶重新点燃我们对影响当代世界的重大问题的城市想象。

最早让人大开眼界的、修正对洛杉矶和更大的区域场景的印象的著作是：《南加利福尼亚之国：土地上的岛屿》（*Southern California Country：An Island on the Land*），由新闻记者、激进律师、进步活动家凯里·麦克威廉斯（Carey McWilliams）撰写，1946 年出版。 麦克威廉斯关注这座城市的独特特性以及惊人的活力，同时反思了它持续的种族紧张局势和复杂的文化认同。 与既有的（认为）洛杉矶华丽而古怪的看法相冲突，麦克威廉斯在南加利福尼亚看到，"洛杉矶的霸权"之下形成了"城市联盟"，他预言洛杉矶将变成"世界上最梦幻的城市"。

麦克威廉斯从来没有直接写过他所期望的梦幻的城市（或者它是奇幻的城市吗?）。 在他的书出版后不久，他搬到了东部，成为非常进步的《国家》杂志的编辑，时间达 20 年之久，特别是因为报道了入侵古巴猪湾（Bay of Pigs）的爆炸性新闻而获得了赞赏。 然而，他所做的是定义了其他记者—学者在接下来的几年里将扮演的角色：给东海岸地区一些不了解、不知道有关情况的精英施教，让他们了解洛杉矶和加州总体上的积极品质。 在整个 20 世纪当中，洛杉矶的支持者并不招摇，但和好莱坞的造梦机器一起，炮制了一个轻浮和过度浪漫化的洛杉矶景象给世人看。 麦克威廉斯是一个嗅觉灵敏的批判性思想家，他关于剥削移民农场工人、战时拘押日本人的不正义等主题的著作，创造了一个更加平衡和信息丰富的模式，这个模式为其他很多人、更多的是学者与批判性思想家所遵循。

随着麦克威廉斯的成果的衰退，随之而来的是另一位打破传统的评论家，他迷恋洛杉矶，渴望向世界讲述这座迷人而神奇的城市。 雷纳·班纳姆（Reyner Banham）的《四种生态学的建筑》（*Architecture of the Four Ecologies*）1971 年出版了，给了我们洛杉矶生活方式地理学全新的洞见。 在其母国英国，班纳姆已经是一位众所周知的建筑评论家，在他的四种生态学中，在给 BBC 做的洛杉矶之旅的狂热视频中，在《新社会》（*New Society*）以及其他杂志上发表的有关"自发性与空间"、"炒鸡蛋般的城市"等主题的文章中，表达了对洛杉矶的爱。 他以一辆精致的敞篷车进行激动人心的户外之旅，让洛杉矶变得历历在目和充满活力，就像他敢让我们想象在同一天冲浪和滑雪，享受这两者之间混合的优雅。

他所称之为分层的开阔之地①那种令人厌倦的广大，容纳了绝大多数人，就像城市和郊区到处存在的人口一样，住在甚至不如平常街道旁粗制滥造的房屋那样的地方。 在他早期的作品中，这些加州郊区的常态化景观被田园化了，班纳姆与地理学家—规划师彼得·霍尔（Peter Hall）和《新社会》的编辑保罗·巴克（Paul Barker）一起，在 1960 年代炮制了一种在英国被称为"非规划"②的东西，这是一场自发性的庆典，宣扬"郊区的自由"以及任何形式的规划都是浪费，只会让郊区生活冷清无趣。 在这种分层的开阔之地，郊区居住者的心理状态达到了迷恋的高潮，而班纳姆要求的不只是卑微的解雇。[12]

傲慢地俯瞰分层的开阔之地的是富人的私有化山麓，在好莱坞山构

---

① 分层的开阔之地（the Plains of ID）是班纳姆在自己著作中用过的一个术语。 班纳姆（1922—1988）是英国建筑批评家，以 1960 年《第一个机器时代的理论和设计》、1971年《四种生态学的建筑》等著作而闻名。 在后一本书中，他提出洛杉矶有四种生态模式：冲浪都市、山麓区域、分层的开阔之地、汽车乌托邦（Autopia）。 分层的开阔之地主要是指洛杉矶平原地区。 ——译者注

② 非规划（Non-Plan）是英国著名城市学家彼得·霍尔在 1960 年代提出来的一种规划理念。 当时霍尔反思英国半个世纪以来的规划实践，认为设计者已经没有能力设计出好的城市空间了。 同时对规划领域中国家支持、指导的强大的计划力量也进行了批判。 他提出了所谓的"非规划"的规划理念，作为对既往规划理念、活动等的反思，以形成新的规划理念和原则。 参见 *Non-Plan：Essays on Freedom，Participation and Change in Modern Architecture and Urbanism*，ed. Jonathan Hughes，Simon Sadler，Routledge，2000。 ——译者注

筑起巢穴，这标志着后来在这一带形成了安装大门、卫兵把守的封闭住宅社区的建设高潮。然而，班纳姆的大部分乐趣来自另外两个娱乐生态：冲浪都市那随意进入、无穷无尽的海滩，以及把所有一切联系在一起的汽车乌托邦的高速公路所呈现出来的重大发展。如果说班纳姆对洛杉矶的描述有热嘲冷讽的话，那就是让人偷着乐。

16 将班纳姆建筑学的敏感性往前推进，但更有力地建立在麦克威廉斯的激进政治和公共知性主义的基础上的，是《水晶之城》（*City of Quartz*，1990）。这本书是肉类加工从业者、卡车司机、政治记者和城市学家迈克·戴维斯（Mike Davis）写的。戴维斯这本启示录般的畅销巨著，精明老练得像石英结晶体一样，通过悬停直升机上精神错乱的预言者的全景之眼，展现出来洛杉矶的一切景色，将每个人的自由主义罪孽暴露无遗。在这里，可见的景观充满了恐惧和监视的生态，或者说就是他贴切描述的沉迷于保安的都市主义。虽然他被誉为城市理论家，争强好胜的戴维斯，实际上试图与洛杉矶和更广泛的城市研究领域中的后结构主义和后现代辩论保持距离。不像麦克威廉斯和班纳姆，戴维斯出生与成长在南加利福尼亚，他的本土性质，而不是任何花哨的理论，成为他坚定不移的自信的基础。

《水晶之城》是以非常精彩的散文体写成，介绍给世人的几乎全部是洛杉矶非常黑暗的、同时又很迷人的一面。戴维斯在准备书写这一划时代的旅程时，是伦敦《新左派评论》编辑部的成员，也是加州大学洛杉矶分校城市规划系的访问学者，在那里，他学会了用一些创造性的地理学思考来磨炼他的新左派历史主义。几乎不可能确切知道，但我猜测，《水晶之城》的销量已经超过了所有其他关于特定城市的著作，这本洛杉矶的地理史，成为城市研究所有分支的标准参考书。

这些书中的每一本都以自己的方式打破了长期存在的偏颇（但并非完全不准确的）形象（这些形象笼罩着对洛杉矶的理性理解），并开辟了看待和学习洛杉矶经验的新方式。将它们集合在一起是高度的地理学想象力，对空间和场所越来越多的参与，以及从城市生活的空间组织中

衍生出来的政治。 在《我的洛杉矶》当中，当我回顾 30 多年来关于这
个总是令人惊讶和充满活力的大都市的著作时，我把这些地理学的灵感
和抱负推得更远。

预期

　　那么，读者将在下面的章节中可以期待什么？ 一切都始于 1965 年
瓦茨骚乱的动荡余波，当时洛杉矶和美国其他地区正在经历毁灭性的去
工业化。 在洛杉矶，大量的工作岗位没有了，工厂关闭了。 但与美国
其他大部分地方不同，洛杉矶也有就业的快速增长和后来所称的"再工
业化"，这是一个更加具有灵活性、全球性、以信息为基础的新经济的
开始阶段。 试图弄清楚这种增长和衰退、去工业化和再工业化的结
合，是关于洛杉矶和后来所谓的危机引发的都市重组的学术写作异乎寻
常扩张的起点。

　　有关都市重组的写作的第一步，就是挑战东海岸城市学者在理论和
政策导向上的主导地位，当时他们正转向后工业主义，以图整体上解释
发生在城市和美国经济当中的事情。 确定的是，我们在洛杉矶看到的
不是后工业化的，我们主要关注工业的重建，认为工业时代没有结束而
是进入到新阶段。[13]

　　我们兴奋地宣布，一切都聚集在洛杉矶，特别是危机引发的都市重
组带来的高度不同的结果。[14]人们可以在洛杉矶发现许多与底特律和
克利夫兰的霜冻地带①以及休斯敦、凤凰城和圣何塞的阳光地带②相同

17

----

　　① 美国的霜冻地带指美国东北部部分地区，一般包括了新英格兰、五大湖地区和相
邻中西部的一些地方。 这个地区以冷、多霜和大降雪而名。 多年来这个地区是美国经济
中心，人口最多的地区。 1980 年代由于该地带制造业衰退而导致区域经济停滞，人口增
长停滞。 调查显示，最近几十年霜冻地带的人口很多向阳光地带转移。 ——译者注
　　② 阳光地带大致指的是美国西南部和东南部，有一个简单的划分线就是北纬 36°线
以南的地区。 这个地带气候温暖，天气类型比较多。 这个地带自从 1960 年代以来人口
呈增长趋势。 ——译者注

的情况，这里还代表着新加坡和圣保罗正在发生的事情，以及环太平洋带①(the Pacific Rim)日益增长的重要性。 工业世界的其他城市区域，并没有经历一个如此集中(也显得非常矛盾)的过程，也就是大规模的工业衰退与迅速的工业增长合而为一。 其他地方也没有后福特主义的、灵活的和全球化的新经济兴起的例证。

第一章逐渐展露出早期发现的信心和令人激动之处，反映出马克思主义政治经济学在当时城市研究中的影响越来越大，其关注重点是危机的构成以及都市重组的政治经济学。 除此之外还有对都市重组更加当代的重新解释，即长期寻找"空间修复"(spatial fix)——都市地理学的重新组织，以便更好地满足新经济的需求。 人们相信，这种新的马克思主义解释框架几乎可以解释世界各地城市发生的一切。

第二章显然更具怀疑和质疑精神，唤起人们努力开拓新天地，以另一种方式更广泛地理解洛杉矶和城市变化。 不仅仅要看到，这一切在洛杉矶是如何聚集在一起的，还要探讨洛杉矶如何被拆分开来，一个解构和重构、拆解和重建的过程，以新的、不同的方式解释洛杉矶，在语气和语言上都是实验性质的，其目的是创建一个洛杉矶正在变化的世界的新视角，其途径是通过超越马克思主义的政治经济学，将批判性的地理学分析扩展到一个具有更广泛的基础的后现代批判性视角。

第二章揭示和探讨了一个更加真实的"大"洛杉矶，这是一个大范围的图像，以市中心为圆心的一个 60 英里(100 公里)的圈子。 就像都市重组一样，洛杉矶不仅是后现代都市主义的典范和代表，而且是一种新兴的现代大都市的典范和代表。 在这圆形范围内，到 1980 年代初，

18

---

① 环太平洋带主要是指太平洋沿岸国家和地区形成的一个经济带状地区。 此地带沿北美洲太平洋东岸的美国阿拉斯加向南，经加拿大本部、美国加利福尼亚和墨西哥西部地区，到达南美洲的哥伦比亚、秘鲁和智利，然后从智利转向西，穿过太平洋抵达大洋洲东边界附近，在新西兰东部海域折向北，再经斐济、印度尼西亚、菲律宾、中国、琉球群岛、日本列岛、千岛群岛、堪察加半岛、阿留申群岛，回到美国的阿拉斯加，环绕太平洋一周。 这个地区在地理学上很多时候首先是指地震和火山活动频繁地区。 这里有一连串海沟、列岛和火山、板块的移动剧烈。 它像一个巨大的环，围绕着太平洋分布。 此处主要指一个经济的巨大带状地区。 ——译者注

一种新的地理格局诞生了。 包括了 5 个县和 190 多个行政区的已建成区域，这个新的地理格局围绕着一个不断膨胀的新内城，在 4 个外城综合体（complex）（奥兰治县、内陆帝国①、大圣费尔南多谷、以洛杉矶国际机场为中心的航空航天谷）按区域组织起来，驱赶走了超过 100 万的贫困白人和黑人居民，重新填满了来自地球上几乎每个国家的至少 500 万移民。

　　尤其是边缘（外部城市）的城市化，使洛杉矶变成了所有地方城市发展新趋势的典范。 就像人们所说，正在经历增长的所有城市，正在变得像洛杉矶一样，不再从占主导地位的中心城市或"旧市中心"离心发展出去，而是逐渐集中在新的综合体、边缘城市，散布在郊区的边缘。本地观察者把这看作一个特殊的、超越性的反转，在经历了几个世纪的关系转换后，边缘现在决定着中心。

　　但内城也正在经历着一种激进的转型，一种新的中心性反映了任何地方都能找到的规模最大、密度最高的移民"就业穷人"（这是另外一个基于洛杉矶的术语）的增长。 这里又出现了一对矛盾的对立面，除了去工业化和再工业化相互作用以外，在重建的内城和外城，人口与经济活动的去中心化和再中心化，也标识了一种地理学。

　　给探索大洛杉矶提供指导的不是马克思（他确实激发了第一轮研究），而是伟大的阿根廷小说家豪尔赫·路易斯·博尔赫斯（Jorge Luis Borges），他将"阿莱夫"（Aleph）②描述为"包含所有其他空间的空间"，这也是 60 英里圈子内所包含内容的修正的主题。 初步的和进一步的对于周边的考察，导致了一个重大的发现：那个时间的大洛杉矶（1980 年代晚期）是被空间上分布均匀的军事设施和某种层级的武力监控所包围的地区，这引起了一个疑问：在这些坚固的防御后面保卫的究 19

---

　　①　内陆帝国（Inland Empire）是对南加利福尼亚都市区域的称呼。 坐落在洛杉矶大都市区域正东，面积约 7 万平方公里，包括了里弗赛德县和圣贝纳迪诺县部分地方。 19 世纪末是农业主要中心地区，柑橘种植、奶制品、酿酒等发达，20 世纪农业衰落。 1970 年代以来人口迅速增长，主要是房价相对低廉，移民大举进入，工商业有较大发展。 ——译者注
　　②　"阿莱夫"这个词来自博尔赫斯的同名短篇小说。 ——译者注

竟是什么？

一个诱人的答案是：它可以被描述为当代资本主义"王冠上的珍珠"，美国通过太平洋战争建立起来的、最大的先进武器生产基地。这几乎是联邦资金最大的投资，不仅来自国防部，还来自抵押贷款补贴，为洛杉矶的大规模郊区化提供了资金，这是一个全球化的都市中心，包含了别处都不能找到的最大、最多样化的移民劳动力池，美国最大的工业大都市，当然也是20世纪增长最快的工业标杆，最具影响力的和魔幻想象力的娱乐之地（包括了被描述为世界上最快乐的地方）。

第二章结束时，重新审视了围绕博纳旺蒂尔酒店（Bonaventure Hotel）标志性场地和室内空间展开的争论，这是一个更大整体的后现代缩影。在关于博纳旺蒂尔酒店的讨论当中值得注意的是展示了一系列的视频，证明了本章和后面各章所说的内容，创造了一个伴随着《我的洛杉矶》的视觉故事线。附录2中列出了这些视频。

第三章继续进入真实和想象中的洛杉矶的梦幻之旅，详细介绍了其中最大、也可以说是最古老和最具代表性的外城综合体：奥兰治县。这里的导游不是博尔赫斯，而是让·鲍德里亚和翁贝托·埃科（Umberto Eco），他们是才华横溢的后现代美国观察家，也是奥兰治县的经验丰富的旅行者，鲍德里亚将它描述为"未来的原始社会"，埃科描述它为"真正的虚假"和"符号化的宽慰大教堂"。我称之为奥兰治县"外城"（exopolis），既是"外部的"或外—城市，又是前—城市，不同于过去的传统城市。外城被标识于一系列具有代表性的"场景"中，每一座建筑都指向奥兰治县破产案的壮观欺诈，当时所谓的"欺骗场景"爆发为一场真正的后现代大规模财政危机。导火索就是这个县在逆向回购、对冲基金和其他超现实股票市场上的"虚构"资本的税收收入的赌博，是一名相信自己正在做正确的事情的税务官引发的。

第三章的每一个场景和景色都描绘了模拟城市—奥兰治县的不同方面，从高度专业化的老年人休闲世界到美国最大的规划中的新城欧文的超规划特性；从加州大学欧文分校的迪士尼乐园建筑设计到圣奥纳福核

电站［San Onofre Nuclear Generating Station(SONGS)］，在那里，迫在　　20
眉睫的危险被抚慰性质的宣传和假造的安全标识所掩盖，这充分证明了
伪造的意义，假装你拥有你实际上没有的东西——相对应的是掩盖或者
撒谎，假装你没有实际上你有的东西。核电站的象征性价值甚至在它
2013 年关闭以后依然存在。

这一章主要围绕报纸剪报的摘录而不是更正式的学术参考文献展
开。因此，它试图捕捉那个时刻的即时性和特殊性。我积极地鼓励读
者面对这些描述放声大笑，但还有不祥的端倪：如果不采取任何措施，
在这个明天的原始社区发现的任何东西，都有可能在不远的将来降临你
的社区，而且，你会喜欢的!

在第四章中，对洛杉矶的探索直接转移到了在比较中学习。第一
个比较来自阿姆斯特丹之行的大量回忆，这导致了将阿姆斯特丹的中心
(Centrum)——可能是最大、最活跃、保存最好的 16 世纪欧洲城市核
心与洛杉矶的中心城市(Central City)地区进行比较，有些人认为，在
那里的绝大多数人口是由贫民窟的无家可归者构成的。也许在世界
上，没有什么地方像这两个城市那样形成如此强烈的反差。在阿姆斯
特丹街道的微观空间中闲逛，发现一个几乎秘密的世界仍保持着 1960
年代乌托邦兼无政府主义的民主精神之后，比较就转向了一个更广大的
区域范围，在那里，通过分享都市重组和后现代城市化进程，荷兰和洛
杉矶变得更加具有可比性。

我们探索了阿姆斯特丹以后，紧接着进行一个更加激动人心的比较
研究，就在洛杉矶和我出生和长大的城市纽约之间。在这里，我的洛
杉矶倾向与后工业社会和"二元城市"的研究产生了冲突，这种研究
方法是赞助我访问和参与的一个研究小组在纽约市应用的。对我而
言，所有的事情并不是仅仅聚集于曼哈顿(对于我生长的布朗克斯周边
颇为遥远)，甚至对华尔街来讲更是如此(那个秘密的世界我从来没有访
问过，但我知道它在那里)。我把这个夸大的焦点称为"曼哈顿病
症"，并暗示其是"金融、保险、房地产业的虚荣"(Vanity of the Bon-

FIREs)①，指的是学术界对靠近曼哈顿南端的金融、保险和房地产业超级集聚的痴迷。 这种对核心地带的先入之见，让很多研究纽约的人看不到大都市区域广阔的郊区边缘正在发生或没有发生的事情，大洛杉矶的城市化外围地区蔓延得更为广泛，以至于纽约将失去20世纪大部分时间里作为美国最密集城市化地区的地位，让位于西海岸的竞争对手。

21

蔓延自身是另外一项比较研究的主题。 使用各种衡量城市密度的尺度，优先考虑蔓延的尺度，洛杉矶出人意料地脱颖而出，成为美国蔓延最小、最"紧凑"的大都市区域。 如果低密度被看作它首要特征，那么蔓延不是它平常所呈现的那样。 新近的研究表明，基于密度的蔓延衡量标准与社会不平等、环境退化或经济增长受阻的相关性很小，甚至没有相关性。 言下之意，一些相关的理念比如可持续发展、规划"智慧"城市等，都需要从新的城市发展趋势进行重新思考。"比较"的这一章，以对芝加哥、洛杉矶和纽约这三个公认的城市研究"学派"的一系列观察结束。

第五章是对洛杉矶的再次修正，从都市重组和后现代城市化到后大都市转型，将它们视为现代大都市正在进行的转型，正在世界上大多数主要城市当中不同程度地发生。 我认为，关于城市转型研究大量的、不断增长的文献，可以围绕六种不同的、但相互联系的话语组织起来，这些研究的合集将正在进行的现代大都市的解构和重构的各个方面凸显出来。 我有意从工业重建、新资本主义经济的形成、从福特主义到后福特主义的转变（作为后大都市转型背后最重要的力量）来开始讨论。 紧随其后的是大多数人认为对不断变化的城市经济最重要的影响，即资本、劳动力和文化的全球化。

城市—工业和全球化话语都被视为信息和通信技术革命的持续和促进（但不是肇因）。 两者都涉及一种日益增长的区域主义观点，这种观点认为，凝聚在一起的区域经济是全球化和灵活的后福特主义之工业资

---

① 借用了汤姆·沃尔夫的小说的名字"The Bonfire of the Vanities"（虚荣的篝火），详见第四章。 ——译者注

本主义新阶段背后的生成性力量。

　　这章继续探讨经济重组和全球化带来的相互交织的空间和社会的影响，特别关注不断扩大的收入差距和明显的社会、经济和政治两极分化。 在这里，我将重点放在关于经济不平等和两极分化的起源和影响的多方面辩论上，并提供两个案例研究，以说明从都市重组和后现代城市化中形成了独特的新空间。

　　最后两种话语着眼于社会控制的软硬兼施，"硬"是由这样的东西来标识的，即城市的堡垒化、迈克·戴维斯所称的沉迷于保安的都市主义的扩展，"软"则是模拟的欺骗场景带来的消遣心理和意识形态影响，在这种情况下，真实的城市生活就像玩电脑游戏一样。 两者都转移了人们对基本政治问题和激进主义的注意力，这有助于解释为什么动荡的后大都市，尽管存在着各种不平等和不公正，却没有更频繁地被引爆。

　　第六章并没有直接谈论洛杉矶。 对于《我的洛杉矶》当中的批判性的空间视角进行了深入探讨，其方式是讨论我以前所写的关于空间和社会理论的三本书的内容。 这次简洁的理论远足之后，进一步探讨了前面一章的六种相互交织的话语引发的城市趋势的讨论。 这些趋势并没有与洛杉矶隐含的品质相联系，而是呈现了 21 世纪在世界主要城市区域都会出现的一般性倾向。 这一讨论除了缓和过度的洛杉矶中心主义之外，还提供了一个有用的框架，来指导发达世界与发展中世界现代大都市转型的比较研究。

　　第七章讨论区域城市化，又一次的修正，使我们对后大都市转型的具体结果能进行更清晰、更有信心的讨论。 它还为理解过去 20 年洛杉矶城市区域发生的事情提供了一个更好的框架。 从本质上说，这里提出的建议是，洛杉矶和其他主要城市区域，至少在更先进的工业化国家，正在经历的几乎是一个物种的变革，一种包罗万象的范式转移，从一个熟悉的城市化的大都市模式（这个模式经常被认为是它自身的终点），转向一个新的区域城市化进程，在这个进程当中，随着曾经占据主

22

导地位的、蔓延的郊区化进程的重要性的下降，整个大都市区域都将被填满。即使在郊区化并不广泛的地方，就像在发展中世界的后殖民城市一样，边缘的城市化和不断变化的中心，也创造出多中心的、网络化的城市区域或者区域城市，规模庞大，充满复杂性。

23　　　这种从大都市转向区域城市化的划时代转变的证据已经积累了很多年，但这种新的发展[边缘城市、外部城市、兴旺之城①（boomburbs）、半城半郊（metroburbia）、郊区城市、居间城市（in-between cities）、城郊接合部（urban-suburban hybrids）]都被看作同一旧都市模式的变化，它就是在城市和郊区之间一种单一中心的二元论。我们在洛杉矶看到的一种先进形式和其他主要城市区域的迅猛发展，可以被描述为郊区的城市化，侵蚀了经典的、仍然存在的流行的和学术/理论的城市和郊区生活方式之间的划分，并以新的方式将它们融合在一起。

　　随着城市中心发生的复杂变化，曾经同质化的郊区分化成为很多不同的类型，已经不再适合传统的大都市模式和心态。区域城市化不仅仅需要新的术语表和概念，而且需要以不同的激进方式来看待和理解城市和城市生活。在经济重组和全球化刺激和被刺激下、曾经被看作是大都市类型的城市，现在则更好地被描述为多中心的城市区域或者区域城市。随着大规模的郊区发展被大规模的区域城市化所取代，这些范式意义上的新概念，有可能主导21世纪城市发展的话语和争论。

　　倒数第二章更直接地回到洛杉矶，回到从1992年重大的城市骚乱（现在经常称之为正义骚乱）以来所发生的一切。为了说明寻求空间正义的一般主题，这一章考察了洛杉矶新的社会—空间正义运动引人注目的复兴，回应了由于都市重组所造成的极端不公正的地理学，其中包括讨论了公交车乘客联盟和劳工/社区策略中心成功的法律诉讼、洛杉矶

---

　　①　Boomburbs 是指一个大的、发展迅速的城市。这种地域依然保持郊区的特点，其人口指标已经比较典型的是以往的中心城市的水平。有时候，和边缘城市（edge city）含义有关，主要是指近来北美的一种城市发展现象。——译者注

新经济联盟领导的反对沃尔玛超市的斗争，还有城市权利联盟的形成和带来的冲击，现在已经扩展到整个美国。

（最后）简要总结的一章，关注的是占领运动，尤其是在占领华尔街、占领奥兰治县当中的特殊表现。感谢斯蒂法诺·布洛赫的工作和帮助，涂鸦艺术家和壁画家在这场运动中的角色受到了特别关注。我也要感谢布洛赫对此和《我的洛杉矶》其他各章的贡献。对全球范围内占领运动以及城市权利运动更广泛的影响也要给予关注，尤其需要关注公共空间中社会聚集的政治意义，比如像开罗的解放广场（Tahrir Square）、马德里的太阳门广场（Puerta del sol）。

这样的讨论是建立在一系列批判性政治评论的基础之上的，这些评 24 论几乎贯穿了《我的洛杉矶》每一章，反映了当代世界中政治日益增长的城市化和空间化。例如，这里描绘的区域城市化，是今天各种形式的经济发展、技术创新和文化创意背后的主要驱动力。但我们也意识到，这也可能导致经济不平等、政治两极分化和环境退化的加剧。最大限度地发挥区域城市化的积极影响，同时控制相关的负面后果，将是21世纪最大的政治和经济挑战之一。

在这里所呈现的文本的很大部分，是对我以前所发表著作的选取的重读，但这本书并不是简单的我的文章合集。为数不多的精心节选被嵌入新的说明性文本中并被详细阐述，这至少澄清了我所写内容背后（不断变化的）意图，并试图反映过去40年来洛杉矶发生的根本性变化。基本上，下面所涉及的都是我自己对洛杉矶的解释，呈现出来是抱着这样的希望：每一种观点，都试图给我们已经建立起来的城市状况的总体理解，增加一些新的东西。毕竟，现在世界上大部分人都生活在城市里，城市比以往任何时候都更能代表人类的状况。但让我们不要在这里显得太沉重，因为《我的洛杉矶》也是娱乐性的，有趣的，充满着琐碎的事情，经常也相当无意义。时刻准备好在这样一种夸张的极端之间来回跳跃，因为这就是洛杉矶的本质。

注 释:

[1] Norman Klein, *The History of Forgetting: Los Angeles and the Erasure of Memory* (London: Verso, 1997).

[2] Stein 有一句精辟的话 "那里没有那里" (There is no there there), 经常用于洛杉矶, 实际上是指她回到家乡奥克兰后, 找不到她长大的房子。 此评论出现在 *Everybody's Autobiography*(Boston: Exact Change Publishers, 2004)。

[3]《雷蒙娜》(*Ramona*)是由 Helen Hunt Jackson 撰写的一部历史浪漫小说, 出版于 1884 年, 据报道印刷达 300 余次, 引发了南加利福尼亚第一次大规模旅游热潮。 故事围绕着苏格兰人和美国土著所生的混血孤女展开, 她在墨西哥—加利福尼亚人几轮种族歧视当中生存下来, 并找到了她的真爱, 这与那个时代反墨西哥情绪非常契合, 这也许是区域性 "品牌化" 的第一个案例, 因为很多本地的广告本身都是这个故事的一个部分, 以吸引游客。 以雷蒙娜为题材的戏剧, 自从 1923 年以来每年都要在赫米特(Hemet)上演, 这是美国演出时间最长的户外剧。

[4] 关于洛杉矶早期区域规划的文章很少, 特别是与纽约市几乎同时出现的更加突出的区域主义和区域规划相比。 洛杉矶的区域规划主要是县级规划, 几乎没有区域主义意识。

[5] 参见 Allen Scott, ed., *Global City Regions: Trends, Theory, Policy*(Clarendon: Oxford University Press, 2001)。 也见 Peter Calthorpe and William Fulton, *The Regional City*(Washington, DC: Island Press, 2001)。 两本书都与洛杉矶密切相关, 第一本来自 1999 年在加州大学洛杉矶分校举行的一次国际会议, 当时 Fulton——第二个本书的合著者——与该分校、南加州大学都有密切的关系, 在南加州城市规划界是一名杰出的评论家。

[6] 区域城市化作为都市重组的重新定义或终结状态, 将在以后章节里进行更加详细的探讨。

[7] 这个统计是有争议的, 因为几乎所有人的城市想象都不能理解洛杉矶比纽约人口密度更大, 尤其是当一个人保持着对两个城市的旧印象时。 统计数据最密集的地区仍然集中在曼哈顿, 但洛杉矶拥挤的移民区正在迅速赶上。 当密度最高的地区统计数据累计到 15%时, 洛杉矶就超过了纽约, 而且仍比其他大都市区域要高很多。 另外一个决定性的因素是, 洛杉矶的郊区要比纽约的郊区人口密度大很多, 这也是洛杉矶的区域城市化高度发达的另一个表征。

[8] 我与 Scott 合编过一本关于洛杉矶的书: *The City: Los Angeles and Urban Theory at the End of the Twentieth Century*(Berkeley and Los Angeles: University of California Press, 1996)。

[9] 关于空间转向的讨论, 见 Edward Soja, "Taking Space Personally", *in The Spatial Turn: Interdisciplinary Perspectives*, ed. Barney Warf and Santa Arias(New York and London: Routledge, 2008), 11—35。

[10] 我所有研究和写作的基础出发点是 "The Socio-Spatial Dialectic", *Annals of the Association of American Geographers* 70(1980):207—225。 在这篇论文中, 我探讨了马克思主义和其他后实证主义地理学的新兴形式, 它们由于历史和社会关系的过度特权而没有足够的空间性。 对于这种社会历史主义的批判, 我将在第六章中给出更多的细节。

[11] 从公认的历史角度来折中地看待环境问题, 见 William Deverell and Greg Hise, eds., *Land of Sunshine: An Environmental History of Metropolitan Los Angeles* (Pittsburgh, PA: University of Pittsburgh Press, 2005), 至于更多的洛杉矶政治, 见 Raphael Sonenshine, *Politics in Black and White: Race and Power in Los Angeles*(Princeton, NJ: Princeton University Press, 1993); 以及 *The City at Stake: Secession, Reform, and the Battle for Los Angeles*(Princeton, NJ: Princeton University Press, 2004)。

[12] Paul Barker, with Reyner Banham, Peter Hall, and Cedric Price, "Non-Plan: An Experiment in Freedom", *New Society* 338 (March 20, 1969); and Paul Barker, "Non-Plan Revisited: Or the Real Way Cities Grow(The Tenth Reyner Banham Memorial Lecture)", *Journal of Design History* 12(1999).

[13] Allen Scott 和其他人把这个看作城市与工业革命的第三波, 第一波是最初的工业革命及随之而来的城市增长; 第二波在传统中称之为福特主义, 这是从大萧条和世界大

战中挽救资本主义的工业革命和城市浪潮。 现在正在兴起的新一波工业经济有很多名字：后福特主义的、全球的、信息密集的、灵活的，最新的称呼来自 Allet Scott，他称之为"认知文化资本主义"，这导致了主要由中国和印度推进的引爆点。 在这两个国家，世界上人口的绝大部分都居住在不同大小的城市区域。

[14] "一切都聚集在一起"（it all comes together）这句话来自《洛杉矶时报》的刊头格言，现在已经不再使用了。 但它与我有关洛杉矶的写作密切相关，既有积极的影响，也有消极的影响。

第一章

何时首聚洛杉矶(1965—1992 年)

　　我关于洛杉矶的地理史研究开始于 1965 年，开始于在美国历史上最暴力、代价最高的骚乱之一的令人眼花缭乱的余波中。 瓦茨骚乱烧毁了洛杉矶非洲裔美国人的核心区，并在世界范围内产生了更大的影响。 作为 1960 年代全球城市骚动的先锋之一，瓦茨骚乱向世界宣告，美国和其他地方的战后经济繁荣将不再继续像以往一样，因为太多的人从繁荣当中获益太少。 在瓦茨骚乱前后，世界各地有很多的骚乱和暴动，但没有一个是纯粹暴力的、破坏性的，也许 1965 年发生在洛杉矶的事件是一个旧时代结束、一个新时代开始的表征。《我的洛杉矶》在很大程度上就是要努力探讨瓦茨骚乱以后几十年间在洛杉矶所发生的事情。

　　其实包含在《我的洛杉矶》当中的一切都依赖于这第一章及其核心论点并且延伸开去，即瓦茨骚乱标志着战后美国长期经济繁荣的终结，标志着危机引发的经济重组时期的开始，这将在一定程度上影响工业化世界的主要城市。 这个论点将进一步提出并证明，世界上很少有其他大都市地区像洛杉矶那样进行了深刻的重组和激进的变革，给那些研究它的人提供了一个无与伦比的经验和表达的全景图，以从中提取洞见。

　　考察洛杉矶的都市重组，会有一些历史性的顺序，但出现的不仅仅是 1965 年前后洛杉矶的综合历史，也不是洛杉矶地理学全面而永恒的细节式表达。 为了将历史和地理的发展结合在一起，我将我的研究称为"地理史"。 本章和以下各章都试图通过多层次的解释和重新解释，来捕捉这一不断变化的城市景观中地理史发展的流动性。

创造一个新的洛杉矶

在瓦茨骚乱后的 40 年里，至少发生了三次明显的"反转"，每一次都促成了这座城市引人注目的蜕变。 我所谓的反转，是一种重大的历史逆转，在 20 世纪前四分之三时段中的洛杉矶被整个颠倒过来。 一个新的洛杉矶通过很多方式被创造出来，与直到 1970 年代在学术文献和大众媒体中发展起来的洛杉矶形象截然不同，尽管这些形象已经过时，但依然主导着当今对洛杉矶的很多观点。 考察洛杉矶的首要任务之一，就是挑战这种日益过时的形象的持久传承。

第一个戏剧性的反转与当地的劳工运动有关。 用迈克·戴维斯贴切的话语来说，旧的洛杉矶曾经是"阳光灿烂和不加入工会的工厂"[①]的王国，以其亲商和反劳工的环境而闻名。 它与纽约，还有西部极端自由主义的异类圣弗朗西斯科相比，成了退步的证明。 洛杉矶有自己的辉煌的时刻——1910 年代与社会主义（如果不是无政府主义）的眉来眼去、墨西哥和中国革命运动的温床，还有 1950 年代联邦推行的第一波公共住房的开创性核心——但一些主导性机构比如商会、本地工厂主协会、极端保守的《洛杉矶时报》的地位显然已经确立，完全有能力击溃任何中间偏左势力或激进的工会活动。

1950 年代，众议院非美活动调查委员会（House Un-American Activities Committee）的质询，引发了针对公共住房的红色诱饵[②]战争与好莱坞黑名单，证实并巩固了上述这些机构的主导地位。 然而，20 年

---

①　不加入工会的工厂（open shop）与加入工会的工厂（closed shop）相对立而区别。前者是这样的工厂，雇佣活动中没有要求受雇方加入工会或者必须受到经济支持加入工会，作为雇佣或者继续雇佣的条件。 ——译者注

②　红色诱饵（red-baiting）是美国历史上最常用的术语之一，与麦卡锡主义有关，"红色"是指自 19 世纪以来在世界范围内传统上象征左翼政治的颜色。"诱饵"指的是迫害，折磨或骚扰。 ——译者注

后，洛杉矶开始出人意料地崛起，成为全美劳工运动的主要生成和创新中心，尤其是在性别平等、同性恋权利以及重中之重的移民组织方面。[1]美国大都市中没有任何地方的工会成员人数和地方权力像洛杉矶那样增长，也没有任何地方像洛杉矶一样，移民在劳工运动中发挥着关键作用。 在第八章，我将返回到从瓦茨骚乱到现在为止，劳工—社区联盟的建设方面这些引人注目的发展。

在邻里身份认同、以场所为基础的政治、以社区为基础的组织等方面，同样发生了角色颠倒和形象反转的事情。 在过去一个世纪的绝大多数时间，洛杉矶一直被视为以汽车为基础的都市主义的缩影，居民们形成了广泛的相互联系和吸引的"汽车乌托邦"网络，而不是形成"近邻社区"——定义明确的社区，在那里步行生活兴盛，每个人都认识并依赖自己的邻居。 伯克利的城市规划教授梅尔文·韦伯（Melvin Webber），在1970年代描述洛杉矶的名言是"无地之都市王国"（non-place urban realm），在那里，距离具有弹性，本土意义不大，很多家庭都没有公开电话号码，蜷缩在高墙之后，一两块牌子上面写着"不法进入者格杀勿论"。[2]自从1985年以来，因为很多不同的原因，相反的情况在社区认同和激进主义方面发生了。 也许在美国，没有哪一个地方的邻里关系、社区和其他以场所为基础的组织，如此众多、活跃和成功，这一主题也将在第八章中进一步探讨。

第三个物质和名声上的反转已经将洛杉矶从美国人口密度最低、最摧枯拉朽蔓延的大都市——文雅和象征性的表达是"72个郊区在寻找一座城市"——变成了美国人口最密集的城市化地区，1990年超过了由23县组成的纽约市城市化地区，并从那以后扩大了领先优势。 有几个因素形成了这样一个重大的反转。 这是世界历史上规模最大的以城市为中心的移民之一（不考虑公元前以及中国的情况），在内城核心带就增加了近500万人（几乎都来自发展中国家）。 总而言之，自1975年以来，洛杉矶城市区域5个县的人口增加了800万，这是除日本以外发达国家城市中增长速度最快的，可与拉各斯、达卡和墨西哥城等第三世界大城市的扩张相媲美。

整体密度增长还有另外一个因素，就是洛杉矶郊区的广泛城市化。20 世纪的大部分时间，洛杉矶被当作北美西部蔓延式发展的城市的典范。 今天它就是我所称的区域城市化的原型，这是一种新的城市增长的模式，主要是由郊区人口密度（如果不是全方位的城市化）和大量第三世界移民取代城市核心地区的本土居民来定义的。 后面的章节当中，我将讨论我所看到的洛杉矶从大都市到区域城市化这样一个划时代的转变。 在这里提到它，是为了进一步加强和例证这样一种观点：洛杉矶城市区域自从 1975 年以来发生的实质性变化，比世界其他地方都要多。 它过去标志性的郊区正在迅速消失，"爱荷华号海港"现在被叫作"第三世界的首都"，曾经是少数族裔的人口现在已经变成了主体，美国白人新教徒的终极之城，现在已经以天主教和福音派为主。

毫无疑问，洛杉矶不再是过去的样子。 它依然是当代城市发展趋势的典范，但这些趋势不同于洛杉矶在 20 世纪前 75 年给世人展示的那样。 执着于早期的这些形象只能带来误解。

扭转来自东部的偏见：反对后工业主义

几乎不可能说清楚 1970 年代洛杉矶会走向何方，但毫无疑问情况变化非常之快。 对于越来越多的城市研究群体来说，这很快就会变得很清楚。 他们试图从理论和实践上理解这一时期发生的事情，洛杉矶正在朝着与美国其他主要城市截然不同的方向前进，这些不同的道路需要关于城市发展和变化的新的思维方式。 由于洛杉矶的实际景观发生了戏剧性的变化，研究它的方法和手段也发生了巨大的变化，一定程度上，纽约或者芝加哥，甚至亚特兰大、迈阿密、休斯敦都没有这么明显，至少在最近是这样的。

从理论和实践上理解洛杉矶都市重组的社会尤其是空间的模式，成为一个批判性学术团体的研究重点，该团体最初主要由加州大学洛杉矶分校的城市区域规划者和地理学家领导的。 这个新兴的研究群体面临的第一个挑战是，在密西西比河以东的城市分析师和政策制定者涌现的对城市变化极具影响力的解释中，让他们的声音能被听到。

31 　　美国东部学术界和政界相当自信地认为，他们对战后繁荣结束后发生的事情已经有了答案。 首先，美国正在经历一种区域和区域性发展中的角色转换，在霜冻地带——这是美国工业化的核心之地，大致从圣路易斯延伸至纽约市，以及阳光地带——由得克萨斯到佛罗里达主导的"新南部"，还有环太平洋地区阳光地带——之间发生了"权力转移"。能够佐证这种解释的是 1970 年和 1980 年的统计数据，这似乎表明（尤其是通过制造业就业的整体下滑），一个后工业时代已经来临，对富裕的美国人来说，一种新型资本主义的出现近在眼前。

　　在这个新兴的后工业社会，随着就业和整个经济转移到各种第三产业或服务业活动（从做汉堡到高端金融业），制造业似乎已不再重要。美国去工业化的后果对很多来人说是痛苦的，这包括美国制造业曾经繁荣的地区的几乎所有的人，还有非洲裔美国人和其他新的"都市下层阶级"，他们被认为困在了几乎所有霜冻地带城市腐烂的核心地带。[3]同样受苦的还有从战后繁荣中受益匪浅的大型工业工会和加入工会的工人。 经济重组——这几乎可以整体上定义为去工业化——是破坏性的却又是必要的，理论家和政策制定者如此说。 它被认为是从 1960 年代大范围的城市动荡和 1973 年到 1974 年全球经济低迷中复苏过来的重要组成部分。

　　对于在洛杉矶的或有关洛杉矶的研究者来说，如果正在发生的并不全是不精确的图景，那么这明显是一个误导。 几乎所有的东部学者并不了解，几十年以来洛杉矶是美国最大的工业大都市。 洛杉矶被指为后工业化有些荒唐，尤其是自从 1970 年代以来它的工业部门蓬勃发展。 在洛杉矶近 100 万非洲裔美国人当中，很少有人因为一些"空间错配"而被"困"在远离郊区化的工作上。 在这种都市与郊区的混合景观当中，工作职位相对来说是相当"近"的，虽然由于种族障碍使得这些附近的工作很难得到。 进而，失业和福利倚赖不是大问题，因为庞大的西班牙裔移民人口拥有多份工作，就业穷人的集聚，是对倚赖福利的下层阶级一个更好的说辞。 甚至连西班牙裔这个词在当地也被鄙视，人们支持更具野心与包容性的新词"拉丁裔"，不出意料指的是所有来自美国边境之南的人。

超过三分之一的洛杉矶人，即就业穷人，尽管他们每个家庭都有多份工作，但无法获得足够的收入，以跨越官方的贫困线标准。 他们确实不依赖公共福利，很多观点和很多研究也有助于探讨，就业穷人对当地经济发展贡献得多还是从中获取得多。 大部分研究证明，他们贡献得比他们获得的福利多，虽然在盎格鲁(非西班牙裔的白人)人口中反对移民的因素依然会有很多歧视针对就业穷人，比如反对无公民身份的居民有接受公立学校教育的权利。 类似的问题在美国其他大都市地区也不断增加，但考虑到在美国和墨西哥战争以后，洛杉矶说西班牙语的"加利福尼亚人"(Californios)经历的种族清洗和漂白(变成盎格鲁人或者非西班牙裔的白人)，它们是语境化的，可以做出与洛杉矶不同的解释。

后工业主义神话的破灭，进一步鼓励了洛杉矶的研究者。 有关洛杉矶的新著经过了一个被当作边缘的离奇、无关的打趣读物而被不屑一顾的初始时期以后，全美国乃至全世界都对洛杉矶正在发生的事情兴趣大增，尤其是涉及后来有名的工业重组，以及相关的后福特主义大都市经济学和地理学的形成。 正在终结的不是都市工业资本主义，而是一个它的发展阶段，可以被描述为福特主义，这个阶段开始于两次世界大战之间，帮助美国和其他国家走出了大萧条，走上了一条通向第二次世界大战以后的繁荣岁月的道路。

随着洛杉矶的经验广为人知，后福特主义而不是后工业被广泛用于描述正在出现的新经济，尽管后工业的标签依然广泛地用于描述纽约和底特律这样的城市。 然而，人们希望，美国国家科学基金会再也不能

32

以"但那里没有工业"为由，驳回支持研究洛杉矶工业重组的申请。或者像那个自诩资本家工具的《福布斯》杂志，1980年代早期发布了一幅美国最热门的高技术地区的地图，却忽视了洛杉矶和奥兰治县，当时那里的高科技工人比硅谷或波士顿周边的128号公路①还多。 在多年的相对忽视之后，洛杉矶终于被放在国家和国际地图上，成为后福特时代新的工业大都市的典范。[4]

33 都市重组：洛杉矶的社会与空间变化分析

　　引起人们对洛杉矶如此关注的主要火花之一是1983年发表的《都市重组：洛杉矶的社会与空间变化分析》一文，它是我与丽贝卡·莫拉雷斯、哥兹·沃尔夫合作完成的（附录1，资料来源1A）。 莫拉雷斯是加州大学洛杉矶分校城市规划项目的早期研究生，后来是规划系的教员，那时她的研究重点是经济重组（特别是汽车工业）过程中移民劳动力的使用问题。[5]这些早期研究起源于一段轶事，为我们分析和理解1980年代早期发生在洛杉矶的事情设置了生动的背景。

　　莫拉雷斯进入南洛杉矶一个小工厂的黑屋子里，把嘴和鼻子遮掩起来，以避免有毒灰尘的侵害。 如果我的记忆准确的话，那里生产汽车的轮毂盖。 当她在这些移民工人中间徘徊时，看见一堆成品靠墙堆放。 凑近一看，她看到了生产过程的最后一步：给每一个轮毂盖上面贴上 "巴西制造"的标签。 这个世界到底怎么了？这仅仅是一个小小的骗局，还是代表了一种更广泛的现象，与新兴的新经济及其在移民云集的洛杉矶采取的特殊形式有关？它表明，工资如此之低，移民劳动力如此丰富，只要工会和政策制定者不干预，洛杉矶的制造业就可以凭借

---

　　①　128号公路已经逐渐成为美国新技术创新的重要场所，有人称之为美国技术长廊，或者技术极地。 这条路长超过55英里。 从1990年代以来，由于高校众多，环境良好，以及众多高技术公司进入，其区域发展潜力不可忽视。 ——译者注

节约运输成本和其他条件，与第三世界的生产商竞争。

哥兹·沃尔夫加入丽贝卡·莫拉雷斯和我最初的研究当中，研究有关都市重组过程，以及可称为不断变化的城市化政治经济学，当时他是一名博士生，拥有耶鲁大学政治学学位，对于劳工问题有浓厚的兴趣。他与高级规划师约翰·弗里德曼(John Friedman)合作写了一篇被广泛引用的文章，这篇文章有关"世界城市假说"(the world city hypothesis)。1983年后不久，哥兹离开了研究生院，建立了自己以劳工为导向的咨询公司，后来成为洛杉矶劳工运动的关键人物，以及加州大学洛杉矶分校城市规划系的讲师和"执业教员"(practitioner faculty)。我们共同努力，在城市规划教育中引入重要的劳工成分，可以说是第三种力量，超越但等同于公共和私营部门。

我对洛杉矶的研究部分开始于我从在西北大学地理系任教转到与更积极的、更"实用"的加州大学洛杉矶分校城市规划系的研究生的合作。[6]然而，直接的导火索是对阻止工厂关闭联盟(the Coalition to Stop Plant Closings)的一项调查，这是一个新的联盟，组建起来以对抗去工业化和曾经繁荣的工厂的关闭，这些工厂主要生产汽车、轮胎、玻璃、钢铁制品和很多耐用消费品——那个时候学者们给这些产品贴的标签是"福特主义工业"。

虽然整体就业增长在扩大，但洛杉矶在1970年代和1980年代早期也正经历了福特主义制造业工作职位的大幅流失，主要是在几个老的重工业区，比如说由市中心南部延伸到洛杉矶—长滩港口这样的地区，当时和现在都是美国城市化区域的第二大城市。虽然在1980年，人们对经济地理学的理解非常贫乏，而且"工业洛杉矶"的愿景被好莱坞电影制片人主导，他们引领着本地所谓的"工业"，洛杉矶已经是美国制造业就业最集中的地方。大片区域非同寻常地被划分为工业用途，特定的行政区域形成了，比如现在一些直白的名字，所谓的工业城(City of Industry)、商务城(City of Commerce)，等等。

洛杉矶是一个工业庞然大物，与当时许多外人对它的看法形成了惊人的对比。 市中心以南的工业区——以南门等蓝领城市为中心，延伸到洛杉矶和长滩这两个港口——已经有了很多的工厂和工人，以至于它与德国的鲁尔并列为最大的扩展城市工业区，在圣费尔南多谷和圣贝纳迪诺县所谓的内陆帝国还有其他的福特主义工业集群。[7]

虽然洛杉矶肯定不能被贴上后工业化的标签，但在 1970 年代初的经济衰退之后，它确实经历了严重的去工业化。 我们估计，由于工厂倒闭和用工减少，最少有 7.5 万个工作岗位流失了。 这并不让人感到惊奇，因为洛杉矶拥有密西西比河以西最大而又脆弱的福特主义工业集群。 重要的是，这使得那些研究洛杉矶的人能够调查霜冻地带的去工业化以及阳光地带新的工业扩张的原因和后果，我们在洛杉矶称之为再工业化。 世界上很少有大都市可以比洛杉矶更清楚地看到和研究去工业化和再工业化之间的动态互动。

35 即使有了实质性的再工业化，工业工会和曾经繁荣的蓝领社区在洛杉矶也像全国其他地方一样迅速消亡了。 工厂关闭和失业，主要发生在福特主义工业企业以及它们所在的邻里社区，而在洛杉矶蔓延出去的许多其他地区，新型的后福特主义、以信息为基础的工业，形成了更加富裕的郊区行政区环状地带。 这似乎是阳光地带、霜冻地带奇怪地在一个地方混合了。 人们被周边见到的相互矛盾的繁荣和萧条趋势所包围并感到困惑，而且没有从曾经强大的全国工会机构、洛杉矶的本土工会那里得到相关帮助，他们在几年前全美农场工人联合会（United Farm Workers）开创的先例的基础上，开始创建新的劳工—社区联盟，经常得到当地大学的学者与活动人士的帮助。

这种早期的劳工—社区联合主义和联盟建设的成长，导致了阻止工厂关闭联盟（CSPC）的成立，并努力遏制去工业化的浪潮。 联盟面临的第一个重大考验就是，在圣贝纳迪诺县阿普兰，通用电气的一家熨斗工厂被威胁即将关闭。 当地的联合电气工人工会专注于如何组织工厂工人反对关闭，尤其工人们被告知说，鉴于洛杉矶正在经历的就业繁荣，他们不应该为关闭担心。 通过阻止工厂关闭联盟，他们向研究洛杉矶的本地大学新的研究者团体寻求帮助。

在阻止工厂关闭联盟的刺激下，这个项目成为了一系列主要的实证研究、理论建设和规划实践的跳板，在之后的 30 年中，它达到了其他城市无法超越的水平。 它后来也超越了加州大学洛杉矶分校的地理系与城市规划系，延伸到其他的大学和学科。 以洛杉矶为基础的研究和写作的爆发，发生在一个世纪过去了 3/4 时间之后，关于洛杉矶的坚实的学术文献几乎填满了一个书架。 在经济和技术迅速变革的时代，阻止工厂关闭联盟，在它控制自由资本的大胆努力中失败了，但它将成为未来 30 年非凡发展的政治和经验温床，这将使洛杉矶成为劳工—社区—大学联盟建设的创新中心，不仅在美国，也包括世界各地。

根本上，阻止工厂关闭联盟要求我们帮助他们理解，1970 年代末和 1980 年代初在洛杉矶发生了什么。 这种要求特别与联合电气工人工会相关，该工会当时正面临通用电气关闭位于阿普兰的工厂的可能性。 他们问我们："这与东部美国制造业地带①的情况相反，当洛杉矶的就业机会似乎越来越多的时候，我们怎么才能在车间里组织起来，与这种关闭的威胁作斗争呢？"工人们还说："为什么要抗议呢？ 我们可以很容易地找到新的工作。" 他们几乎不知道，他们可能不得不找两三份工作，才能赚到他们在阿普兰赚的一样多的钱。

我们后来把工作分成两个层面的项目。 我们的第一个工作成果是一本小册子，它描述了工厂关闭的早期征兆，我们希望能够用它来动员对工厂的支持。 这本小册子由工会的一位漫画家画插图，于 1980 年出版。 这里提供了小册子的样张（图 1A—E）；完整的小册子可以在 www.ucpress.edu/go/mylosangeles 在线阅读。 令人痛苦的讽刺是，这本小册子出现在通用电气工厂宣布关闭的那一天。

这本小册子是关于经济重组的一本很小的入门读物，尽管洛杉矶工

36

---

① 美国制造业地带（American Manufacturing Belt）主要是指美国东北部和加拿大接壤的工业比较集中的地区。 从 19 世纪末期这里就开始繁荣发达。 但是到了 1960—1970 年代以后，原有产业逐渐衰落，有锈带（rust belt）的称呼。 它也叫工厂带、钢铁带，和中西部、平原地区的农业带、粮仓（面包篮子）地带相互区别。 ——译者注。

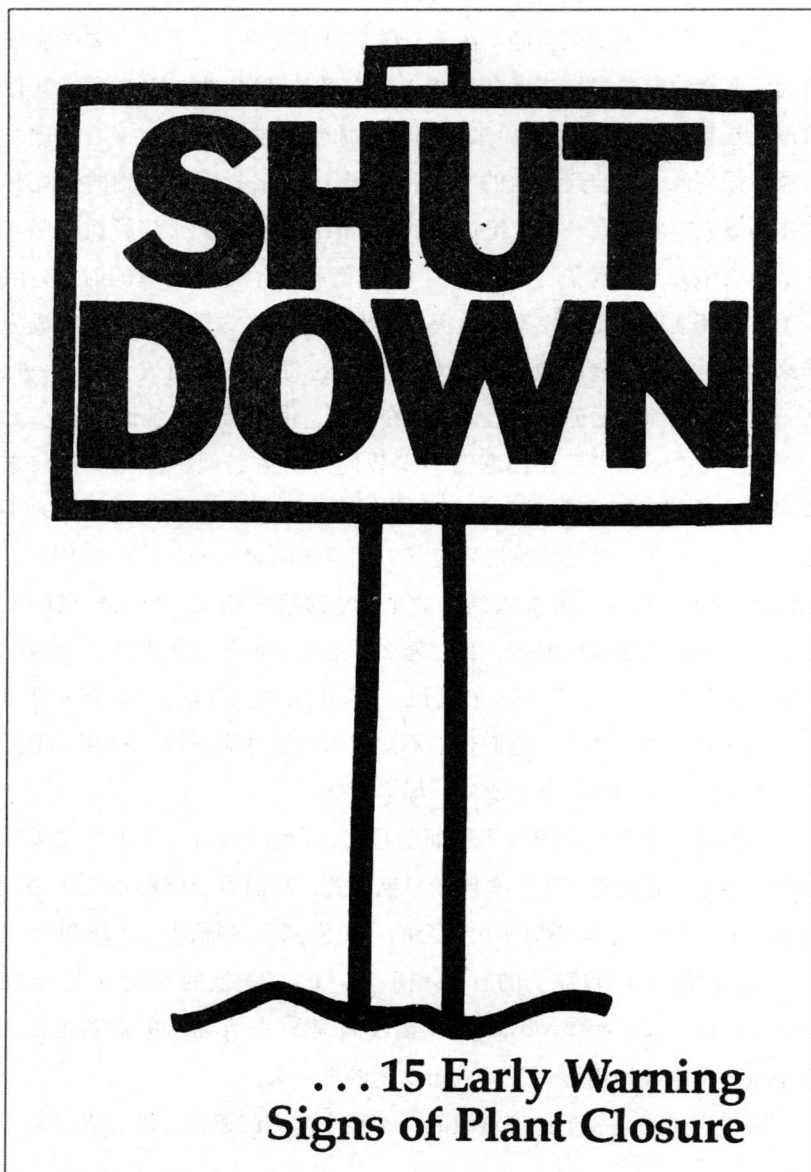

图 1A 《关闭:工厂关闭的 15 个早期征兆》的封面,
由阻止工厂关闭联盟策划,1980 年。

导 言

1980 年,南加州十几个社区遭到没有预期的工厂关闭的打击。 通常这些公司很少或者没有给它们的社区或者雇员提出预警。

当最为公众所知的汽车、钢铁、橡胶工厂关闭的时候,也对南加州数十家其他企业构成了打击。 这应该有一个预警,因为没有工人、企业、社区能从关闭中全身而退。

你和你的社区成员,为这种威胁你的工作和你的邻居的事情而斗争,能够做什么呢? 州和联邦也没有立法要求公司通知社区或者工人即将到来的关闭。 工人和社区领袖必须意识到工厂关闭的**早期征兆**。

为什么注意到**早期征兆**是重要的? 早些认识到这个问题,可以给你时间检查和应对工厂关闭与失业的替代方案。

图 1B 《关闭》小册子,第 1 页。

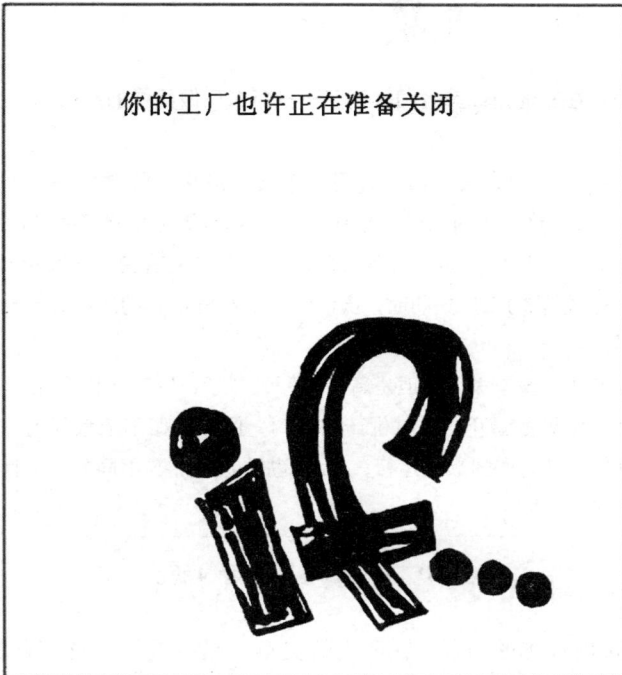

图 1C 《关闭》小册子,第 3 页。

39

你公司在其他州或其他国家开了一家新工厂做同样的产品,而你的工资更低了……

在 1981 年 1 月,蜜丝佛陀公司宣布它在洛杉矶的化妆品生产厂将在 1982 年关闭。 洛杉矶的工厂,与 ILWU(国际码头与仓储工会)达成工会协议,雇佣 700 名工人。 蜜丝佛陀公司正在北卡罗来纳建立一家新的化妆品工厂。 当洛杉矶的工厂关闭时,蜜丝佛陀公司将把它的所有订单转移到北卡罗来纳。

经常有工厂没有关闭,但是新的工厂又开了,生产同样产品。 在一个国家或者在世界范围开办同时生产的部门,保证公司不依赖任何一个生产部门,以保证其生产的顺畅运行。 公司也被允许挑选不同的工人团体以形成彼此竞争。

图 1D 《关闭》小册子,第 4 页。

厂关闭、自由资本的问题,在我们的文章"都市重组"当中有更加仔细的答案。 在我们更加全面的解释中,我们看见资本——以商业和公司的形式——回应着一种低迷，这在 1973 到 1974 年全球经济衰退当中已经明显地表现出来。在国家经济层面，战后繁荣已经过去，不能再依靠一般的商业来赢利和扩张，新的理念和新的方向对于恢复繁荣状况来说是必须的。这就开始了一个实验的时期，寻求技术、劳资关系、公司组织的革新，努力（并不总是成功）刺激更新经济扩张，改善社会控制的形式，以遏制不稳定的变化。然而，对于大多数企业来说，至少在短期内，似乎有一个更容易的方法来增加利润：削减成本。而最容易削减的成本就是劳动力。

危机引发的经济重组，阿普兰的通用电气工人工会面临的困境，开始是由各种劳动力成本的削减所引发和推动的。解雇工人（或裁员）和关闭工厂，尤其是在福特主义的工业部门，似乎是最简单的方法。福特主义的工业部门曾引领战后繁荣，但现在正在经历最严重的经济衰退。整个 1970 年代到 1980 年代，世界主要的工业化区域，从新英格兰、美国制造业地带，到苏格兰低地、南威尔士、英格兰东北部、比利时的瓦隆（Wallonia）和西班牙的巴斯克（Basque）地区，都经历着程度不等的去工业化，其中破坏最大的是各国工会的削弱和国家福利政策不足。[8]欧洲大陆去工业化水平比较低，大不列颠略高一些，美国最高。

即使在美国，这样的成本削减也并不总是那么容易。美国的二战后繁荣，在资本主义历史上来说是最戏剧性和最成功的，尤其是在洛杉矶，它造就了世界上最大的郊区化中产阶级。加入工会的工人们获得了巨大的利益，从医疗保险到住房补贴，大部分经过集体协商达成了协议，放弃了全面罢工，或者并没有中断生产，以其他方式提高生产率，换取增加工资和福利。这涉及有些人所说的大劳动、大政府、大公司之间的"社会契约"。在美国，在没有任何解释的情况下解雇工人和关闭工厂是公司管理层的权利（如果在斯堪的纳维亚半岛是不可想象的），但强大的工业工会使得这样的政策实施非常困难。

40

比如，当加拿大 ENCO 公司的镍业工人罢工的时候，公司将生意安置到一个同样的墨西哥工厂。墨西哥工厂开始做加拿大罢工工人不再做的事情。

没有新的机器代替旧的……

凡士通(Firestone)橡胶公司的工厂 1920 年代在南门建立。凡士通使用的机器是设计来制造"斜交"(bias ply)轮胎的。过去一些年来其他轮胎公司，尤其是米其林公司，通过出售子午线轮胎而占有了轮胎市场上的更大份额。生产子午线轮胎需要不同的机器，而凡士通没有。不是在新的必需的子午线轮胎生产机器上进行投资，凡士通继续使用他们过时的技术。最后，它彻底关闭了工厂。

图 1E 《关闭》小册子,第 5 页。

41   去工业化在公共和私营部门通过数次反转，以很快的步伐扩展开来。从里根总统执政初期对待空中交通管制员的态度，以及玛格丽特·撒切尔在英国矿工工会问题上的类似立场，表明了对工会的破坏行为比以往任何时候都更容易接受。为了提高有投票权的公众对这些行为的接受度，一种不同寻常的意识形态的变迁就变得十分必要。大多数选民必须确信：第一，经济问题是由大政府与大工会勾结造成的，工人们自私地吞噬着社会福利；第二，从罗斯福新政到林登·约翰逊的"反贫困战争"，社会契约及其相关政策必须被铲除，以应对经济衰退；第三，自由企业市场的魔力足以弥补正在丧失的东西。 在重组的过程被合理化或者"粉饰"的骚动的宣传机器那里，新自由主义诞生了——并作为一种意识形态的烟幕持续到今天。

这些状况形成了阻止工厂关闭联盟要面对的挑战的背景。 去工业化和再工业化在洛杉矶同时发生，几乎力量相同。 工作职位异乎寻常地多了起来，但这些工作当中的绝大多数，工资很低，福利很少，而且通常工会都没有成型。 在阿普兰的通用电气工厂的工人中，妇女和少数族裔占据了很大的一个部分，工资相对较高，福利也比较好。 然而，一旦被解雇，他们就必须有两到三份工作以维持与过去一样的中产阶级生活方式，这是一种非常残酷的取舍，我们称之为凯马特现象(Kmarted)，凯马特是当时一家受欢迎的百货商店的名字。[9]

在美国，几乎无法阻止不受监管、到处流动的资本，流向新的地方（包括海外），寻求节约劳动力成本。 然而，在洛杉矶没有遭遇很多的阻力，工厂关闭也没有进一步进行。 虽然并非总是成功，洛杉矶反对工厂关闭联盟(LACAPS，即阻止工厂关闭联盟采用的新名称)，向州和地方政府机构施压，要求为流离失所的工人创建或提高特殊服务等级，并引入州立法，如果工厂关闭必须提前通知，给流离失所的工人和受影响的本地社区予以补偿。 洛杉矶反工厂关闭联盟的努力，无论是在地方上还是在全国范围内，即使没有成功，也播下了种子，十年之后成长起来，在洛杉矶形成劳工—社区联盟建设的复兴。

1983 年的文章是首批出版的特别关注都市重组的作品之一。 它也 42
表明了将会在 1980 年代发展起来的研究群体（或者"学派"，如果有人愿意的话）的一些关键特征。 尤其重要的是，把洛杉矶当作一个实验室，以便更加全面地了解世界各地的当代城市化进程。 在研究洛杉矶时，人们很少关注本土风景的独一无二和特殊之处，而是想通过它更好地理解其他城市正在发生的事情。 对变革的社会—空间模式的强调，反映了核心研究群体强烈的地理或空间视角。

考虑到我们当时的政治倾向，以及新马克思主义地理学和社会学在城市研究中日益增长的影响力，解读洛杉矶重组的第一个回合开始于一封马克思询问有关加利福尼亚的信息的信件。 在他 1880 年给弗里德里希·佐尔格（Friedrich Sorge）①的信中，马克思说加利福尼亚之所以重要，是因为没有别的地方有如此迅猛的资本主义的集中化，迅即引起了非常可怕的天翻地覆。 马克思主要指的是随着 19 世纪中期的淘金热以及"敛财大亨"（Robber Barons）兴起，导致财富的急剧集中。[10]

我们在洛杉矶看到的是马克思所称的资本主义的集中化的当代形式——这是一个非常重要的财富两极分化现象的开始，是危机引发的重组进程的内在组成部分。 集中化，在马克思主义术语中，指的是不同的资本集中到一起的情况，即 19 世纪晚期公司垄断的形成，或者其他形式的公司之间的合作与合并，比如大型公司集团的形成。 我们在第五章将对此进行更为细致的探讨，很多不同的力量结合起来导致财富集中在少数人手里，在以往的 40 年当中形成了美国穷人和富人之间的巨大鸿沟——洛杉矶和纽约的贫富差距最大——比历史上的任何时期都要明显。 这种集中和两极分化进程的幽幽的苗头，1970 年代已经在洛杉矶清晰可见了。

我们对洛杉矶的可资借鉴充满信心，第一个可行的假设是：都市重组不是凭空产生的，而是由一系列 1960 年代和 1970 年代早期标志性的城市、国家、国际危机产生的。 这让瓦茨骚乱成为一个重要的转折点，并解释了为什么我们坚持在"重组"一词之前必须有"危机产生的"，以免这些起源被遗忘。 那个时间的城市研究很少涉及危机中的城市，而更倾向于和平的均衡趋势，1973 年戴维·哈维的《社会正义与城市》（*Social Justice and the City*）的出版，有力地催生了新的城市政治经济学形式，马克思主义成为了理解危机产生的都市重组进程的逻辑起点。

---

① 弗里德里希·佐尔格（Friedrich Sorge， 1828—1906），德国共产主义者，后移民美国，美国和国际工人运动活动家，第一国际领导人之一。 此处英文原版书误印为"Serge"。 ——译者注

这个文本中的第一句，指出了我们早期最主要的发现之一——五个县构成的洛杉矶地区是世界上最大的工业都市之一。 然而，1970年代的洛杉矶正在经历一场工业生产、就业增长、国际公司融资的集中化，这是发达工业国家中任何一个城市都无以匹敌的(在随后的十年中也没有任何城市能够超越洛杉矶)。"看看洛杉矶"，我们几乎向全世界大喊，"每个人都需要注意到它非凡的蜕变，才能理解当代的城市状况，无论他住在哪里。"

用经验数据来支持我们的主张。 根据美国人口普查局制造业年度调查的统计数据，在1970年至1980年之间，当整个美国净增加不到100万个制造业工作岗位时，洛杉矶区域增加了22.58万个。 相比之下，纽约市失去了33万个工作岗位，而洛杉矶在过去40年中的主要工业竞争对手底特律损失得更多。[11]更加令人惊讶的是，在同一个10年里，洛杉矶区域的总人口增加了130万，而非农业工资和薪金工人的数量增加了131.5万人。 毫无疑问，洛杉矶在1970年代是发达世界中最能催生工作岗位的机器，即使大多数工作报酬不高。

我们也很快发现，这场经济繁荣并没有将欢乐和景气传播到所有地方。 伴随着繁荣(并在一定程度上导致繁荣)的是大规模的裁员和工厂关闭，不断加深的贫困和失业，工业上血汗工厂的出现，让人想起狄更斯式的伦敦，民族和种族隔离的加剧，以及城市暴力和无家可归比率的上升。 在这种巨量的总体经济增长与广泛的倒退与衰退迹象并存的情况下，洛杉矶区域似乎将阳光地带与霜冻地带城市的反差动态结合起来了，除此之外，还混合了与第三世界出口加工区相关的一些特征。

我们把洛杉矶形容为一个"奇特的复合型大都市" 是许多不同的当代城市化模式的"明确集合"——一个休斯敦、一个底特律、一个下曼哈顿，一个新加坡和一个圣保罗融为一体。 这种描写证实了我的《后现代地理学》(1989年)一章的题目："一切汇聚到洛杉矶"，是对文献来源1A的修订(附录1，文献来源1B)，这句话改编自那时当地报纸的刊头格言("一切汇聚到《洛杉矶时报》")。[12]这个都市重组的复合

44

画面开辟了许多新的研究方向。 然而，在这一切背后的一个观点是：洛杉矶是一个展露的场所、情景，在那里我们可以理解世界各地不断变化的当代城市主义政治经济学。 很多不同的术语用来捕捉这种展露的品质，但并没有暗示每个城市要遵循洛杉矶的模式。 洛杉矶被描述为代表性的、指示性的、榜样性的、症状性的、示范性的。

我们对洛杉矶都市重组的经验分析的成果，可以在一系列地图中概括出来，这些地图最初出现在资料来源 1A 和 1B(附录 1)。 这些地图的大部分是这些类型的首批作品，你也可以绘制其他城市区域的类似地图。

在 1970 年代，航空航天/电子工业集群增长了 50%，创造工作岗位 11 万个，成为洛杉矶区域的核心制造业部门，也形成了世界上最大的该类产业的集中区。 这种"高科技"部门结合了民用和军用产品，很难区分，因为它们共同依赖国防部和美国国家航空航天局的研发活动产生的技术，严重依赖军事和国防的合同。 在地理上，奥兰治县开发了一个可以被称为新硅谷的地方，以及在洛杉矶国际机场周围和西圣费尔南多谷地区有较小的集群(见地图 5)。

与这些发展相联系的是工会成员比例的明显下降。 追随全美国的趋势，加利福尼亚参加工会的工人从 1971 年的 30.9%下降到 1979 年的 23.5%，这个比例相当接近于洛杉矶县。 然而，在工业化的奥兰治县，变化更为明显，同期下降了近 10 个百分点，至 13.8%。 在奥兰治县的制造业中，这个数字几乎完全崩塌，参加工会的劳动力从 26.4%下降到 10.5%，这表明 1971 年以来工会成员四分之一以上数量的绝对减少。

高科技产业的兴起与旧的、成熟的制造业活动加速衰落有关。 比如，自 1978 年以来，曾经仅次于底特律的洛杉矶汽车生产业几乎消失了，整个橡胶轮胎行业[古德里奇、凡士通、固特异和尤尼罗亚尔(Uni-Royal)都关闭了工厂]以及与汽车相关的玻璃、钢铁和钢铁产品行业的大部分都消失了。 算上几次大规模的"不确定"裁员，超过 7.5 万名工人由于工厂关闭而失业。 地图 6 几乎成了地图 5 的反转，展示了这些

46

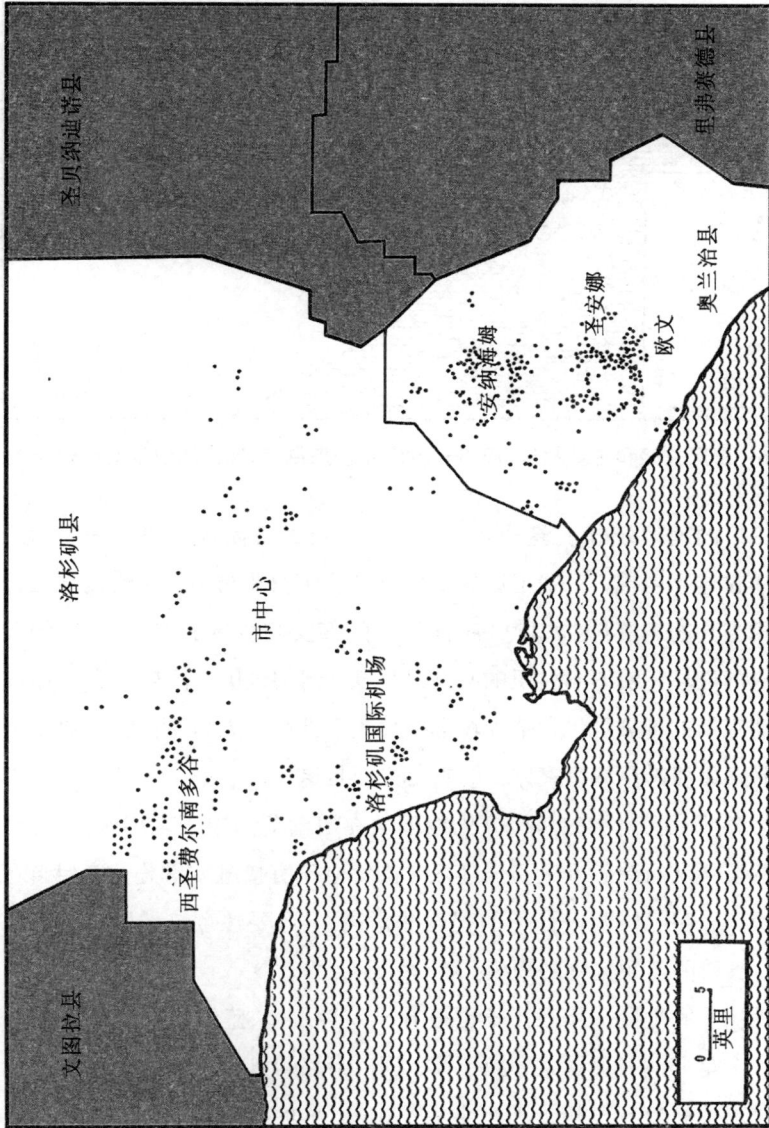

地图 5 电子元件厂分布图，1981 年。来自《后现代地理学》(1989 年)。

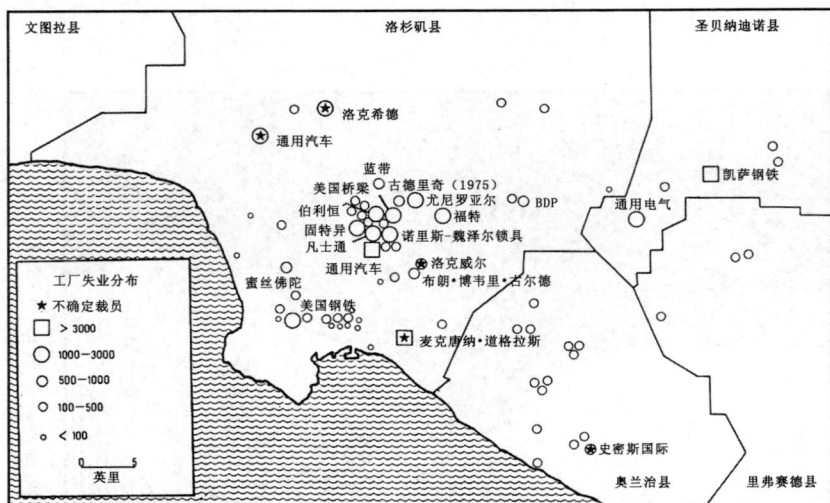

地图 6　工厂关闭和主要裁员,1978—1982 年。来自《后现代地理学》(1989 年)。

关闭工厂的地理分布。 这也不是偶然的,已经关闭或者将要关闭的工厂集中在这个区域,一些工厂的工会成员的比例非常高,要给蓝领工人支付相当高的工资(与福利),雇佣大量的妇女和少数族裔。 工厂的关闭造成的破坏,使得洛杉矶的某些地区类似于 1980 年代初的底特律或南布朗克斯的部分地区,至少在选择性去工业化、人口下降、失业率上升、罪案增加以及城市整体上的衰落方面是这样。[13]

　　洛杉矶社会阶层的两极分化地理学在地图 7 当中表现出来。 几乎所有的蓝领和行政管理人员居住区之间完全没有接触或重叠,这相当令人震惊,表明阶层两极分化的程度非常高。 还要注意该地区"第二大城市"长滩的蓝领集中的规模。

47　　　地图 6 和地图 7 相互比较也很有启发性。 以蓝领为主的城市核心几乎完全是非洲裔美国人和拉丁裔,同时盎格鲁管理层和行政人员居住在圣莫尼卡斜坡一带和圣加布里埃尔山脉(San Gabriel Mountains),或者帕罗斯·弗迪斯半岛(Palos Verdes Peninsula),远离人口稠密的市中心。 洛杉矶的都市重组已经紧密地与移民的流动联系在一起,移民主

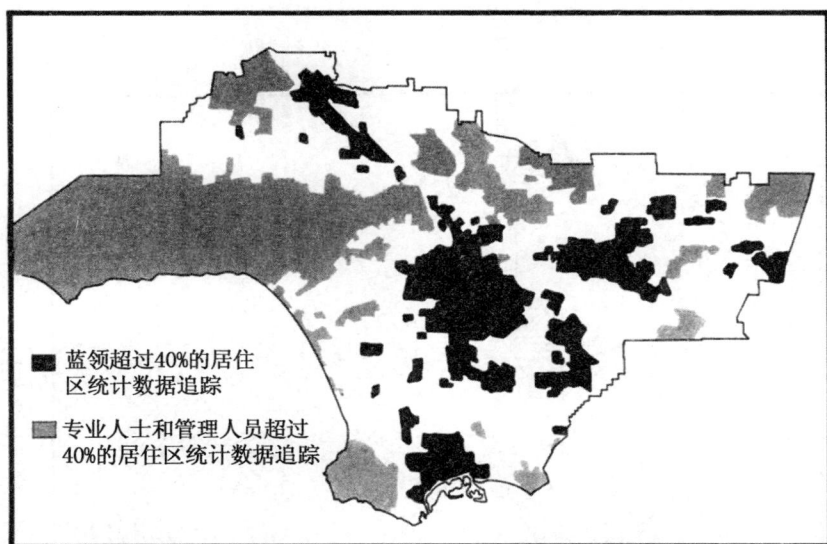

地图 7　蓝领和行政管理人员居住区,1981 年。来自《后现代地理学》(1989 年)。

要来自环太平洋地区的国家。　自从 1965 年《移民与国籍法案》颁布以来,移民的规模和多样性只能与 19 世纪末和 20 世纪初涌入纽约市的欧洲移民潮相提并论。　1960 年洛杉矶县有超过 85%的居民是盎格鲁人,到了 1980 年,拉丁裔、黑人、亚裔合计超过了人口总数的 50%,到了 1990 年代拉丁裔增长到占据了多数(见地图 8)。

　　洛杉矶种族地图上有很大程度上被低估了的部分是"无证"、"非法"的移民人口,估计在 1980 年大概有 40 万到 110 万之多。　墨西哥人构成了这个群体当中的大部分,但几乎有各个国家来的代表。　与新的"合法"移民的大部分一起,"无证"人口为洛杉矶经济提供了可能是在这一繁荣时期先进资本主义城市中最大的廉价、可操纵和易于解雇的劳动力池。　这个池中的移民,无论身份合法与否,在 1980 年被传统工会认为是无法组织的,但到了 1990 年代,洛杉矶作为一个全国劳动运动创新中心发展起来,他们变成了这背后的主要力量。

　　移民劳动力成了洛杉矶重组进程中的关键部分,几乎影响了区域经

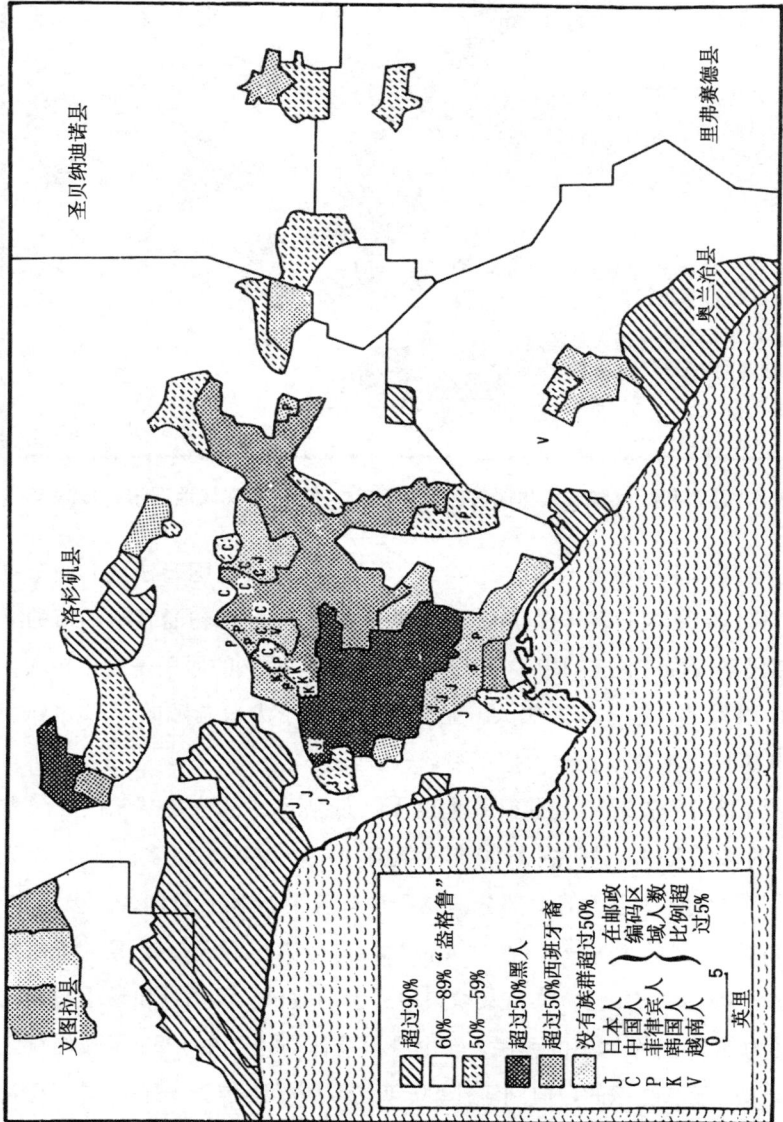

地图 8　种族分布，1981 年。来自《后现代地理学》(1989 年)。

50

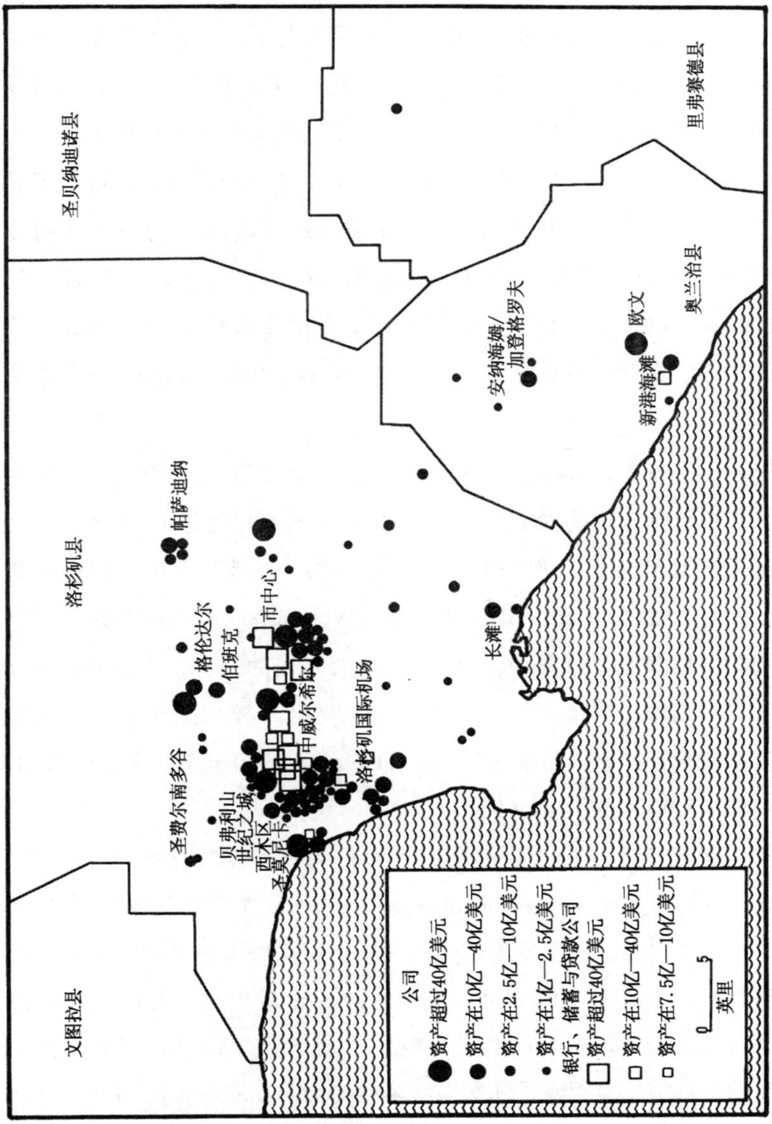
圣贝纳迪诺县
洛杉矶县
文图拉县
里弗赛德县
奥兰治县
帕萨迪纳
格伦达尔
伯班克
市中心
圣费尔南多谷
贝弗利山
世纪之城
西木区
圣莫尼卡
中威尔希尔
洛杉矶国际机场
长滩
安纳海姆/
加登格罗夫
欧文
新港海滩
公司
资产超过40亿美元
资产在10亿—40亿美元
资产在2.5亿—10亿美元
资产在1亿—2.5亿美元
银行、储蓄与贷款公司
资产超过40亿美元
资产在10亿—40亿美元
资产在7.5亿—10亿美元
0
5
英里

地图 9　公司和银行总部,1981 年。来自《后现代地理学》(1989 年)。

济的所有部门。 没有合法身份的工人尤其如此，集中在服装还有其他形式的轻工制造（包括电子产品）小型的、高度竞争性的公司，以及旅馆、写字楼，餐饮服务行业。 这些公司要么太小，要么固定在本土而不能搬迁他处，通常依赖于低技能、往往是暂时居住的劳动者，他们经常只能得到非常低的工资，尤其是与加入工会的蓝领工人相比较。

在 1965 年到 1980 年之间，洛杉矶超越了圣弗朗西斯科，巩固了其作为美国西部金融中心和太平洋盆地主要门户的地位。 这种主导行业（包括金融、保险、房地产）的集中在地图 9 当中展现出来。 就像人们期望的那样，这种金融的扩张伴随着写字楼建设的繁荣，在 1972 年到 1982 年之间，超过 3 000 万平方英尺的高层写字楼空间拔地而起，增幅超过 50%。

随着这些发展，洛杉矶市中心成为（大公司）控制性总部的综合体的锚地，该综合体沿着威尔希尔（Wilshire）大道向西延伸近 20 英里，一直延伸到圣莫尼卡的太平洋岸边。 这一延伸的"线性"市中心包括贝弗利山、世纪之城（Century City）、西木区（Westwood）。 在这个几乎没有间断的写字楼开发的链条中，有近 50 个大公司的总部，以及该地区 1 亿平方英尺高层写字楼中另外三分之一的空间。 洛杉矶市中心在此期间高度全球化，日本、加拿大和英国的资本在 1980 年代末达到顶峰的摩天大楼热潮中扮演了重要角色。

到 1990 年为止，随着许多公司和银行关闭了在洛杉矶的总部，主导行业——还有其他——开始明显衰落。 这种经济反转在 1992 年的骚乱之时达到了沸点，这暴露了第一轮关于洛杉矶城市重组的著作中所描述的洛杉矶在世界上主要"全球城市"中的相对地位，有过度夸大之嫌。 现在所称的 1992 年的"正义骚乱"，摧毁了早期洛杉矶研究群体大部分的乐观情绪，刺激了几次重新解释的努力，应用不同的方式来看待都市重组。

51

重新解释：作为一种空间修补企图的都市重组

在 1965 年和 1992 年的两次暴力骚乱之间，新经济开始在美国和洛杉矶形成。人们用不同的方式来描述它：后福特主义的、信息密集的、灵活的、全球化的、新自由主义的，以及在洛杉矶以外，也称为后工业主义的。尽管它可以这样被描述，重组后的政治经济学产生了重大的地理或空间影响，这在第一轮关于都市重组的写作中只有部分描述。虽然我们没有用 1983 年文章中的词汇，但我们通过对洛杉矶都市重组的空间分析所描述的内容，可以作为一个例子来重新解释戴维·哈维在《资本的限度》一书中所说及尝试的"空间修复"，这是资本主义利益集团几乎习惯性的努力，通常得到国家的帮助，塑造自然地理，以满足他们的需要，尤其在危机最紧急的时刻。[14]

参照哈维提出的一系列相关思想，可以更好地理解将都市重组视为一种空间修复的尝试。他认为，资本主义发展的社会进程塑造了城市地理和建筑环境，以适应特定时刻的需要。但是，随着资本主义发展的需要随着时间的推移而变化，在危机时期尤其变得具有挑战性，现有的地理和建筑环境在某种程度上变得越来越过时和功能失调，成了某种束缚，需要一个新的、不同的地理环境来满足不断变化的资本需求（例如，新经济）。[15]但城市地理有一定的稳定性，与大部分制度结构和未具体化的社会关系不同，一个人不能随意改变建筑环境和良好的地理环境。

比如说帝国大厦在 1930 年代建造时可能选址良好，但到了 1960 年代，如果建在别处可能获得更多利润，但建筑不可能简单地被捡起来并重新选址。这个矛盾引发了复杂的反应，一些"利益相关者"希望维持现状，另一些人要求大修和重建，还有一些人希望完全拆除大楼，并在原址上重建其他东西。这种对城市空间和建筑环境的竞争让人想起

52

美国许多城市的改造困境，在那里许多不同的利益相关者在应该如何处理市中心的问题上往往有相互冲突的计划，通常会导致穷人遭受最大的痛苦，城市改造如同玩笑般变成了从城市迁走穷人。

竞争和冲突策略也进入空间修复的努力中。经济学家约瑟夫·熊彼特(Joseph Schumpeter)所说的"创造性破坏"也是如此。洛杉矶新的地理学可以说反映了新经济的需求，但契合和修复远远不是完美的。资本主义不是塑造新地理学的唯一力量，甚至它的影响力也并不总是成功。当然，认识到都市重组与空间修复的努力联系在一起，也是很重要的，但没有理由认为空间修复将有效地终止危机。

如前所述，有很多其他的力量塑造——也被塑造——城市和区域地理学。例如，种族和民族强烈影响城市生活的"空间性"，性别和性偏好也是如此。然而，自从19世纪特别的工业资本主义城市出现以来，资本的需求加上国家在很大程度上的支持作用，确实是塑造城市地理学和引导危机引发的重组进程的最重要的力量。这样，第一轮都市重组的政治经济学研究，把重点放在了资本、劳动力及其关系上。

空间修复的概念很好地契合了资本主义发展的长波节奏，早些时候在1940年代初开始的繁荣—萧条周期中得到了证明，它被1960年代和1970年代的危机所打破，直到今天还伴随着深远的经济和都市重组。虽然大多数学者会同意第二次世界大战后开始的扩张—危机—重组周期的广泛观点，但没有多少人乐于将这种观点扩展到三个50到60年的周期，第一个周期是从1848—1849年到19世纪末，然后是从1890年代到大萧条和第二次世界大战，最后是从二战后开始的长波，可能至今仍存在。[16]

人们不需要成为任何长波理论的倡导者就能意识到，自从城市工业资本主义发源以来，已经经历了三次漫长的危机引发的重组时期。每一次都产生一种新经济，一种资本主义发展的修正模式，而与当下的讨论最为相关的是，不同的地理学从全球延伸到地方层面。可以特别观察一下工业资本主义城市，第一次重大的重组发生在19世纪最后30

53

年，当时围绕着庞大的垄断公司的形成，新经济出现了，对于那些领先的工业国家，利润不高的行业延伸至资本主义世界的边远地区，这个时期，埃里克·霍布斯鲍姆(Eric Hobsbawm)称为"帝国时代"(the Age of Empire)。[17]

在同一时期，高度集中和非常具有竞争力的工业资本主义城市，可能在很大程度上由于城市中心地区及其周边的动荡，开始向郊区和卫星城扩展，比如芝加哥附近的加里(Gary)，圣路易斯附近的东圣路易斯，围绕底特律的韦恩(Wayne)和其他汽车卫星城。这是城市化的大都市形式的开始，可以称之为大都市时代。

现代大都市在20世纪头几十年蓬勃发展，在美国大都称其为"进步时代"，直到1929年的崩溃以及1930年代"大萧条"期间的进一步衰退。1930年代，以世界大战对人类和环境的破坏为结束，是另外一个经济重组、创造性破坏和有目的的空间重组的时期。两个词语定义了能够从大萧条和战争当中幸存下来的新经济的出现。一个是福特主义，它是以就革新性的汽车制造者命名的，这定义了转向流水线大规模生产和以汽车为主导的大规模郊区化和消费主义。另外一个是郊区化，它和大都市形式也是凯恩斯主义的关键组成部分，凯恩斯主义以英国著名经济学家的名字命名，他关于危机管理、需求驱动发展以及国家提供社会福利的作用的思想，不仅仅可以推动一个有利可图和繁荣的经济，而且能维持社会控制、保持和平，对于从经济衰退中复苏并准备昂贵的战争来说同等重要。

经济重组和城市地理学变革的第三个时期，把我们带回到洛杉矶，回到了第一章的重点。回头看，洛杉矶的地理学涉及三个重组时期。由于洛杉矶在19世纪最后几十年开始了其主要的快速发展，它并没有经历早期工业资本主义城市那样密集的集中化(由芝加哥学派生动地演绎)。[18]洛杉矶市虽成立于1781年，但它一直是一个边缘小前哨，直到一个世纪以后，城市化进程变得更加去中心化，非常广泛的居住郊区化已经开始，一群群独立成立的自治市开始环绕中心大都市。

54

1880 年到 1920 年间洛杉矶的人口增长迅速，从 3.5 万人增加到近 100 万居民，但这种增长是由于城市化的"大都市"模式所具有的社会和空间关系塑造的，而不是由于早期工业资本主义城市的中心化。 随着 20 世纪工业化的推进，洛杉矶市中心俨然成了最大的工业集中地，但从一开始，城市工业的增长就是多中心的，分散在非常广泛的大都市聚居网络中，看来似乎结合了城市和郊区的特点。 然而，洛杉矶最猛烈的爆发式增长发生在 1920 年到 1970 年之间，这是一个可以称为现代大都市时代的领先时段。

到 1920 年，当洛杉矶的人口达到 100 万时，它的居民区和工业区布局的普遍模式已经是多中心的、去中心化的，有相对来说比较低的人口密度。 虽然这个狭小的市中心交通拥堵，但整个地区都被纳入了所有城市中最广泛、最繁忙的公共交通网络之一，也就是著名的"太平洋红色汽车系统"①。 甚至随着富有侵略性的吞并政策的实施，在 1910 年到 1920 年间，"洛杉矶市"的面积从 85 平方英里扩展到 362 平方英里，洛杉矶县合并地区的人口比行政区划的城市本身的人口增加要快得多。

从 1920 年到 1940 年，涵盖了大萧条时期，洛杉矶县增加了近 200 万居民，大致均匀分布在城市和郊区。 炼油和航空工业稳固地建立起来，在大萧条期间，四大汽车制造商开设了组装厂，吸引了橡胶轮胎和其他与汽车相关的福特主义工业来到该地区。 然而，洛杉矶依然是一个相对比较小的食品加工、服装生产、家具制造、旅游和电影行业的经济中心。 尽管有激烈的工人斗争的历史，洛杉矶依然保持着有效劳工控制的卓越中心地位，1890 年大萧条以后的 50 年里，在这个地区，不加入工会的工厂（open shop）实际上是一项法律。 全美国很少有城市面临比洛杉矶更强大、更有组织的反劳工组织。

洛杉矶和底特律展示了城市工业化的新大都市模式的典范，但当底

---

① 太平洋红色汽车系统（the Pacific red car system）是在美国南加利福尼亚地区形成的公交系统，19 世纪末期开始形成，为私人所有，最显著的特征之一是所有车辆主颜色是红色。 后来在车辆种类、运行线路、所有关系、影响等方面有很大变化，至今犹存。 ——译者注

特律被吸纳为美国制造业带的推动力量时，洛杉矶成为被广泛接受的西部新城市的原型：蔓延、低密度、去中心化，看起来（至少从东部的观点来看）几乎完全是郊区，真的不像密西西比河以东的城市，也不像西欧的城市。

洛杉矶在大萧条中遭受的损失相对较小，鉴于从 1941 年到朝鲜和越南的一系列太平洋战争，洛杉矶作为"美国的武器库"发展壮大到非同寻常的程度，其"国家管理的"经济得到了国防部数十亿需求驱动的资金的支撑。 在 1950—1953 年朝鲜战争期间，据报道，总就业人数增加了 41.5 万人，9.5 万人在航空工业部门（当时的重点是飞机部件，重新定向于更多元化的航空航天—电子—制导导弹制造）。

到 1960 年代初，"洛杉矶市"拥有 250 万居民，而洛杉矶县人口超过了 600 万，是 1940 年的两倍多。 快速增长至少持续到 1990 年代，使洛杉矶成为过去 40 年来少数几个人口大幅增长的第一世界城市之一。随着"洛杉矶市"人口超过 400 万，整个城市区域人口增加到 1 800 万左右，城市地理学以一种新的戏剧性的方式发生了变化，创造了非常不同的都市状况，这需要新的解释和分析的方法和模式。

余论

在文献来源 1A 和 1B 当中，1983 年的文章和 1989 年著作的一章，以非常不同的方式结尾：第一个，有明确的政治性，对激进的定位充满信心；第二个，更多的是提问和质疑，走向新的调查方向，从马克思主义的高度现代性的话语，迈向更加开放与细致的批判性后现代主义基调。 两者都注意到，瓦茨骚乱之后形成的巨大的城市动荡，但 1983 年的文章继续关注旧洛杉矶：激烈的反劳工环境、脆弱的本土意识、以社区或者场所为基础的认同，还有不可控的低密度蔓延。 变化的幅度和对研究洛杉矶的应激的新方法的需求，在《一切汇聚到洛杉矶》一文的结论中变得更加明显。 作为往下一章的过渡，我把 1989 年著作的结论部分做一个简单的摘录：

56

　　到目前为止，信息丰富的区域描述，已经如此呈现，然而只描述了从洛杉矶的有利位置可以看到的广阔前景的一部分。所见/场景是一种新的(后)现代化地理学，一种新兴的后福特主义城市景观，这景观充满了生产、消费、剥削、空间化和社会控制的更灵活的系统，而不是迄今为止标志性的资本主义历史地理学。把这些已解读的区域景观汇聚在一起，我会尝试将它再次分开，看看是否有其他的空间可以探索，其他的景色可以开放来观赏。

注 释：

　　[1] 参见 Ruth Milkman，*L.A. Story*：*Immigrant Workers and the Future of the U.S. Labor Movement* (New York：Russell Sage Foundation，2006)；以及 Ruth Milkman and Kent Wong，"Organizing Immigrant Workers：Case Studies from Southern California"，in *Rekindling the Labor Movement*：*Labor's Quest for Relevance in the Twenty-First Century*，ed. Lowell Turner，Harry Katz，and Richard Hurd (Ithaca，NY：Cornell University Press，2001)，99—128。 Milkman 是一位劳工社会学家，是加州大学洛杉矶分校劳动与教育工业研究所(以前是工业关系研究所)2001 年到 2008 年之间的主任。 Wong 长时间以来是一个劳工活动家，现在是加州大学洛杉矶分校劳动研究与教育中心的主任，洛杉矶劳工运动没有比 Milkman 和 Wong 更好的观察家和分析家了。

　　[2] Melvin Webber，"The Place and the Non-Place Urban Realm"，in *Explorations into Urban Structure* (Philadelphia：University of Pennsylvania Press，1964)；也见 "Culture，Territoriality，and the Elastic Mile"，*Papers in Regional Science* 13，no.1 (1964)：59—69。 虽然以伯克利为基础，Webber 是一个洛杉矶的敏锐观察者，他将自己 1960 年代所看到的作为他"非邻近社区"的概念的缩影。

　　[3] 见 Barry Bluestone and Bennett Harrison，*The Deindustrialization of America* (New York：Basic Books，1982)。 对于城市下层阶级探讨，见 William Julius Wilson，*The Truly Disadvantaged*：*The Inner City，the Underclass，and Public Policy* (Chicago：University of Chicago Press，1987)。

　　[4] 也许后工业神话及其对美国国家政策的影响的最大受益者是中国，中国将吸收西方工业世界很大一部分生产能力，在整体工业生产上超过包括美国在内的所有其他国家。其他任何地方都没有如此充分地实现城市化和工业化进程之间的互补作用。

　　[5] 作为一个独立学者，Morales 一直对汽车工业感兴趣。 她写了一本小说 *Proving Ground*，探讨国际汽车工业；她和 John Heltmann 合作，近来发表了 *Stealing Cars*：

57

Technology and Society from the Model T to Today (Baltimore，MD：Johns Hopkins University Press，2012)。

　　[6] 直到今天我还相信，在一定程度上，应用我的理论和其他理念的压力，使我的工作比我在加州大学洛杉矶分校地理系或在其之外的以激进分子为导向的城市规划系任教时更犀利、更有说服力。 任何想更多了解关于加州大学洛杉矶分校城市规划系和我作为地理规划者的身份的人，也可以参考我的著作："Translating Theory into Practice：Urban Planning at UCLA"，chapter 5 in *Seeking Spatial Justice* (2010)，157—178。

[7] 内陆帝国这个名字是在第二次世界大战期间形成的。 凯萨钢铁公司选择将一个大型炼钢厂建在远离海边的内陆。 有些人说这样做是担心沿海地区可能遇到的轰炸。

[8] 一些案例中，去工业化在 1970 年以前就开始了，但几乎所有的地方 1970 年代都在加速。

[9] 如果考虑到它剥削性劳动关系的臭名声，那么"沃尔玛化"这个名称更合适。 然而，当时沃尔玛还没有深入到美国的城市，更喜欢小城镇和人口稠密的农村地区。

[10] Matthew Josephson，*The Robber Barons*：*The Great American Capitalists*，*1861—1901*（New York：Harcourt Brace，1934）。

[11] 我们在制造业的统计调查中发现，1930 年以后的每一个十年（当时底特律是第一位的），洛杉矶在增加制造业工作岗位方面处于领先地位。

[12] 1983 年的这篇文章应该有很长的生命力。 1984 年加州大学洛杉矶分校城市规划系准备并出版了一本以这篇文章（与 Allen Heskin、 Marco Cenzatti 合作）为基础的小册子，该小册子被翻译成意大利语，供杂志 *Urbanistica*（1985）使用。 还有一个法文译本发表在 *Revue d'Economie Regionale et Urbaine*（1985）。 再重印于 Richard Peet 的 *International Capitalism and Industrial Restructuring*（1987）和 Robert Beauregard 的 *Atop the Urban Hierarchy*（1988）;德文译本发表在一本关于新的城市理论的书中[与 Margit Meyer 合作编辑（1990）]。 这篇文章有一个修订的版本 "Economic Restructuring and the Internationalization of the Los Angeles Region"（app.1， source 1C），发表在 *The Capitalist City*，由社会学家 M. P. Smith 和 J. Feagin 主编（1987），从中摘录的片段重新发表在 *Anthony Giddens in Human Societies*： *A Reader*（1992）。 还有另外一个版本成为资料来源 1B 的核心《后现代地理学》的第八章。 最初的文章和著作的章节将继续在最近几本文集中作为城市研究的经典得到复活。

洛杉矶的中南部比如包括瓦茨，比起在 1965 年的瓦茨骚乱时候，1980 年的情况变得更加糟糕。 在 1970 年代的"繁荣"岁月，这个地方经历了这个区域最大的社区的退化。 人口减少了 4 万，劳动力减少 2 万，失业率至少达到 12%，家庭收入中位数降至比全市中位数低 8 000 美元，比当地非裔美国人低 2 500 美元。 数据采自 *The Los Angeles Times*， April 3， 1980。

[14] David Harvey，*Limits to Capital*（Oxford：Blackwell，1982）;也见 "The Spatial Fix：Hegel，von Thunen，and Marx"， *Antipode* 13(1981)；1—12。

[15] 空间修复的尝试并不只适用于城市范围。 在全国范围，美国的空间重组明显与从霜冻地带向阳光地带转移有关。 全球范围内，新兴工业化国家的崛起、中国的都市工业化的扩张以及其他发展都是一种新的全球地理学的表征，或者更常见的说法，一种新的国际劳动分工。

[16] 我所说的大概是从当下重组的时期开始，如果 1973 年以后开始，比前面两个时期要延续更长的时间。 1992 年春天洛杉矶的骚乱可以当作是另外一个世界范围内的城市危机的开始，但实际上并不是这样。"9・11"事件、伊拉克战争、2008 年金融危机是不是一个重组的长周期的结束标志呢？ 或者长波的周期完全被其他不可预见的事件打乱了吗？ 这些问题此时此地并没有答案。

[17] Eric Hobsbawm 对资本主义发展的分期始于 *The Age of Revolution 1789—1848*（New York：New American Library，1962）；其后有 *The Age of Capital 1848—1875*（New York：Charles Scribner's，1975）； *The Age of Empire 1875—1914*（New York：Pantheon，1987）；最近著作为 *The Age of Extremes 1914—1991*（New York：Pantheon，1994）。 他 2012 年去世。

[18] 值得注意的是，芝加哥学派的都市形态模式没有包含广大的郊区，即是在那个时代芝加哥城市本身实际上也经历了非常重要的郊区化。

58

第二章

分开洛杉矶(1985—1995 年)

在 1986 年，洛杉矶研究群体早期著作的影响，因为相当著名的《社会与空间》［Society and Space，《环境与规划 D》（Environment and Planning D）］杂志一期有关洛杉矶研究的特刊而达到顶峰。 迈克尔·迪尔（Micheal Dear），当时的南加州大学地理学教授，一位地理学家兼规划师，是这个杂志的创始编辑，促成了这期特刊。 他后来把它当作他所谓的都市主义的洛杉矶学派的版本和愿景的象征性开始。[1]对以洛杉矶为基础的研究充满着快速增长的兴趣，艾伦·斯科特和我给这期特刊写了充满热情的编者按语(附录 1，资料来源 2A)，我们大胆宣称，以 19 世纪晚期的巴黎在我们的心目中的形象作为参照，洛杉矶已经变成了"20 世纪末的首都"、"现代世界典型的工业大都市"。

我们还颇有预见地指出（被 1992 年在洛杉矶发生的事情所印证），虽然经济持续增长，但贫富之间日益扩大的鸿沟有可能引发"斗争和对抗的乱流"。 这种对洛杉矶的负面看法是越来越多的人意识到都市重组研究需要朝新方向发展的一部分。 1970 年代繁荣的工作机器不再繁荣，航空航天工业在收缩，联邦资金不再容易流到这个区域，在第一轮都市重组研究中如此确信的许多趋势正在受到攻击。

新马克思主义框架也有了问题，它曾经非常有效、富有洞见地指导了早期的研究。 考虑到当时新的文化和后现代批判尚处于发展之中，现代形式的马克思主义和实证主义科学似乎没有审视当代社会的太多重要方面，特别是洛杉矶日益增长的转型。 马克思主义对 1960 年代城市危机起源的精辟分析似乎越来越不切合实际，也不能解释这些危机之后现代大都市发生的快速变化。

　　虽然马克思主义的诊断力量依然强大，它几乎自得地保证，它可以通过某种形式的资本主义逻辑来解释一切，在我看来，它管得太多了，制造了巨大的沉默和遗漏，这需要新的和不同的方法（来解决）。 我们需要创造新的领域来解释洛杉矶的都市重组，这让我有选择地将马克思主义和后现代观点结合起来，这种结合会引起几乎所有关注我作品的人的热烈反应。 对他们当中一些人来说，我显得太马克思主义者了，以至于我无法成为一个后现代主义者；对另外一些人来说情况恰恰相反，后现代主义几乎不可避免地让我的马克思主义妥协了，使得两者在政治上不可能结合。 我发现这两类反应都是不可接受的绝对主义，并且不愿意放弃我的结合的立足点，我就采取了一种"两者都可以"的研究方法去理解，这个时间在洛杉矶发生了什么，寻求超越传统的马克思主义和时髦的后现代主义研究方法的局限，在不完全拒绝马克思主义或者后现代主义的情况下，走向新的方向。

　　这种另类路径的第一个产物是，在《社会与空间》同一期杂志上我发表了故意挑衅的文章，题为《分开洛杉矶：批判人文地理学的一些碎片》（Taking Los Angeles Apart：Some Fragments of a Critical Human Geography，附录 1，资料来源 2B）。 这是有意识地与早先《一切汇聚到洛杉矶》那篇文章形成对比。 新标题表明对早先理解洛杉矶的方法进行了批判性拆解，寻求新的方式看待这个万花筒般的大都市。 1986 年以后我所有关于洛杉矶的写作，都反映了这种对新的渐进式洞察力、新的发现的无休止的追求，去增添而不是巩固、保卫我们已经获得的东西。

　　增添与巩固、保卫之间的差异，对于理解本章和后续章节很重要。从理论上和实践上理解危机引发的洛杉矶重组及其相关的对空间修复的寻求，依然是潜在的焦点，但由于洛杉矶随着时间的推移而变化，那么解释的视角也是如此。 这并不意味着旧的解释是错误的，而是不断变化的条件需要不同的方式来看待城市重组和空间变化。

61 分开洛杉矶：走向后现代地理学

值得注意的是，"分开洛杉矶"不是以马克思寻求关于加利福尼亚的消息开篇的，而是来自古怪、爱发牢骚的豪尔赫·路易斯·博尔赫斯，他是阿根廷伟大的短篇小说家和文化批评家，试图理解他所称的"阿莱夫"，那是所有地方都存在的地方（在那里，一切汇聚在一起？）。[2]博尔赫斯提供了一个基础和平台，以描述洛杉矶的后现代化，以博尔赫斯为基础，也鼓励了比第一轮重组研究更多的创造性语言和文学参考文献来作为案例。

在《阿莱夫》中，以布宜诺斯艾利斯为背景，主人公（是博尔赫斯自己吗？）无意中在朋友的地下室里发现了一个不同寻常的地方，这个地方似乎包含了所有其他的空间，这是地球上唯一一个所有地方都共存的地方。博尔赫斯写道，看到"阿莱夫"是他作为一名作家绝望的开始，因为这个无限的空间、所有地方都存在的地方，如何才能用书面语言捕捉到？而书面语言总是线性的，严格来说是有顺序的。而在一个严格的时间叙述中是很难有同时性、共时性的。[3]

博尔赫斯的《阿莱夫》的摘录，贯穿了"分开洛杉矶"这篇文章的始终，被用来表达几乎不可能完全捕捉到像洛杉矶这样的地方的精髓，在那里，似乎所有的地方都是同时结合在一起的，每个地方都是独立的、截然不同的，但又是相互交织和联系的。像"阿莱夫"一样，洛杉矶非常难于被追踪，尤其抗拒传统描述。它并不适合轻松的时间叙述，因为它产生了太多相互冲突的形象，混淆了历史化，总看起来是横向延伸而不是依次展开的。同时，它的空间性也对传统的分析和解释提出了挑战，因为它看起来也是无限的，不断地运动，从来不能被封闭，它也充满了他者的空间，无法用信息来描述。

"这是什么地方?"有人也许会问。 在哪里聚焦,在哪里找到起点,并不明显,因为在某种程度上,洛杉矶无处不在。 在这个词的全部意义上,它是全球性的,它将自己的形象如此广泛地展现出来,以至于更多的人能够看见这个地方——至少它的碎片——它比这个地球上任何一个地方都要广为人知,世界各地看起来也像在洛杉矶。 爱荷华号(所在的)海港曾经极负盛名,今天的洛杉矶已经成为世界的货物集散地,四方真正的枢纽,东西、南北的汇聚之地。 从每一个方向的丰饶海岸涌入到这个大池子的文化是如此多元,以至于当代洛杉矶在相互联系的城市微观宇宙中等同于(重现)世界,原地再现了 100 多个不同故乡的传统色彩和对抗。

毫无疑问,博尔赫斯宣称,描绘"阿莱夫"几乎是不可能的。"我眼所见皆为同时性,"他感叹道,"而我现在写下来的将是连续的,因为语言是连续的。 尽管如此,我将尽我所能地去回忆。"在这一章剩下的部分,我也将尽我所能地去回忆,我很明白地知道,任何对于"洛杉矶阿莱夫"的整体化描述是不可能的。 所能呈现的只是一系列零碎的一瞥,一种旨在构建洛杉矶城市区域后现代地理学的反思和解释性田野笔记的自由联想。 下面所能看到的,无论在字面上还是比喻意义上,都可以看作是一次前往第一轮重组研究中未见过的空间和地方的发现之旅。

洛杉矶外部空间的环形之旅

找到一个起点本身就是一项挑战,想要看到洛杉矶的整体规模和范围,我选择了对洛杉矶进行地图绘制,我选择的范围是从"洛杉矶市"市中心核心地带的中心点向外以 60 英里(大约 100 公里)为半径画一个圆圈。 作为中心点的、最明显的体现是(现在依然是)具有纪念意义的28 层的市政厅,直到 1920 年代,它是唯一的允许超过抗震要求 150 英尺限高的建筑物。 通过刑侦电视连续剧《大搜捕》(*Dragnet*)的开场画

62

面，市政厅标志性地蚀刻在美国大众的想象之中，它是后现代洛杉矶令人印象深刻的标点符号。 在它拜占庭式的圆形大厅的顶上加盖了一个哈利卡纳苏斯陵墓（the Mausoleum of Halicarnassus）的复制品，上面刻着一行令人着迷的铭文，供所有人阅读："城市生来保存生命，它的存在是为了美好的生活。"一间塔室里面还有一段相似的铭文，采自亚里士多德。

60 英里圆圈的地图来自一个小册子，这个小册子是 1981 年太平洋国民证券银行为庆祝洛杉矶开埠 200 周年而发行。 这个小册子至少再版过七次，这个圆圈被大家用来当作一个由五个县构成的区域大都市的便利的定义。 那个时候这家银行是总部位于洛杉矶的最大银行，它的名字有力地连接了本地化经济的两个明确但对立的支柱：证券（Security，也有安全之意）让人们联想起洛杉矶的致命武器库，这是当时在一个地方所能建立的最强大的武器专门技术的集合；同时太平洋（Pacific）标志着平静、节制、友好、和平、和谐。 这是许许多多同时出现的对立面中的一组，这些对立面并列在一起，是洛杉矶的缩影。 这家银行 1992 年并入了美国银行。

确保太平洋沿岸地区的安全已经是洛杉矶 1781 年开埠以来的主要命运，在淘金热潮以后的一个世纪中，从洛杉矶与圣弗兰西斯科为在商业和金融领域的领先地位进行的白热化竞争，到从珍珠港轰炸开始、持续到朝鲜战争和越南战争的一系列太平洋战争，使洛杉矶在美国和全世界声名显赫。 为了看看这段帝国历史是如何嵌入自然景观，以及几乎看不见的军事地理学的，我将陪同你踏上一个 60 英里圈子上方的想象之旅。 地图 10，我对大洛杉矶进行了创造性的演绎，帮助你找到方向。 我请你暂时停止怀疑，想象你像一只鸟（秃鹰会很合适，正如你将看到的那样）正在洛杉矶城市化地区的外部边缘上空飞行。 你将看到的是一堵在城市历史上绝无仅有的防护墙。

堡垒 1。 这个圆圈几乎正好在奥兰治县和圣迭戈县之间的边界切过

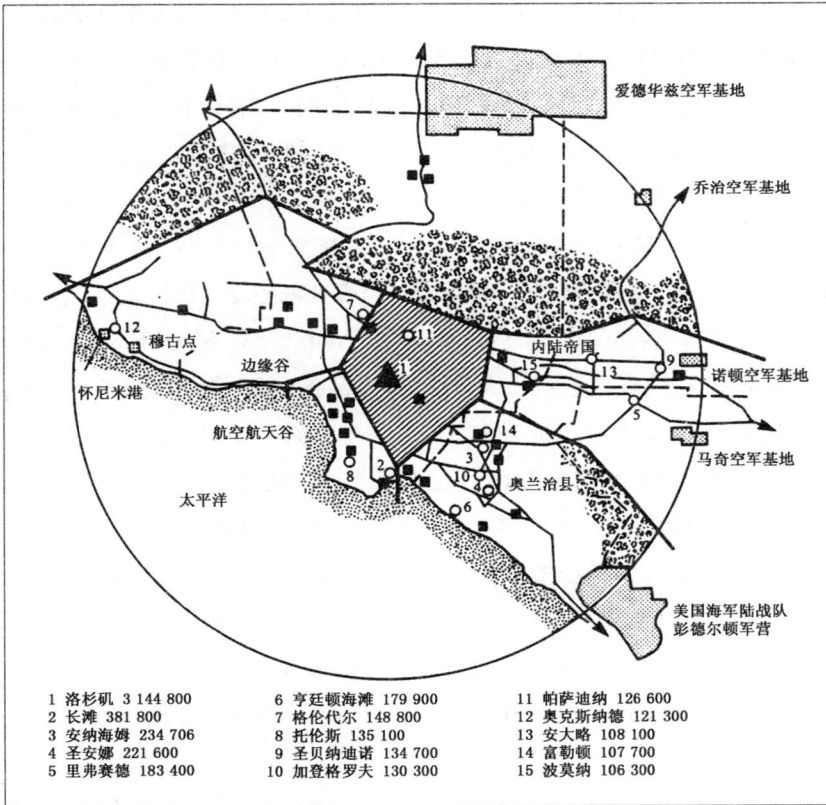

地图 10　60 英里的圆圈。来自《后现代地理学》(1989 年)。洛杉矶外部空间观察。城市核心是一个阴影五边形；中心城市显示为黑色三角形；主要军事基地已经标示出来；黑色方块是最大的国防承包商所在，空心小圆圈代表人口超过 10 万的城市，图下列出了这些城市的名字。

南海岸，靠近一个非常重要的交通检查点——这个常规设置是为了拦截没有合法身份的移民向北方流动。 附近是曾经的理查德·尼克松的圣克利门蒂(San Clemente)"白宫"，还有令人紧张的圣奥诺福核电站，而正下方是经常被拍摄到的路标，上面显示移民妇女和她们的孩子正穿越危险的高速公路。 我们要看的第一个堡垒是彭德尔顿(Pendleton)海军陆战队基地，就人员而言，这是加州最大的军事基地。 彭德尔顿营地成立于 1942 年，占地 500 多平方英里，训练了 20 多万名海军陆战队员参加朝鲜战争和越南战争。 自 1954 年以来，彭德尔顿营地除了为数以千计的海军陆战队士兵备战外，还为平民青年男女提供被称为"魔鬼幼崽"的专门"基本训练"服务，灌输对国家和海军陆战队的热爱。 人们仍然可以从高速公路上看到步枪的靶子。

堡垒 2。穿越彭德尔顿营地、克利夫兰国家森林公园和从东部流入的重要的科罗拉多河水道等广阔而看似空荡荡的沼泽向内陆巡航后，我们可以直接降落在堡垒 2，马奇空军基地（March Air Force Base），它在里弗赛德市和地理与社会上被困在莫雷诺谷（Moreno Valley）的"边缘"城市之间，在那里，成千上万的人在等待新工作的同时，往返他们旧工作的路程超过两个半小时。 更多关于莫雷诺谷的状况请参见第五章。 在马奇空军基地内部，有一个 1986 年已经建成的战略空军司令部前哨。 拥有当时美国最古老的军事运营机场之一，它本将成为美国陆军航空队的主要训练中心，但不断的收缩之下现在是一个几乎关闭的基地，只剩下近千名居民，每年仍会继续举办广受欢迎的航空展，名为帝国雷霆（Thunder over the Empire），2010 年吸引了超过 10 万名的观众。

堡垒 3。又一次快速翻越桑尼米德（Sunnymead）、博克斯普林山（Box Spring Moutains）和雷德兰兹（Redlands）市，把我们带到了紧邻圣贝纳迪诺市的堡垒 3——诺顿空军基地（Norton Air Force Base）。 旅行指南告诉我们，在我们巡航的时候，诺顿的主要任务是紧急空运，以防万一。 这个基地 1994 年彻底关闭，飞行中队转移到附近的马奇空军基地，它的设施改造成圣贝纳迪诺国际机场，名字非常雄心勃勃，因为直到最近还没有定期航班使用它。 如同马奇空军基地一样，在废弃的诺顿基地，现在还有人在努力创造私营部门的工作岗位，旨在满足相对失业的内陆帝国（对里弗赛德县和圣贝纳迪诺县的部分地区的称呼）快速增长的人口的迫切需求。[4]

堡垒 4。往前走，我们必须升得更高，才能越过圣贝纳迪诺山脉的

65

滑雪山峰和国家森林公园，穿过卡洪山口(Cajon Pass)、古老的圣达菲步道(Santa Fe Trail)，进入风景如画的莫哈韦沙漠(Mojave Desert)。在维克托维尔(Victorville，洛杉矶大都市边缘的几个繁荣城镇之一)附近，就是(曾是)乔治空军基地(George Air Force Base)，1992 年关闭了。 今天旧基地的一部分包括了南加利福尼亚后勤机场(the Southern California Logistics Airport)(这是维克托维尔最大的雇主)、一家联邦监狱、一座曾经是军人住宅的鬼城，以及 2007 年国防高级研究计划局城市挑战赛(DARPA Urban Challenges)的所在地，这是一个六小时的自动机器人驾驶比赛，是国防高级研究计划局赞助的，一等奖为 200 万美元。 国防高级研究计划局的这个项目，类似于潜在的地面无人机——帮助无人机飞行的无人驾驶汽车，彻底模糊了公共用途和军事用途之间的界限。

堡垒 5。 在同样距离之外的是巨大的爱德华兹空军基地，堡垒 5，也是美国国家航空航天局(NASA)、美国空军的研发活动所在地，一直到最近，依然是航天飞机的首要着陆场。 回过头来看，到目前为止，我们的停靠点似乎分布得非常均匀，几乎就像中心地理论①家瓦尔特·克里斯塔勒(Walter Christaller)秘密地谋划了它们一样。 爱德华兹空军基地向南延伸，是一条重要的航空航天走廊，穿过兰开斯特(Lancaster)和帕姆代尔(Palmdale)(两个更加边缘的繁荣城镇)，以及空军第 42 工厂(它服务于爱德华兹空军基地的关键历史功能，作为先进的战斗机和轰炸机的试验场)。 基地的北面是一个由典型的绝密试验场组成的蔓延开的网络，比如像中国湖海军航空武器站(China Lake Naval Air Weapons Station)。 爱德华兹空军基地是冷战结束后为数不多的迅猛发展的军事基地之一，延续了那些自 1950 年代以来就一直做的工作——测试几乎所有美国制造的新的和实验性的飞行器。 它在 1985 年

66

---

① 中心地理论(Central Place Theory)是一种地理学理论，它试图解释人类居住的城市中，人数、城市规模和定位的形成问题。 这是德国地理学家瓦尔特·克里斯塔勒(1893—1969)创立的，他认为，人们居住的地方，对于周围的地区来说，是一个具有中心意义的地方。 ——译者注

70

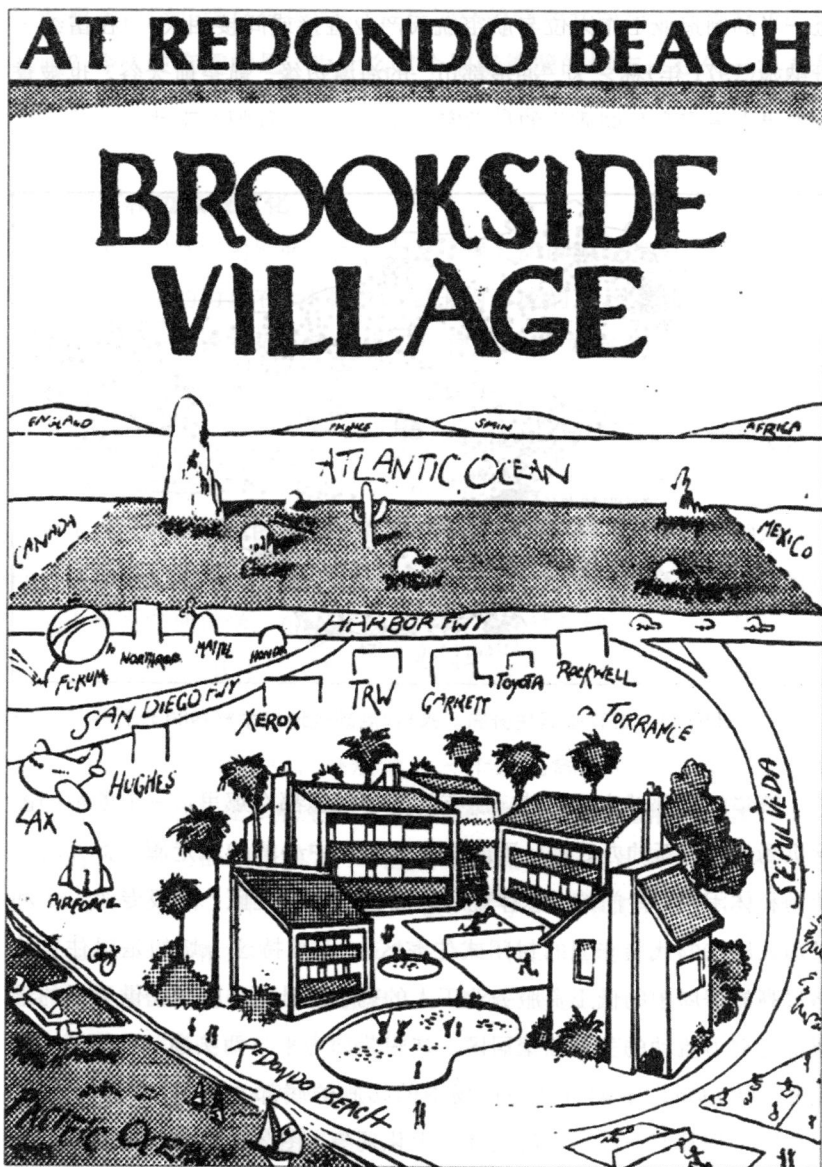

图 2　专门为工程师和科学家打造的住宅。来自《后现代地理学》(1989 年)。

　　然而，航空航天谷实际上已经消失了，这表明1985年后洛杉矶得以重塑的戏剧性变化。 成千上万的航空航天工作职位在接下来的几十年中消失了，尽管这个地区仍然有大量的科学家、工程师和计算机专家，以及人口普查区域中很少有的近乎百分之百的白人居住人口。 更为成功和长期存在的是奥兰治县的外部城市，它可能是世界上最古老、最大、发展最快的外部城市综合体。 如果要把奥兰治县自己列为一个城市(美国普查局很难做到这一点)，拥有300多万居民的它将成为全美十大城市之一。 正如艾伦·斯科特严谨的著作中所充分揭示的那样，奥兰治县的发展说明了城市化和工业化之间重组的相互作用，这正在催生一种新型的"大都市"。[5]我对奥兰治县更有趣的看法将在下一章"外城之内"呈现。

　　在地图10中勾勒出的五边形城市核心的边缘还有另外两个外部城市。 我所谓的"边缘山谷"，从旧的工业中心，比如梵耐斯(Van Nuys)，向西延伸，穿过圣费尔南多谷，到查茨沃斯(Chatsworth)和卡诺加公园(Canoga Park)，然后转向新近建立起来的文图拉县的千橡市(Thousand Oaks)、卡马里奥(Camarillo)和其他地区。 除了航空航天、电子等行业以外，这个俗称"山谷"的地方，是价值数十亿美元的色情工业的世界中心，"另一个"好莱坞。 这片典型的郊区，大部分实际上都在"洛杉矶市"的行政边界内，但由于圣莫尼卡山脉而将它从"洛杉矶盆地"分割出来。 与世隔绝和被忽视的感觉，以及郊区的城市化和移民社区的涌入，导致圣费尔南多谷在2002年试图脱离洛杉矶市，想把这世界上重要的城市中心之一，一分为二，但没有成功。

　　最后，还有所谓的"内陆帝国"，它想成为外部城市，但至今还没有完全实现像奥兰治县那样的雄心壮志。 作为一个令人期待的外部城市，内陆帝国，从洛杉矶县东部边缘的波莫纳(Pomona)，延伸至快速发展的圣贝纳迪诺和里弗赛德县府所在地，被那些新的住宅地产残酷包围，这些新住宅自然而然地吸引住居民离洛杉矶和奥兰治县的工作地点越来越远，迫使大量工人单程上班超过两个小时，引发了非常严重的社

71

会病理学问题，比如异常高的自杀率和虐待配偶的比率。 我将在第五章回到这些搁浅的"边缘城市"。

从 1985 年直到现在，洛杉矶的外部城市包含了洛杉矶城市化区域（大致相当于 60 英里的圈子）总人口的一半以上。 1980 年代，随着人口密度的增加和新城市的形成，郊区显然已经开始改变。 在 1985 年之后的十年左右，洛杉矶的边缘出现了一大批繁荣的城镇（一些人称之为兴旺之城）。 有些地方如莫雷诺谷、兰开斯特、帕姆代尔、欧文、兰乔库卡蒙格（Rancho Kucamonga）、圣塔克拉利塔（Santa Clarita）以及维克托维尔人口激增，一般是原来的 4 倍。 在 1990 年全国人口普查中确定的超过 10 万居民的新城市中，超过四分之三位于洛杉矶五县的城市化区域，令人惊讶的是，在同一次人口普查中，洛杉矶超过了 23 个县的纽约城市化地区，成为全国人口最密集的地区。 洛杉矶的这种密集是一个先兆，我后来会说这是一个戏剧性的转变，从城市增长的大都市模式（包括城市和郊区的二元世界）到一个新的区域城市化进程，主要是填充而不是溢出 60 英里的圈子。

回到中心

虽然这种日益增长的、看似自相矛盾的"郊区城市化"正在将旧大都市彻底颠覆，可以说，也有一个将城市向外翻新的过程，因为几乎来自地球上每个国家的数百万移民涌入洛杉矶的内城，造成了与曼哈顿一样高的人口密度。 正如人们在观察洛杉矶不断变化的经济时需要同时看到去工业化和再工业化一样，也有必要认识到去中心化和再中心化进程的复杂组合，后者不仅指外部城市的出现（或者更普遍地称为边缘城市），也指移民中的就业穷人，重新提振了内城核心地带的人口数量。

为了更多地了解洛杉矶，开拓新的发现，有必要离开引人入胜的边缘，回到中心集聚，回到城市化景观依然具有凝聚力的核心。 在洛杉矶，就像在每个城市一样，中心性定义了城市的特殊性，赋予其社会和空间意义，并赋予其实质内容。 中心性可以在形式和功能上改变，但城市化始终围绕着社会构建的集聚和被占领中心的力量，去聚集和分散、中心化和去中心化，以及在空间上建构社会或者社会化生产的一切。 只有一个持久的中心性，才能够有相应的外部城市和边缘城市化。 否则，根本就没有城市。

"洛杉矶市"的市中心，被标志性地称为"中心城市"，是 60 英里圈子凝聚性和象征性的原子核。 考虑到圈内的内容，洛杉矶市中心的实际大小和外观似乎是适当的，即使在最近一段时间的显著扩张之后也是如此。 然而，在洛杉矶，和往常一样，外观可能具有欺骗性。 在市中心有比你第一眼看到的更多的东西。

市中心的运作方式是其他地方无法比拟的，可以作为一个战略制高点，就有点像城市的全景监狱(panopticon)①观察点，面对着周围戒备森严的军事堡垒和防御性外部城市。 就像边沁极具功利主义的圆形监狱设计的中心房间一样，原生的全景监狱，新的有摩天大楼的市中心可以(如果雾霾水平允许的话)被每个单独的个体看得很清楚，从围绕它的环状带上的单个"囚室"。 同时，只有从中心有利的视角，监管者的眼睛才能看到每个人的所有行为，它们并非孤立而是相互联系的。 毫不惊奇，从一开始，中心城市就已经是监管者聚集的地方，是社会控制、政治治理、文化法典化、意识形态监管最重要的场所，也是依附于它的核心地带的义不容辞的空间组织。

从市政厅俯瞰，这个地方特别令人印象深刻。 一个人可以看到在华盛顿特区以外，美国最大的政府办公室和官僚机构聚集区，附近矗立着雄伟的警察行政大楼帕克中心(Parker Centre)，名字来自一位受尊敬的前警察局长，最近它被新的建筑取代了。 东北方向延伸出去是一个

① 全景监狱(panopticon)是一种监狱的设计方式，设计者是英国哲学家杰里米·边沁，于 1785 年提出。 全景监狱这个名字来自希腊神话的百眼巨人阿尔戈斯(Argus Panoptes)。 边沁设想它由一个圆形大厅组成，其中间设有检查室。 这种设计允许一个警卫监视该监狱的所有囚犯，尽管单一警卫不可能在同一时刻观察所有囚犯的牢房，但囚犯不知何时会受到检查，但有假设自己无时无刻不被监视，因此他们被有效地强迫规范自己的行为。 后来福柯把全景监狱作为现代纪律社会的隐喻，他将现代权力比喻为一种制造精美的全景监狱，这种圆形结构的建筑把人的监视推到最高，但把管理的力量降到最低。 ——译者注

楔形地带，容纳了加利福尼亚州溢出的监狱人口的25%，这是后来被称为监狱工业综合体的拥挤的核心。[6] 1986年还挤在这个中心周边，但今天已经移作他处的是州交通局。 那里墙上的地图监控着该区域所有的高速公路；还有纪念性的时报—镜面（Times-Mirror）建筑群，许多人声称它是洛杉矶非官方管理权力的所在地；圣毕比亚纳大教堂（Saint Vibiana's Cathedral），这是世界上最大的大主教区的母堂，今天被邦克山上的一个新的天主教堂所替代。 1980年代的每一个权威建筑都在那里呈现，就在你的眼前。

朝西望去，朝向太平洋那个方向，烟雾蒙蒙的晚霞让洛杉矶的夜景熠熠生辉，那里是刑事法院大楼、档案和法律图书馆、庞大的洛杉矶县法院和行政大厅，这是美国人口最多的县的主要权力中心所在地，它的人口1985年超过了800万，今天几乎接近1 100万。 穿过格兰德大道，是洛杉矶最著名的文化中心，在旅游地图上描写为"南加利福尼亚的文化皇冠，管弦乐、声乐表演、歌剧、戏剧和舞蹈的马首"，还有音乐中心，现今还有盖里设计的沃特·迪士尼音乐厅，还有新的天主教堂坐落在这个文化殿堂的上方。 不远处就是市府所有的水电部门（被通常没有水的喷泉包围），以及多层高速公路立交桥，将60英里圈子的各个角落连接起来，这就标志性地定义了洛杉矶令人眩晕的中心性。

中心城市的北边是司法部大楼、美国联邦法院和联邦大楼，形成了一个本地、市、县、州和联邦政府权力的圆环，一起构成了市民中心。不远处更安静的、被一长条高速公路分隔开的，是旧的西班牙和墨西哥市民中心保存完好的遗迹，现在是艾尔·普韦布洛-洛杉矶州立历史公园（El Pueblo de Los Angeles State Historical Park），这进一步证明了中心场所的持久力量。 从1781年洛杉矶开埠以来，上述市中心场所一直当作政治堡垒，堡垒化的"小城市"，就像其他的堡垒一样，被设计用来指挥、保护、社会化和支配周围的城市人口。

别忘了，在东边有一块联邦办公机构的飞地，它靠近旧的警察中心。 它包括联邦运营的大都市拘留中心，它出现在迈克·戴维斯的

《水晶之城》一书的封面上。 在它刚刚开放后，我和戴维斯、摄影师罗伯特·莫罗（Robert Morrow）一起参观了这个地方，当时我们向那些囚犯挥手，他们也将自己的胳膊伸到窗户护栏外面，那些窗户俯瞰长满蕨类植物的中庭入口处——如果说曾经有的话，那么这是一个后现代的监狱。 这个地方变得如此有名，尤其对于学院的参观者，现在接近入口变得非常困难，因为那些持枪的警卫非常活跃。

拐角处是联邦建筑群中另一个有争议和有吸引力的"公共"空间，现在实际上对好奇的游客关闭了（见图 3 和图 4）。 这个地方包括乔纳森·博罗夫斯基（Jonathan Borofsky）30 英尺高的《分子人》（*Molecule Man*），这是一个抛光的钢铁雕塑，两个连在一起的人，身上布满孔洞（这种洞当地人称为"飞车射击"），还有一个引人注目的柱廊广场，周围是一幅新古典主义风格的浮雕，艺术家汤姆·奥特尼斯（Tom Otterness）在其中描绘了一个颠覆政府和煽动民众的激进无政府主义景象。 在广场上有一个裸体女人的雕塑，她挣脱锁链，向世界挥舞着拳头，还有一个裸体女婴举着一个巨大的地球仪。 它们统称为"新世界"。[7]

这个堡垒的另外一个部分需要识辨，这是最新的被公认的洛杉矶城市特性的象征：闪闪发光的新"中央商务区"（CBD）中清晰地矗立着扎堆的代表企业权力的"城堡"和"大教堂"。 这里，"洛杉矶阿莱夫"无尽的眼睛保持着睁开、反光，向外延伸并反映着全球的影响氛围，本土化［全球本土化（glocalizing）？］的世界触手可及。 新的洛杉矶中央商务区几乎所有的企业地标都是从 1970 年开始建造的，主要来自国际资本（大部分是加拿大和日本）。 塔楼顶部的标志，大多数是宣示它们在金融上的存在，是银色的金融和商业交易网络的中枢与节点，几乎扩展到地球上的任何地方。[8]

洛杉矶堡垒及其周围镶嵌着一系列令人眼花缭乱的专业化飞地，它们在洛杉矶的重新开发和国际化进程中扮演着关键角色，有时有些吵闹。 让我带你到多元文化的市中心去做一个步行之旅吧，许多访问学者都好奇地想了解更多关于洛杉矶的情况。

75

图3　乔纳森·博罗夫斯基,《分子人》。
来自《第三空间》(1996年)。作者拍摄。

　　我们从古老的唐人街开始,这是从所谓的1871年发生"华人大屠杀"的旧广场的附近地点迁移过来的,那是第一次洛杉矶变成了世界新闻的头条。 绝大多数商铺和餐馆现在都是由越南华裔所有,随着第一个郊区唐人街(主要是台湾人)向东在圣加布里埃尔谷发展,此唐人街开始出现某种程度的衰落。 附近是艾尔·普韦布洛历史纪念馆,据说是洛杉矶的诞生地,现在是一个旅游方面富有吸引力的地方,它的核心在奥弗拉大街(Cal-Mexified Olvera Street)上,建于1930年代初,是模仿拉美人的市场修建的,有些人认为这是最早的城市主题公园之一。 今天值得一看的是美洲热带解释中心(the America Tropical Interpretive Center),墨西哥激进壁画家戴维·阿尔法罗·西奎罗斯(David Alfaro

**图 4 汤姆·奥特尼斯,装饰画和《新世界》雕塑。
来自《第三空间》(1996 年)。由作者与安东尼斯·里克斯的照片合成。**

Siqueiros)的著名画作在 1932 年首次亮相后被粉刷成白色，2012 年再次
出现在这里。[9]

  往南走是"小东京"，由日本资本投资建造，迎接来自"大东京"
的商人，但它现在依然保持着较为贫困的日裔美国人的活力和抵抗力。
不远处位于市中心以东的旧铁路站场，是具有吸引力的仿苏豪区
(SoHo)的艺术家公寓和画廊，现在是先锋的南加利福尼亚建筑学院
(Southern California Institute of Architecture)和其他时尚设施的所在
地。 周围分布的是奇怪的不合时宜的旧批发市场(它们已经从大多数大
城市的中心消失了)，贩卖农产品、鲜花和珠宝。 就在南边，作为小东
京的缓冲地带，保护它不受到贫民窟的无家可归者的侵扰，是亚洲人拥

有的仓库的集中之地，被称为玩具城（Toy Town），在美国销售的大部分玩具可能都是通过那里进口的（主要来自中国和泰国），并在全国各地分销。

紧接着的南边是贫民窟，据说是全美最大的无家可归者聚居之"所"。他们的出现形成了特殊的街道环境，带有尖状物的街凳是为了阻止躺下来休息的睡觉者，有铁丝网保护的垃圾桶，以及玩具城仓库彻夜运行的门廊喷水灭火系统。再往前走是散发阵阵恶臭的血汗工厂和熙熙攘攘的商品市场，现在它已经成为美国最大的服装业地区之一。每天都有来自洛杉矶的富裕的购物者坐巴士到这里来讨价还价买衣服。人们也可以经由百老汇（Broadway）到这里来，百老汇是另外一个保护区，寸土寸金，可能是这个区域最赚钱的购物街。百老汇在中心城市提供了一种分界线，东边是拉丁裔世界和无家可归者的贫民窟，西边是高耸的中央商务区塔楼和文化纪念馆。

所有这一切都在官方定义的市中心区域内，能够在一两天内步行进行观瞻，这在依赖汽车的洛杉矶是罕见的。更远的地方是人口更稠密的新世界，一个由多个种族城市组成的拥挤的"日冕"地带，构成了美国移民就业穷人最密集之地，今天人口接近500万，1985年的时候在100万左右。向东延伸是广大的、主体上是墨西哥裔美国人的聚居区，核心地带是还没有行政机构的东洛杉矶。如果要加上周围的社区，大概有超过85%的人说西班牙语，比如博伊尔高地（Boyle Heights）、林肯公园（两个地方都在"洛杉矶市"），还有一些毗连的行政区，"大东洛杉矶"聚居区的人口，有可能超过了50万，变成了这个区域第二大城市。为了将东洛杉矶合并形成它自己的行政区，人们已经做了很多努力，但因为各种各样的原因，几乎每一个努力都失败了，该地区仍在县主管的控制之下。

紧靠市中心的南面，是正在去工业化和几乎无人居住的弗农市（City of Vernon），那里挤满了等待屠杀的鸡和猪。弗农，大约只有100个居民，是洛杉矶周围发展起来的许多专门的工业行政区划之一

（比如有直截了当就叫"工业城"的）。 最近，在一系列涉及自吹自擂的地方政府官员的丑闻和腐败指控之后，弗农成为洛杉矶历史上第一次解散城市的运动的焦点。 弗农只是当代"腐败走廊"的一部分，这条走廊现在延伸到组成洛杉矶县东南部大部分地区的行政区楔形地带，包括现在臭名昭著的贝尔市（city of Bell），据称一名长期任职的市长和其他市议员从城市财富中挪用了数百万美元供其使用。

　　洛杉矶县东南部这一象限的行政区域，在 1980 年代形成了一个新的西班牙语聚居区，这是美国城市历史上最快的人口转变。 直到 1960 年代晚期，像南门、贝尔、贝尔花园、卡德希（Cudahy）和亨廷顿公园等社区，都是以前比较贫困、但后来变成舒适的中产阶级的美国南部城市白人的大型聚居区。 在不到 20 年的时间里，超过 90%的居民变成了拉丁裔。 这个楔形地区包括了 100 万人，这让人不禁想知道，在美国的其他城市中，是否还能找到这种规模和速度的"反向"中产阶级化。如此迅速的变化使得该地区政治腐败的时机已经成熟，因为存活下来的主要是当地市议会的盎格鲁人成员，面对拉丁化和选民的冷漠，花费了大量的公共资金来维持他们的权力和特权。

　　拉丁裔也在向东北部扩散，与各种亚洲人口混杂在一起，在蒙特利公园（Monterey Park）等地创造了一个具有非凡文化多样性的地区。 曾有一段时间，蒙特利公园有非常多的华人出没，以至于街道名字和商店招牌都只写中文，结果引发了盎格鲁和拉丁裔居民很少见的联合，通过立法迫使英语成为官方行政语言。 面对蒙特利公园反对他们的压力，以台湾人为主的华人在过去十年中向东扩张，打造了横跨圣加布里埃尔谷多个行政区划的一个全新的巨型郊区唐人街。

　　在市中心的西边，首先会遇到以中美洲人为主的坦普尔-博德里（Temple-Beaudry）西班牙语聚居区，其惹眼的后院油井是 19 世纪末第一次繁荣时期遗留下来的；在回声公园（Echo Park）的阿尔瓦拉多（Alvarado）沿线及周边地区总是人头攒动的购物街；在政治上非常活跃的皮科联盟（Pico-Union），它后来成为 1992 年正义骚乱中拉丁裔抗议的

79

中心。 有人估计萨尔瓦多总人口中大约10%的人1975年以后迁移到洛杉矶，这是到目前为止迁入这一地区的最大来源，这里依然是洛杉矶中美洲人迅速发展的中心。

再往西就是巨大的、并且不断扩展的韩国城，它夹在洛杉矶南部的黑人聚居区和北部主要是白人居住的好莱坞山之间，形成了一个动荡的种族边界，它在1992年罗德尼·金（Rodney King）案件判决后的骚乱中爆裂了。 从1980年代早期以来，洛杉矶非洲裔美国人社区的中心一直在从以前的瓦茨和中南部基地向西迁移，留下的大部分已经成为以拉丁裔为主的社区。 洛杉矶的未来将深受韩裔、拉丁裔和非洲裔美国人社区关系的影响。

对于内城的严格考察，就会发现它几乎是外部城市的一个侧面（也是执拗的）反映，是一个由破旧和过度拥挤的住房、低技术工厂、旧城市化的遗迹和残余物组成的集聚综合体，零星地为重新返回的专业人士和监管者提供一些利基，最重要的是，这是第一世界的城市区域中能明确找到和提供的廉价、文化支离破碎、在职业上可以操控的第三世界移民劳动力的最大聚集地。 在这个种族-城市的帝国光环中，是另外一颗洛杉矶皇冠上的明珠，被仔细地看管，巧妙地维护，不断复制以服务于制造业区域经济的持续发展。

后现代城市的震中

结束我们洛杉矶市中心堡垒之旅的是博纳旺蒂尔酒店，这是一个适合激烈辩论后现代都市主义（更普遍来说，是后现代主义视角的功效）的地标建筑。 它闪亮的古铜色玻璃圆塔尖引人尖叫，神奇而声名显赫的博纳旺蒂尔，映射出它周围60英里范围的破碎迷宫。[10]有人认为，博纳旺蒂尔是晚期资本主义城市重组空间性的集中代表：被碎片和碎片化，同质性和同质化，包装有趣但奇怪地难以理解，似乎在

80

展示自己的观点上是开放的，但又不断地逼迫着封闭、分隔、约束、监禁自己。

从如此后现代的观点看，可以想象到的一切都可能在博纳旺蒂尔出现，但真实的地方却很难找到，因为它令人困惑的布局让人很难理解；它肤浅的反思拼贴让协调感到困惑，反而鼓励了屈服。由于其风格粗犷的混凝土立面，从陆路进入无迹可寻，但从上方真实存在的人行天桥到下面有掩体的入口，许多不同的层面都鼓励进入。然而，一旦进入，在没有官僚机构帮助的情况下再次离开就变得令人望而生畏。在很多方面，它的建筑总结和概括了洛杉矶正在蔓延的制造与监禁地理学。

在博纳旺蒂尔的建筑或者新世界城市的社会建构的空间性背后，没有设计上的共谋。它的设计是同时发生的，反映的是时间和场所、时期和区域的规范。博纳旺蒂尔既模仿了洛杉矶的重组景观，又同时为它所刺激。从微观和宏观模拟的这种解释性的相互作用中，出现了一种批判地看待当代洛杉矶人文地理学的不同方式，可以将它看作一个区域性的后现代中观宇宙，在微观和宏观之间，在本土和全球之间。当我在博纳旺蒂尔的阳台上接受采访时，一个简短的 Facebook 视频捕捉到了其中一些论点。（附录 2，视频 1）

这种将博纳旺蒂尔作为后现代都市主义的缩影的表述，部分是由于被广泛引用的美国著名文化批评家詹明信（Fredric Jameson）的非常具有创造性的关于博纳旺蒂尔的文章的片段引起的，这篇文章是《后现代主义，或者晚期资本主义的文化逻辑》（Postmodernism, or the Cultural Logic of Late Capitalism），起初发表在《新左派评论》（1984 年）上，后来形成一本同名的书，1992 年在 Verso 出版社出版。詹明信在那里参加一个学术会议时，第一个谈及在迷宫般的博纳旺蒂尔中无望地迷失方向。他把这种"对城市脉络的民粹主义侵入"比作一个"超空间"，暴露了后现代性的原型状态：无深度、碎片化、将历史还原为怀旧，以及在这一切背后，从属主体的持续不安，找不到他/她的位置，被迫屈服于权威。

81　　　与詹明信的描述相辅相成的是，还有一些商店被迫关闭的故事，因为它们位于四个几乎相同的圆形塔楼的层面，没有顾客能找到。很多公众抱怨，混凝土构件遮挡了酒店的底层，他们不得不通过空中走廊进入酒店。博纳旺蒂尔变成了洛杉矶所有错误（虽然很有争议）的样板。

　　　詹明信在以博纳旺蒂尔为基础的后现代主义招魂中，其言辞非常模棱两可，但对他自认的空间解释的批判性回应却是多样的，有很多不同的方向，跨越了整个批判领域，从愉悦的欣赏和喝彩到愤怒的驳斥和嘲笑。那个时候空间转向的思潮还没有形成，很多学者不能接受或者理解这样一个确定的空间视角，即使像詹明信这样著名的文化批评家也是如此。对于这些学者来说，后现代主义与他们认为的对空间和空间解释的过度强调有某种联系。然而，对很多建筑学家和地理学家来说，有像詹明信这样的杰出批评家是令人振奋的，他在1984年最初的文章发表之际，正接待亨利·列斐伏尔（Henri Lefebvre），这是后者唯一一次深入的美国之旅——对"他们的"空间视点给予了如此关注。

　　　詹明信对博纳旺蒂尔酒店［最早他称之为博纳文图拉，随意地将它定位在比肯（Beacon）而不是邦克山］的看法，只是他的批判性论文"晚期资本主义的文化逻辑"的一小部分，但它对洛杉矶新出现的文献，特别是后现代都市主义的概念化产生了不成比例的影响。对于日益发展的洛杉矶研究群体，詹明信的著作有一定的积极吸引力，曾经有几次会议召开，来探讨其更为广泛的影响力。在这些地方性的界限之外，人们的反应主要取决于对后现代主义本身既定的、往往大相径庭的个人观点。鉴于詹明信对洛杉矶和其他地方出现的后现代都市主义有时似乎既在庆祝，又在寻找深层的缺陷，而那些批评性回应的范围和政治激情就尤其广泛了，反映的不仅仅是一个人对后现代主义的立场，同时也是对于洛杉矶不断增长的学术重要性的态度。

82

图 5　《疯狂的博纳旺蒂尔》,阿里·巴拉尔(Ali Barar)和詹姆斯·凯勒(James Kaylor)的作品。来自《第三空间》(1996 年)。安东尼斯·里克斯拍摄。

　　因此，人们的回应确实是兼收并蓄的。 后现代建筑的领军人物查尔斯·詹克斯(Charles Jencks)彻底结束了争论：他尖刻地指出，博纳旺蒂尔的实际建筑肯定不是后现代主义的，所以不值得人们对它大惊小怪。 迈克·戴维斯在《新左派评论》(1985 年)的一篇文章依然坚持马克思主义的历史决定论，抨击詹明信的"颓废的比喻"，以及没有看到洛杉矶市中心的城市更新地区中劳动力剥削的深层次历史。 艺术史学家唐纳德·普雷齐奥西(Donald Preziosi)批评詹明信，认为他过于坚持马克思主义，过于依赖历史主义大师的陈述。 批判人类地理学家德雷克·格利高里(Derek Gregory)在辩论中解读了一种强有力的个人和政治观点，揭示了性别、性行为、后殖民抵抗和人体城市化的问题。 如果说博纳旺蒂尔已经变成了一个水晶球，那么我们可以通过它看到后现代都市主义的所有幻影和断层。

　　在 1990 年的一篇文章(附录 1，资料来源 5C①)中，我总结和进一步评价了有关博纳旺蒂尔的讨论，这是加州大学洛杉矶分校对于法国大革命两百周年的庆祝(让·鲍德里亚参会)。[11]建筑与城市规划研究生院还特别举办了一次展览，展览的主题是疯狂的博纳旺蒂尔，两个建筑系的学生阿里·巴拉尔(Ali Barar)和詹姆斯·凯勒(James Kaylor)创作了一个非常精彩的大型模型，巴士底狱的塔楼变成了博纳旺蒂尔酒店的玻璃塔(见图 5)。 如上所述，我在威斯汀博纳旺蒂尔酒店的阳台上接受了采访——当时有关闭酒店的威胁——在那里，我建议这座废弃的建筑也许能变成后现代主义博物馆。 无论是否值得，威斯汀博纳旺蒂尔酒店依然作为一个酒店生存下来，变得比洛杉矶市中心的几乎任何其他地方都更出名。[12]

注 释：

　　[1] Michael Dear，"The Los Angeles School of Urbanism: An Intellectual History"，*Urban Geography* 24(2003):493—509.

---

　　① 此处原文有误，应为"资料来源 2D"。 ——译者注

〔2〕Borges 的 *Aleph* 发表在 *The Aleph and Other Stories*，*1933—1969*，published by Bantam Books in 1972。

〔3〕这些观察挖掘了一个更大的关于社会历史主义的讨论，以及时间和历史的特权如何倾向于阻碍批判性空间思维，这是我更多理论著作的主题(将在第六章更详细地讨论)。

〔4〕近年来老诺顿空军基地已经变成了内陆帝国快速增长的物流业的中心，扭转了过去的失败局面，但依然没有产生大量高薪的工作岗位。 这个问题将在第五章作进一步探讨。

〔5〕Allen J. Scott，*Metropolis*：*From the Division of Labor to Urban Form*(Berkeley and Los Angeles：University of California Press，1988)；and *Technopolis*：*High-Technology Industry and Regional Development in Southern California*(Berkeley and Los Angeles，University of California Press，1993)。

〔6〕Ruth Wilson Gilmore，*Golden Gulag*：*Prison*，*Surplus*，*Crisis and Opposition in Globalizing California*(Berkeley and Los Angeles，University of California Press，2007)。

〔7〕奥特尼斯广场(Otterness plaza)的开业引起了巨大的轰动，因为一位联邦法官要求，那个裸体的、非常明显是女婴的青铜雕像必须被遮挡不让人看见。 在这种迂腐的评判下不那么显眼的是那个大胆的妇女雕像，她被锁链束缚，咄咄逼人地把握紧的拳头伸向前方①，但她周围装饰着那些胖胖的裸体男女，聚集在一起，摧毁政府大楼，肢解国王。该地区仍然是洛杉矶最有趣的景点之一，尽管很少有人参观。

〔8〕在过去五年左右的时间里，市中心一直向南延伸，已经到了旧会议中心和令人赞赏的新斯台普斯中心体育馆建筑群，这是由"洛杉矶活力"主导的本地化小型复兴的亮点，这个耗资 25 亿美元的项目，第一期于 2007 年开放。

〔9〕Siqueiros 在洛杉矶、纽约以及全世界，是艺术与涂鸦-壁画传统发展的关键人物。 有些报道说他还教过 Jackson Pollack 滴画技术，他是第一个用喷涂罐绘画的人，而且发明了涂鸦艺术家在世界各地使用的球状字母表。 Siqueiros 公开承认自己是共产主义者，政治上备受争议，尤其是他在洛杉矶的壁画作品《美洲热带》(América Tropical)。盖蒂基金会(Getty Foundation)修复了它，引来了当地很多的抗议。

〔10〕这里让我想起了这样的著作：Stephen Graham and Simon Marvin，*Splintering Urbanism*：*Network Infrastructures*，*Technological Mobility*，*and the Urban Condition*(London：Routledge，2001)。

〔11〕这篇文章的修订版出现于 1996 年，题目是："Remembrances：A Heterotopology of the Citadel-LA"，作为 *Thirdspace*：*Journeys to Los Angeles and Other Real-and-Imagined Places* 一书的第七章。

〔12〕视频2(见附录2)中的 YouTube 剪辑来自开放大学视频的前半部分，这在美国和英国播放了无数次。 视频的后半部分主要集中在奥兰治县，为下一章做了很好的铺垫。

84

---

① 此处描述似乎与图 4 不符。 ——译者注

第三章

外城之内：奥兰治县的视角
(1990—1996 年)

　　在上一章之后，我就无法回到传统的学术写作，而转向另外一种非传统的洛杉矶城市化地区的分析研究。 奥兰治县是一个新美国城市的仿制品和范式，这是一个外部城市（outer city），已经变成了一个特殊的后郊区大都市，需要引起全球注意而不是给它轻蔑的一瞥。 不是在 60 个郊区当中寻找一个城市，就像老的洛杉矶人所描述的那样，奥兰治县已经是 34 个城市的聚合物，在一定程度上有了中心的意义——就像市中心于城市所具有的特征那样。 这里是一个没有固定形状的后现代都市主义的例子，需要在一个适当的形式上描绘它的主要特征。

　　我把奥兰治县当作我所称的外城（exopolis）的一个有代表特性的部分，这是去中心化和再中心化结合过程的产物。 这不仅仅是简单的郊区化，这早在 1960 年代已经是奥兰治县的特点了，去中心化采取的形式是边缘城市化，所形成的城市在以往曾经是低密度人口的郊区蔓延而成。 再中心化则包括这些郊区城市（有些人将它们称为边缘城市或者兴旺之城），以及大量移民充斥的城市中心，就像洛杉矶和很多其他大的世界城市所发生的那样。

　　外城这个词有双重含义，是希腊语乌托邦（utopia）、欧拓邦（eutopia）的残余，可以翻译为乌有之地（no place）或者乐土（good place）。 词缀可以解释为在外边，就像外部城市的增长，也可以解释为曾经是但不再是，比如前妻、前夫。 第二个含义意图说明奥兰治县都市主义，不像传统的都市发展的形式——我还要补充的是，包括了我们对洛杉矶所描写的一切。

"外城之内"（附录 1，资料来源 3A）一文中，我巡视奥兰治县，文 86 章首先出现在《一个主题公园的变形：新美国城市和公共空间的终结》一书中，建筑评论家迈克尔·索尔金（Micheal Sorkin）主编并于 1992 年出版。　这是我最具有实验性、有娱乐性而且非常重要的后现代作品。在那个时间，外城使我进入狂乱的竞争中，寻找词语来描述在都市中心以外的城市里发生了什么，新的城市词汇表包括：外部城市、边缘城市（edge cities）、边缘城市化（peripheral urbanization）、技术极地（techno-poles）、技术城市（technoburbs）、硅谷景观（silicon landscapes）、都市节点（metroplex）、后郊区（postsuburbia）、半城半郊、兴旺之城，如此等等。　我将在第七章返回到这种词语大爆炸，在那里我将外城这个词吸收到更大的有关区域城市化的概念中。

奥兰治县都市主义具有不同的特点，需要高度注意。　没有什么比这样的事情更糟糕，就是将实际情况狡猾地搁置起来，似乎腾出来它的休闲空间。　来自世界各地的学者和文化批评家，在奥兰治县看到了鲍德里亚所做出的最清晰的表达。　他在《美国》（1988）一书当中有敏锐的观察，称之为"超现实"（hyperreality），或者"幻想先行"（precession of simulacra），对现实的模仿快速取代（超过）现实自身。　比如地图（他总是以有点不准确、投影的形式呈现现实），现在已经走在了他试图表达的现实前面。　如鲍德里亚所宣称的那样，应用圣经的象征主义，"影像从来没有遮蔽真实——真实的东西遮蔽的是不存在的东西。　影像是真的"。　在翁贝托·埃科的《超现实旅行》中（1986 年），也触摸到了奥兰治县，他是意大利哲学家和《玫瑰的名字》的作者。　他也同意，他所见到的是"真正的虚假"的集合体。

反思这种日益增长的难以区分什么是真、什么是想象的模仿（这现在是美国政治和福克斯新闻网的特点），我将奥兰治县描述为骗局，在那里欺骗行为变成了日常生活的一个组成部分。　这里外在的表现不仅骗了我们，而且有的时候我们没有了这样一种可能性，即所有真实的东西都消失了。 人们所看到的是层叠厚厚的模仿和幻影——这是不再存在的事情的精确副本，即使它们曾经存在过。

　　骗局的形成和发展可以回溯到 19 世纪中叶，洛杉矶城和盎格鲁市（Anglo city）的形成，这当中包括了现在所称的奥兰治县，直到 1889 年它才分离出来。 1846 年到 1848 年的美国与墨西哥的战争，为了这曾经叫作上加利福尼亚（Alta California）的地方的两个主要变化做好了准备，两者都是富于亲美以及具有帝国主义的力量。 对于美国经济发展和进行内战而言最重要和最优先的是，1849 年黄金的发现；其次是对"加利福尼亚人"（Californios）的镇压，洛杉矶原住居民的后代为保卫加利福尼亚做出了最强有力的武装抵抗。 这些变化竭尽全力将洛杉矶盎格鲁化或美国化，想方设法地弱化西班牙语人口以及加利福尼亚不同文化的影响，由此漂白非西班牙裔白人。[1]

　　骗局开始于对奥兰治县都市主义的全面影响，多年以后扩展到很多其他的地方，也许没有什么东西比这个更加能够影响美国当代政治。最近我在一篇为《当今都市政治》（2008 年）杂志所写的文章当中，谈到心理无序——心理疾病——与后现代都市主义之紧密相联。[2]这种心理无序形成了一种麻醉效果，引起了政治意识和行为的暗淡转变和错误安置，这是一种连续不断的、令人陶醉的快乐引起的。 这种转移很典型地伴随着服从权威的意愿（记得我们曾经讨论过的博纳旺蒂尔酒店），而自我在城市空间当中迷失了，曾经坚定的方向舵被移除了，那些很容易遵循的方向不再可靠。 沉溺于幻想先行，如鲍德里亚所称的那样，我们在幻想政府所统治的幻想城市里边变成了幻想市民。 我们穿什么，在哪里生活，投票反对谁支持谁，都是由影像塑造的，都是由现实的模仿品而不是现实自身驱使的。

　　布什总统任期内颇具影响力的学术和媒体批评家跟一些与卡尔·罗夫（Karl Rove）有关的高级幕僚之间的一次会议，生动地说明了这种幻想的进程。 卡尔·罗夫当时被称为"布什的大脑"。 针对围绕伊拉克战争和国家经济政策积累起来的许多恶毒谎言（伪装）的事实攻击，罗夫的代表得意洋洋地说："你们是以现实为基础的社区的成员……你们相信解决的办法来自对现实事物的审慎研究……这不再是这个世界运作的方式……当我们行动时，我们创造自己的现实……你们只需研究我们做了什么。"换言之，信仰代替了实际情况；权力定义什么是真的；批评家不过是编年史工作者。[3]

对于 1980 年代晚期和 1990 年代早期在奥兰治县发生了什么事情，我努力做一些比编年史更多的工作，我转向了我那个时候收集起来的报纸剪报。 在《洛杉矶时报》被论坛公司收购并且像从毫无头绪的芝加哥开始有关洛杉矶的报道之前，它已经拥有优秀的本地记者，几乎每天都有一些很有兴趣的事情发生，值得剪下来保存。 本地的免费报纸《洛杉矶周刊》，那个时候是另外一个有关洛杉矶政治和经济评论的写得很好的资源(这份报纸现在已经沦为刊登泛性约会服务和娱乐名录的小报)。 将这些比较直接的新闻报道观察，作为我写一篇关于新美国城市、公共空间终结、欺骗出现的文章材料，看来是完全合适的。 这些信息当然是及时的、同步的，直接唤起新的东西，尽管那些纯粹的学院派认为这样的参考资料是不可接受的。

开始时的副标题是"外城之内：奥兰治县的景色"(附录 1，资料来源 3A)，后来在《第三空间》第八章(资料来源 3B)改为"后现代世界的日常生活"，我这里引用的这个版本是经过精简并且更新的。 据我所知，这两个版本都没有重印过，也许是因为它比传统学院著作更有趣。我被告知，有人把它当作奥兰治县的旅游手册。 我希望你喜欢读它，有时也许会大声笑出来，你可能会了解到有关美国新城市以及公共和私人空间如何被(欺骗性地?)重新定义的。

TOTO，我已经有这样的感受：我们不在堪萨斯城

这是一个主题公园——786 平方英里——主题是你可以得到你想要的任何东西。

　　这是所有加利福尼亚人最加利福尼亚的样貌：绝大多数人喜欢电影、故事和梦。

　　奥兰治县是明日之城、边疆之土，不可分割。18 世纪传教之地。1930 年代艺术殖民地。1980 年代公司总部。

　　历史无处不在：航海员、征服者、随军牧师、农场主、勘探者、投机分子。但现在没这么多了，也很难发现。房子是新的。汽车是新的。商店、街道、学校和市政厅——甚至土地和海洋本身看起来都是新的。

　　今天的温度低于 80 华氏度，海岸吹来微风，就像昨日天堂。

　　来奥兰治县。没有别的地方如这里像家一样。[4]

89　　就像加利福尼亚旅游局舆论操控巫师所说的，在奥兰治县，你可以得到任何你想要的东西，那里的每一天都像昨天，但明日世界从来不呈现现在特性，很难找见，在那里每一个地方都偏离中心，在边缘上无法呼吸，但在中间永远是对的，打压着边缘，现在没有什么地方如此像家一样。 对它的热烈的推广者来说，奥兰治县是一个主题公园（主题天堂），美国梦不断更新、无限可期。 这里重新包装的时间和空间的璀璨集市，让所有的当代事物（包括历史和地理）都能以一种近乎伊甸园的方式被体验和消费。

　　奥兰治县将自己呈现为一个未来的体验店，一个在后现代重新组合的世界里，将要发生的日常生活在现象学上真正地重新生成，超过奥兹国①，甚至超过乌托邦式的迪士尼晚期后现代主义。 在所有关于加州的广告中，奥兰治县是最具"加州相"的，在评比当代地球上最快乐的地方激烈竞争中，处于领先地位。 如果其他地方也在努力，那就是纯粹忠实地模仿原型。 奥兰治县的模仿物每天在涌现——波士顿、纽约、圣弗朗西斯科、芝加哥、华盛顿、达拉斯—沃斯堡、迈阿密、亚特兰大——直到最近，还有北京和上海，那些奥兰治县的建筑大师们正在被遴选来建设中国的后郊区。

---

　　①　奥兹国（Oz），是小说《绿野仙踪》中一个虚构的国度。 ——译者注

在奥兰治县这样的地方。 几乎就像城市被重新构造了，以祝贺千禧年的结束。 无论你是否喜欢，你都在那里，看着即将到来的景点，远远超出了现代城市的边缘。 搁置对当下的怀疑，控制愤世嫉俗的嘲讽，享受进入典型后现代性的陌生而熟悉的旅行。 它已经到了你的隔壁，你就在那里……

来自奥兰治县以及稍远一些地方的景色

下面 12 个简要的场景来自奥兰治县，包裹在剪报和一些学术参考资料(来自其他旅行者，以一种超现实的方式)里。 为了给你指路，这里有一张专为此目的而设计的区域地图(地图 12)。

90

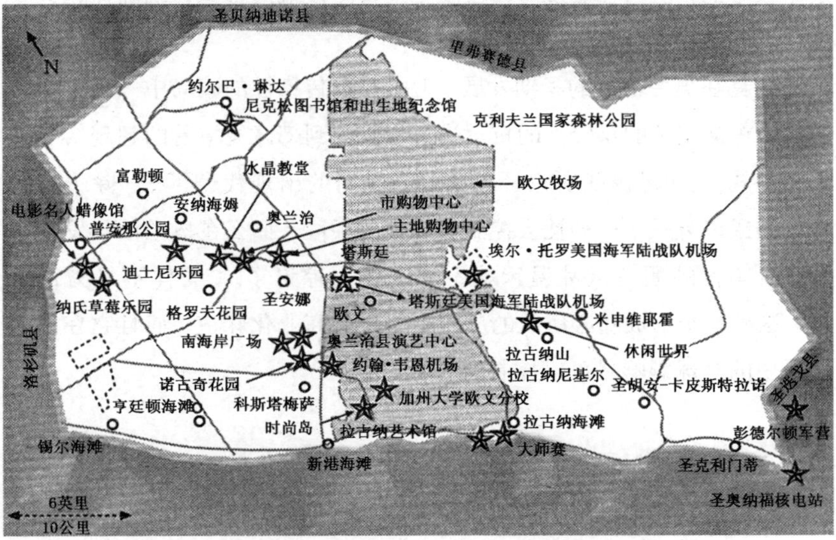

地图 12　奥兰治县风景。来自《第三空间》(1996 年)。

VH1① 的一段视频，描绘了奥兰治县在全球的朋克音乐(punk

---

①　VH1(Video Hits One)是总部位于纽约的一家美国付费电视网络公司。 ——译者注

music）中的领先地位，为你的旅行提供了当代背景。 视频的制作者很震惊地发现，瑞士苏黎世的朋克，布宜诺斯艾利斯的阿根廷青年，还有他们在首尔的韩国版本，都在奥兰治县寻找他们的音乐、服饰和生活方式的选择。 当朋克音乐在其他的起源地比如伦敦、纽约和洛杉矶死亡的时候，在奥兰治县却繁荣昌盛起来。 为了能解释为什么在一个洛杉矶令人厌倦的郊区会发生这种事情，他们在欧文、迪士尼乐园外边采访了我（附录 2，视频 3）。

我告诉他们，奥兰治县不再是传统的郊区，它已经进行了 40 年的城市化过程，形成了一个新的都市形式，在那里极端保守的新贵为年轻男女提供了一切，希望他们至少在体育界出类拔萃。 将滑板、冲浪、水上和山地滑行以及其他极限运动（据说都是在奥兰治县发明的）结合在一起，形成了一个年轻的混合体。 在这样迷人的环境中，青少年的叛逆是很难的，但当它爆发时，它往往会转向极端的形式，以确保逃离令人窒息的当地文化。

91　　　朋克在奥兰治县的早期发展，似乎是在传染性的骗局中一种草根力量，是将被宠坏的年轻人的抗争进一步吸收到郊区笼罩着的超现实中的一种方式。 如果像我所论证的那样，骗局的出现代表了——除了有其他的结果以外——一种社会控制和规训的手段，那么在奥兰治县发现一个特别丰富的朋克叛乱温床就不那么令人惊讶了。 同样不足为奇的是，这种本土形成随心所欲的反叛有很重的商业化味道，而且它在外部传播中的全球影响是可以控制的。

场景 1：起源的神话

经济地理学家艾伦·斯科特称，奥兰治县是"美国经济格局中工业化和都市化新模式的典范"。[5] 在 1950 年代的时候，这里还是一个非常平静的农业区域，一潭死水，1960 年代奥兰治县开始工业化，到了1970 年代早期，一个组织精密的高技术工业综合体已经形成，与硅谷进行竞争，成为一个新的工业化都市区，这就是新工业化国家的一个地方版本。

外城在这里第一次被描绘为工业的和忙碌的，像一块编织的挂毯，高效地织入一系列灵活的制造和服务综合体中，大量的企业被整合起来像蜂巢一般排列，吸收后福特技术的新"范围"经济。 不再为僵化的、等级制的福特式大规模生产和流水线所束缚，新的工业化导致了新的"边缘"城市化——一种偏移的城市形式。 流动经济的专业化，形成新的制造业景观，这些是由非常保守的本地政治组织来支持——比如起步于共和党人占压倒性多数的奥兰治县的约翰·伯奇协会(John Birch Society)——它是外城的基础，这不仅仅在奥兰治县，同时也在其他大的美国城市形成。

把这种高度密集交织在一起的制造业流水线和它们的分支服务者称为"后工业"，确实是没有说到点子上。 同样可以肯定的是，这个地区不再是"次"城市。 奥兰治县也许没有传统意义上的主导性城市，没有明显的市中心或者有摩天大厦的商务区，但它仍然是一个大都市，一种新类型的工业资本主义的城市。 这些地方如欧文，工作岗位的数量超过了卧室，而且有些人认为从洛杉矶县进入奥兰治县的车流量，就像其他方向来的一样多。 我们不再是在郊区了。

场景 2：符号化的宽慰大教堂　　　　　　　　　　　　　92

从后郊区的工业核心向外环状喷射，形成的是不同寻常的本地城市星系。 从一个地方到另外一个地方，它们也提供了区别于周围外城的范式性的参照。 首先，埃科在他《超现实旅行》中，把我们带到几个"绝对的赝品、摹仿之城"：第一个是电影名人蜡像馆(本土化的现在已经关闭了的杜莎夫人蜡像馆的版本)，以及纳氏草莓乐园(这是首个奥兰治县重要的主题公园)，最后还有迪士尼乐园，埃科称之为

> 堕落的乌托邦……以神话的形式实现的意识形态……呈现为绝
> 对的现实主义和绝对的奇幻……一个虚假的超市在那里，你痴迷购

买,想着你正在玩乐······迪士尼乐园很清楚地表明,它其中一切魔幻般的东西,绝对被再现出来······但那些让人们欢乐的"整体的虚假",必须完全是真实的······在这里,在这些符号化的宽慰大教堂里,我们不仅仅享受完美的模仿,还能享受这样的信念,魔法已经达到了顶点,从此之后现实永远不如它。[6]

今天,迪士尼乐园的巧妙模拟看起来几乎是民俗的,是一个逝去的时代的残余物。现在,你不只是选择悠闲地参观这些超现实工厂;超现实每天都会通过各种虚拟场所,无论你选择在哪里,都会造访你。

场景 3:约尔巴·琳达的消遣

在每个国家都有一些引擎和锚定,随着时间而改变。我出生在约尔巴·琳达(奥兰治县),就是一个锚定——这是一个农业区,也是一个乐土。它现在是美国进步的引擎,这个地区企业聚集推动着美国梦向前。看看教育结构、公司结构、政治领袖,你就能看到美国的未来······它的民众和产品改变了美国······它的政治领袖,为东部政治团体的和平革命承担责任。我的一些老朋友······依然是自由的坚定拥护者。我们亏欠很多,要感谢他们给予的持久而无私的支持,帮助形成了全球性的变化。其他人是闪亮新星······在过去的25 年里,绝大多数精英加入美国国会。到时候······他们也会成为超级明星。

正如《奥兰治海岸》这本铜版纸印刷的杂志在 1990 年 7 月报道的那样,尼克松(Richard Milhous Nixon)在其第一故乡(约尔巴·琳达)的尼克松图书馆和出生地纪念馆盛大开馆之前如是说。这里曾经是辉格派的定居点,现在是一个大得多的养马场的区域,几乎是一个白色人种的行政区,隐藏在奥兰治县北部。

93

很难发现的、几乎秘密的尼克松图书馆，已经激发了很多的争论，即是否将图书馆向那些可能从中获得对前总统批判的东西的人开放。后来它决定不放置任何有争议的物品，是否因为根本没有这些东西，还是找不到，不得而知。 尼克松出生地纪念馆还展出了一个价值 40 万美元的尼克松故居复制品，原址是尼克松父亲用 300 美元的西尔斯百货的套装元件建造的。 尼克松低沉的嗓音被用来回忆他在约尔巴·琳达的头九年，在各种各样的复制纪念品中，包括尼克松的母亲经常鞭打他让他弹的不起眼的家庭钢琴，以及过往火车的能唤起记忆的声音，以重现历史感。 这一切都是真的吗？ 你猜……

场景 4:加州大学欧文分校——精心设计的校园

1950 年代末，规划师威廉·佩雷拉(William Pereira)眺望着欧文牧场(Irvine Ranch)空荡荡的山丘，在脑海中搜寻强有力的隐喻，以匹配他设想的加州大学校园。 正如莱昂·怀特森(Leon Whiteson)在《洛杉矶时报》(1988 年 12 月 12 日)的报道：

> 佩雷拉的目标……是建立核心地带和一种"场所感"，能够给第一批学生提供一种"命中注定的校园"的感觉……校园中心是一系列的同心圆环——最里面是本科生院系,其外是研究生建筑和科研大楼。这个环内有环的隐喻,意图表达一个学生的进程,从最初几年的专心学习到校园以外更广阔的世界。虽然这位已故建筑师的总体规划很大胆,但在许多观察家看来,他在 1960 年代和 1970 年代用来充实它的建筑,规模过于宏大,细节过于繁缛……就像一堆巨型奶酪刨,现在这种情况有所改变。

城市史经常非常滑稽地重复自己：圆环内部套圆环的发展，将自己表现为进步和现代性，等到达外部限度时，失望的情绪就扩散开来，城市旧的进步梦想在晚霞中消散。 现在，现代性已经被蓄谋已久的后现

代建筑学替代了……一个全新的、不同的命运出现，一个无限扩张、重
新集中、再中心化的封闭的超级模仿。 当内环被抛在身后，成为过去
的陈旧地块，一个新的城市空间形成了。 怀特森进言之："加州大学欧
文分校（UCI）已经启动了一项耗资 3.5 亿美元的扩建计划，到 1992 年，
这里有美国和国际上最杰出的建筑师设计的 20 多个重要的新建筑群。"
UCI 这个词语会被翻译为"不确定在建房屋"（Under Construction In-
definitely），已经成为一个虚拟的建筑主题公园。 这些地方可以参观：

　　在东边四分之一地区，怀特森写道："查尔斯·摩尔（Charles
Moore）的意大利校友会和延伸教室建筑群——一位评论家将其描述为
普契尼（Puccini）歌剧的舞台布景——与总部位于纽约的文图里、劳赫、
斯科特-布朗（Venturi, Rauch, Scott-Brown）（设计）的柱廊式管理研究
生院相提并论。"事实上，摩尔的扩展建筑的趣味，与其说是歌剧，不
如说是电视化的，UCI 的专业社会科学演讲就是在这里"延伸"到外面
的世界。 摩尔自己将它看作是某种想象中的意大利-西班牙-加州小镇
的广场，为三个巴洛克式教堂正立面和一个兰乔式走廊所包围。 在黑
夜，在那里，佩剑的佐罗可能会骑上马，并在尘埃中划出自己的 Z 形标
志。 这就够了，在献礼仪式上，一个蒙面男子穿着黑色的衣服冲出阴
影，展现一个牌匾以表示自己的权威，在铅笔般的胡须下微笑鞠躬，然
后用自己的剑在空中划了三道。 这个短时间的记忆非常虚幻，让所有
旋转的东西都联系起来的必要。

　　其他地方，更多的乐趣比比皆是。 南边，弗兰克·盖里、埃里
克·欧文·莫斯（Eric Owen Moss）那些奇怪、样貌原始的作品，呈现了
孩子们玩巨大积木的画面。 在西边，一个食物中心，由时尚建筑设计
公司 Morphosis 设计，为人文科学系服务的，有一排独立的柱子，好像
是马上要倒塌的建筑残余。 穿过一个购物中心一样的空间，是詹姆
斯·斯特林（James Stirling）设计的一个时髦的后现代风格科学图书馆，
五颜六色的灰泥上有鲜艳的条纹。 在图书馆的北边是一个美术村，由
罗伯特·斯坦恩（Robert Stern）设计；南面是阿瑟·埃里克森（Arthur

Erickson)设计的横条纹绿色玻璃和塑料材质的生物科学单元。 也许一切都聚集到了加州大学欧文分校了吗？ （附录 1，资料来源 3B）

场景 5：在欧文看无可看之处

在 UCI 的校园建筑之外，是欧文，美国最大的新城（或者新城市？），是大师规划欧文公司的皇冠上的明珠，拥有奥兰治县六分之一领土（见地图 12 的阴影部分），也是土地的捐献人，在这块土地上，大学（和欧文）建成了。 规划永远在前面，欧文公司没完没了生产真实的赝品，以模拟出更厚重的都市性。 让我们进入到另一个场景，这是 1988年 11 月 5 日《洛杉矶周刊》的冈伽(Maria La Ganga)描写的场景。

扔掉那些台球桌和飞镖板的幻觉。忘掉咸蛋和那些叫你"亲爱的"的年长的女服务员吧。欧文市（那时有超过 10 万的居民）有了第一个酒吧，上面这些在那里可看不到。

毫不惊奇，特洛卡德罗(Trocadero)是欧文的化身，一个典型的南加州酒吧，坐落在加州大学欧文分校的街道对面，它被店主定义为"一个高端的、传统的牙买加种植园"。

作为欧文历史上第一个真正的酒吧，特洛卡德罗既是一家酒馆，也是一种象征。它的店主和场所是欧文公司精挑细选的，该公司控制了城市零售空间的 50%，也花费了几十年时间精细地在这个没有看点的（非常完美的空间形容词）郊区形成了零售综合商业。

新的店主马克(Mark)和辛迪(Cindi H.)，说起了他们最新的努力，（这是）一个酒吧，顾客可以在这里品尝开胃菜，包括注入红牌伏特加的新鲜牡蛎，上面（当然）还涂了橙子荷兰酱。

大约一年半以前，开发公司与马克接洽，让他设计和运营这个未来的酒吧及其非常时髦的厨房。当时，马克与姐夫查克·诺里斯(Chuck Norris，动作影片明星)共同经营一家成功的新港海滩酒吧。辛迪是一个模特学校的所有人，她自己恰好是 1981 年加州小姐，同

95

年美国小姐的季军,被她的同龄人投票选为最有人缘小姐和最上镜小姐。

当一个酒吧业主面对如此机会的时候会做什么呢?马克卖了酒吧,和辛迪结婚然后到了加勒比海去度一个长长的蜜月……为预想的酒吧搜集灵感……蜜月调查的结果是建了一个洪都拉斯红木酒吧,背后充满"男子气概",马克说,大理石桌面,吊扇,棕榈树和原色给人一种"女性"的感觉。

辛迪宣称:"当我们走到计划委员会面前告诉他们我们的想法时,他们起立鼓掌,他们很高兴终于在这里有了一家酒吧。" 特洛卡德罗酒吧后来作为一个意大利餐馆存留下来,但没有一丝加勒比海风味。 在欧文,酒吧不超过十个,但在周边的社区中已经超过了250家。

96 场景 6:根和翅膀

转到 UCI 校园的西岸,我们发现了另外一个不同类型的大师设计的空间集聚,这处在一个从圣安娜到科斯塔梅萨(Costa Mesa)、新港海岸,沿着新港高速公路的走廊里。 这是外城奥兰治县的大穆迪轴线(Grand Axis-Mundi)。 以下是 1984 年《空港商业杂志》对它的溢美之词。

以前已经说过了,但我们将再说一次——麦克阿瑟走廊……以令人心灵震颤的速度繁荣起来。我们都已经对千年以来的城市化城市(??)和社区声称自己才是理想之地感到厌烦。麦克阿瑟走廊沿线的开发商,仅仅需要坐下,让他们的工程为他们说话。

自 1849 年以来,加州人还没有目睹过这样的事情:寻求幸运的人蜂拥而至,急切要求有一片他们可以获得的土地,他们的眼睛里燃烧着渴望,彼此追赶去寻求尚不明了的财富。

只是这一次不是因为黄金,他们才努力为之,而是写字楼。麦克阿瑟大道，曾经双车道的沥青路，穿越橘子树丛和番茄地，现在已经像洪水泛滥的河流一样变宽了……它的两岸给写字楼的高楼大厦提供了地方。

　　……所有迹象都指向这个县的这个部分……将变成这个县、也许是加利福尼亚也许是美国的主要的金融中心。

麦克阿瑟走廊沿线涌现的这些开发项目，以及对未来极为雄心勃勃的计划，都在1980年代末被如今不复存在的欧文展会以微缩景观形式引人注目地复制了下来。欧文展会是一场房地产公关盛会，以前设在詹布里中心(Jamboree Center)。我想带你和我一起开始我第一次和唯一的旅行。

去看展会，你必须穿过移植的棕榈树丛和一组旋转门，来到壮观的安检台前，在那里你被要求留下相机。解除武装以后，你被引导到一个小剧院的豪华座位上，这个座位有预置技术可以让它振动起来。前面的墙是一个全景屏幕，在上面很快就会投射出一连串令人着迷的景色——鸟和婴儿、落日和海岸线、家庭远足和商务午餐、白云和湖水（永远是湖水）以及可爱的动物——所有这些都配上立体声音乐，用富有磁性的人声发布销售信息，这些信息以不容置疑的大写字母，出现于攥在你手里的宣传册上。

我们只能给我们的孩子两种持久的东西。一个是根，另外一个是翅膀……根和翅膀……在社区和自然环境下，如果要让整个系统保持安全，这两种东西之间必须建立一种平衡……技术和商业构成的群体……心灵探险。时间的礼物。家庭的礼物……欧文展会……我们能够有梦想。我们能够在这里生根，我们的生命能够在这里展翅高飞。 97

这个气氛几乎使你努力相信，让你想消费新的承诺。但突然闪烁的画面停止了，屏幕变得透明，就像一个闪光的薄胶片，后面出现了一个密室。你依然在座位上，音乐依然在你的耳边回响，你意识到密室的地板在移动，在你眼前倾斜了，慢慢地来到你的跟前充满了屏幕墙壁，这是欧文土地的概观，根和翅膀是真实世界的非常精确的模型（影像）。你收拾你的东西然后向这个诱人的模型走去，它慢慢地、充满诱惑地、倾斜着接纳你。这是一个神奇的地方，高速公路车道标志的细节、在建新住宅与办公室的散乱尘埃，都纤毫毕现。

但这种整体化"地区模型"并不足以让人信服。经过一个简单的介绍，一个导游带你穿过大理石装修的大厅，上了一个观景电梯到达另外一层，在那里模型本身被逐渐放大的特写照片再现。你被带着走过一间又一间的屋子，越来越接近表现与真实、地图与实地之间的终极一对一对应。最后一站是这样一个地方，几乎充满了与你所在建筑非常相似的巨大结构，几乎每一个细节都非常精确，办公大楼灯火通明，摆满设备的微缩模型，还有小小的人与墙上微型装饰画（有人骄傲地告诉你，这是电脑制作的）。你想偷偷看一眼二楼，看一看是否你能够看见自己，偷偷再看一眼二楼……

当快乐的导游触动最后一个按钮，那个坚固的外墙消失，一个巨大的窗户出现了，可以看到棕榈树的入口通道，周围建筑物和欧文商务综合体的大堂，这个体验结束了。你谢了导游，走回安检台，取回你的相机，走出来，你发现与二楼巧妙的仿制物相比，真实的棕榈树看起来是多么令人失望和乏味。

98　　　追忆往昔，我再次想到鲍德里亚对加利福尼亚的反思，他也曾驻足欧文。"这里有一种强烈的对比"，他说，"核宇宙日益增长的抽象性和原始的、发自内心的、无限的生命力之间存在着强烈的反差，这种生命力不是源于根基，而是源于缺乏根基。"他进一步描述美国，含蓄地说，奥兰治县是"仅存的原始社会……未来的原始社会，一个复杂、混乱的社会……它的内在能让你叹为观止，但依然缺乏过去，通过这个才能反思它"。[7]

场景 7：这就是一个购物世界

　　约翰·韦恩(John Wayne)国际机场的另外一边，大体是科斯塔梅萨，欧文帝国竞争奥兰治县中心地位的主要对手。当地人称之为南海岸都市，虽然那里没有任何都市色彩。在这里，一个人可以发现其余的(南海岸)大商业园(南海岸都市中心、中心塔、家庭牧场、城镇中心)；街道以城镇中心大街、公园中心大道命名；以及加利福尼亚最大的购物中心，它有 1 万个停车位。这个地方想自负地预设成真正的规模极大的市中心的模样，一个无中心的城市的重中之重。在这里，文化也有望以令人惊叹的内在力量集中起来，像艾伦·特姆考(Allen Temko)在 1987 年 12 月 20 日《洛杉矶时报》上面描写的那样，

　　当美国关注文化的时候，先锋人士通常会说，美国将把文化弄得嗡嗡响。除了像得克萨斯那样的地方，没有哪一个精神的前哨比在富裕的奥兰治县更好，这里终于有了交响乐、歌剧、芭蕾、百老汇音乐剧，你可以想到，耗资 7 300 万美元的奥兰治县演艺中心，以它糟糕的缩写 OCPAC 而闻名。

　　一座巨大的凯旋门标志着对任何过往野蛮人的胜利……不要在意拱顶是一个虚假的结构，红色花岗岩包着单层薄板，覆盖着桁架内框，所有的角和面，和圆形结构没有一点关系。巨大的前墙只是一块独立的屏幕，一幅巨型广告，被切割成拱形。

　　然而表面的影响力是巨大的……一个巨大的象征性门户——后来证明它根本不是一个真正的入口——雄伟地踞于塞格斯特罗姆大厅(Segerstrom Hall，一个有 3 000 座位的剧场，奥兰治县演艺中心的骄傲和欢乐)的前面。晚上，当建筑华灯初放，对于观赏演出的人来说，拱顶就是一个纪念意义的社交舞台，在美好的晚上，开放的露台人头攒动，闪闪发光的镜面空间——壮观的玻璃幕墙——通过它，一个由理查德·利波尔德(Richard Lippold)制作的巨型火鸟雕塑，在空中翱翔，闪着色彩鲜艳的金属羽毛。

99

奥兰治县没有比这更好的象征了,它冲破了地方主义,进入了音乐和艺术大时代的世界……尽管有许多建筑瑕疵,在功能上,塞格斯特罗姆大厅是美国同类设施最好的了。

也许有人会说,奥兰治县就是这样:一个结构化的赝品,一个巨型广告,尽管它有各种瑕疵,但在功能上却是全国同类设施中最好的,是我们未来的"原始社会"……

场景 8:米申维耶霍(Mission Viejo)的奥林匹亚再中心化

到目前为止,我们关注外城叹为观止的工业—商业—文化景观,只是暗示了居住人口的存在。 到了转向另外一个地方的时候了,去往外城的沉睡边缘区域,这是奥兰治县南半部分的超级居住地,另外一个庞大的再中心化地区。 有一个地方脱颖而出,米申维耶霍,这是一个主题房屋开发项目的聚集区,造房旨在吸引希望自己的孩子带金牌回家的超级运动员父母。 在 1984 年的奥运会上,他们做到了。

把我们带到这个地方的是马克·兰迪斯鲍姆(Mark Landesbaum)和海蒂·伊文思(Heidi Evans),他们在 1984 年 8 月 22 日的《洛杉矶时报》上写道:

米申维耶霍,世界游泳之都,奖牌获得者的圣地,10 米跳台的完美之家,有三个可供比赛的游泳池,但只有一个公共图书馆——坐落在奥兰治县南部连绵起伏的山丘间的高速公路旁。它的开发商标榜它为"加利福尼亚的希望",它是美国梦的缩影。

在(1984 年)奥运会期间,全世界 200 名最好的自行车赛手在这里争夺奖牌,他们要穿过整洁的草坪、价值 100 万美元的湖边住宅、一个私人封闭式社区和 20 万名欢呼的粉丝。游泳和跳水运动员在获得奥林匹克奖牌之前,在这里进行训练,九枚金牌、两枚银牌和一枚铜牌,这比法国或者英国获得的奖牌都要多,也比参加奥运会的

140 个国家中的 133 个国家获得的奖牌多。

　　世界著名的纳达多雷斯(Nadadores)游泳与跳水队在这里训练，并得到开发商米申维耶霍公司的资助。这里还有 3 个浅水池、19 个灯光网球场、12 个手球和壁球场、5 个排球场、2 个户外篮球场、男女桑拿房、2 个举重馆、4 个户外运动场、1 个多功能健身房、19 个整修过的公园、4 个休闲中心、1 个 125 英亩的人工湖、2 个高尔夫球场以及 3 个比赛用游泳池(其中一个是 50 米长的奥运会比赛游泳池)，还有更多的设施，所有这些都是由该公司建造或捐赠的，其中一些仍然由该公司拥有和运营。

100

　　一位当地的房地产女销售员和市政顾问委员会成员总结道："它是一个社区，提供一种很棒的生活方式——郊区的房子，你的孩子忙得不亦乐乎。 我想这就是人们趋之若鹜的地方。"另外一位成员补充道："何解那些从东部来的人，只想搬过来跟我们做邻居？ 我不能对社区有太多的溢美之词——我爱它"。 然而，有些人不是那么痴心。 一个 40 岁的家庭主妇感到跟不上时代了。

　　这是个身份问题……你必须快乐，你必须很忙，你必须让孩子们去做很多事情。如果你没有去慢跑、步行或者骑自行车，人们就会怀疑你有糖尿病或者其他残疾。我们需要多一点哈克·费恩①(Huck Finn)的气氛……更多的时间在街上踢废弃的瓶瓶罐罐。

　　她后来要求记者不要透露她的身份，因为她的言论可能会给她丈夫与他的那些商业和高尔夫运动朋友之间带来"不好的影响"，她说，"毕竟这里是米申维耶霍"。

　　对米申维耶霍公司的新城的模仿和类比(它自己本身就是欧文公司

---

　　① 哈克·费恩(Huck Finn)，美国作家马克·吐温创作的长篇小说《哈克贝利·费恩历险记》的主人公，一个聪明、善良、勇敢的白人少年。 ——译者注

的一个复制品)填满了奥兰治南部的边缘地带，沿着萨德尔巴克河谷(Saddleback Valley)和另外的地域，是不断蔓延的聚集的城市边缘地。就像原型一样，它们也面向专门的住宅市场，紧密结合本地环境和生活方式，通过厚厚的合同决定你可以给房子涂什么颜色，你能否在前门外挂上一面美国(或其他)国旗，以及如何与社区主题(西班牙殖民地、希腊岛屿、卡普里别墅、独一无二的美国，等等)保持一致。 有人说这种非常严格的契约式生活，是私人化的社会主义。 律师们则称之为联合管理的奴役制度。

场景9：老城的环形景观

在奥兰治县的住宅全景中，有两个古老的新城构成了整体的一部

101 分，两者都在优雅地老化。 一个靠近洛杉矶县西部边界，另外一个叫作"休闲世界"，坐落在拉古纳山(Laguna Hills)。 后者被认为是美国最大的退休社区，是一个很有吸引力的私托邦(privatopia)①。 在它的周围形成了另一种特殊的环形景观，詹姆斯·S·格拉内利(James S. Granelli)(《洛杉矶时报》，1986年2月2日)生动地描述了这一点：

> 原来在"休闲世界"之外的豆田，向外扩展，至少有了9家证券经纪公司、5家银行、12家储蓄机构和无数的其他理财机构……在正门外形成了有5个街区的区域……一个金融服务的超级市场。许许多多的经纪人、银行家和放贷者就近在咫尺。
>
> 退休社区吸引经纪人并非罕见……但1964年9月开业的"休闲世界"，则截然不同。该开发项目集中了大量的资金，并且位于一个

---

① 私托邦是对美国兴起的居民私人治理的一种描述，指美国历史上最近几十年形成的公共生活的广泛和戏剧性的私人化状况。 私人社区，经常称之为共同利益开发(社区)(CID, Common Interest Development)，现在其人口已经占据到美国人口的五分之一。很多地方政府都授权所有开发可以按照此模式进行。 私人社区的无所不在，改变了传统的地方治理的特征。 这些社区往往有武装门卫把守，居民的进出都受到保护或者限制。这既带来便捷，但也有很多限制，比如限制宠物、院子装饰等。 在这种地方社区居民的契约往往非常重要。 ——译者注

不断增长的地区。"这是该县上层财富增长最快的一次"，他们说。大约有 2.1 万退休人员，生活在占地 2 000 多英亩的大约 13 000 个单元中，平均年龄 76 岁，家庭资产从 4 万美元到 40 万美元不等，这还不包括土地，这个是"休闲世界"房产公司所有的。

这里的居民都是行业的佼佼者——退休的公司高管与银行高管……至少有三位陆军退休将领和两位海军上将，还有一位第一次世界大战退役的德国 U 型潜艇舰长，生活在"休闲世界"。

居住在这个目标为"黄金国"的地域的陆军和海军将领们，引领我们进入一系列更神秘的主题公园，它们随着该县外部空间的填满而显露出来。

场景 10：外城的战争

乔治·弗兰克(George Frank)在《都市蔓延：一个包围军事重镇的新敌人》(《洛杉矶时报》，1988 年 12 月 24 日)一文中，讲了奥兰治县人口密度增加的历史——人口和商业开发的增长速度如此之快，已经威胁到了前些年建成的不受限制的军事设施。

一名海军陆战队中校飞过奥兰治县非常广阔的农田时，仍对日本人袭击珍珠港非常愤怒。那是 1942 年，他正在为一个陆地机场寻求一个"合适的位置"，海军陆战队飞行员将在那里接受训练，以准备将来收复太平洋地区。

当他越过一个叫作埃尔托罗(El Toro)的铁路小站时，发现了一块覆盖着豆田和橘子树林的杂乱无章的土地。这个地方很完美：人少而居住分散；靠近海洋，这样飞行员就能够练习航空母舰的起降；处在沙漠轰炸区域；靠近彭德尔顿军营，然后海军陆战队就新辟了 12.5 万英亩军队训练场地。"奥兰治县就是军事基地的理想地方"，几乎在 50 年以后，他回忆道，"这里很开阔……几乎没有人

102

居住"。

今天奥兰治县的机场——埃尔托罗海军陆战队机场——正受到1942年时的老海军陆战队官兵不可想象的包围。周围那些房屋住着成千上万的居民,离基地的护栏越来越近,高楼大厦、购物中心和工业园区,在机场周围如雨后春笋般涌现……随着城市发展的推进,人们对海军陆战队低空飞行的喷气式飞机发出的雷鸣般尖叫声怨声载道。

和平时期对于埃尔托罗的攻击并不少见,从波士顿到圣迭戈,从西雅图到杰克逊维尔,基地指挥官正在捍卫他们的领地,反对那些组织良好的社区团体、环保活动者、渴求土地的开发商,还有贪婪的本土政治领袖。

战线一直被划出,以反映争夺领土和空间控制权的小型外城战争。那些被包围的军队指挥官和武器试验人员,激烈地保护他们曾经的原有堡垒,但敌手众多:组织良好的社区团体、房屋所有者协会为他们的财产权和价值观而战;渴求土地的开发商以及所谓的社区建设者,寻求囤积新的土地;还有一些环保活动者,拼命为许多濒临灭绝的外城物种寻找避难所。

在外城的战争中的一切事物都围绕着部署和定位展开,或者是福柯曾经描述的那样,"居住地小策略"、"权力的微观技术"。三份剪报指出来这些复杂的军事化小策略。对于每一份,我都推荐一首歌,你可以当作阅读时的背景音乐。

激光河流之上。在靠近圣胡安-卡皮斯特拉诺(San Juan Capistrano)(麻雀的归巢地)一个实验场地,火光闪耀,这将无限期推迟摧毁导弹的阿尔法激光(如果需要的话可以摧毁整个城市)的最后实验,这是里根星球大战计划的重要组成部分……当一个工人错误地打开阀门时,奥兰治县南部的 TRW 工厂,发生了火灾……当时真空

室被烟雾和碎片污染,官方说已经不可能在类似太空的条件下进行
试验,去制造和测试激光束。[理查德·比恩(Richard Beene)和约
翰·布罗德(John Broder),《洛杉矶时报》,1988 年 1 月 29 日]

103

寂静之歌。三个核反应堆现在(1987 年)还在圣奥纳福核电站
运行以发电,这是密西西比河以西最大、最危险的核电站……这座核
电站代表了可以想象到的最可怕的威胁之一,没有全面的战争,人们
很少说起它。他们生活在"基本紧急情况规划区",这有一种很成问
题的假定,如果事故发生,会有一个确定的和紧急的人员疏散计划。
人们依赖于甚至他们不需要的一种保证。他们那里将会发生什么
呢?我告诉他们,单单核电站的一次熔毁就有可能在早期导致 13 万
人死亡,30 万人潜在的癌症,1 000 万人要疏散……他们听着,但他
们不能允许自己清醒地接受如此严峻的过程。他们选择不生活在恐
惧里。[弗雷德·格鲁姆(Fred Grum),《洛杉矶时报》,1987 年 10 月
11 日](核电站 2013 年关闭)

燕鸥、燕鸥、燕鸥。彭德尔顿军营……已经成为许多濒危物种的
最后避难所。彭德尔顿的军队进行野战训练时,必须小心避开加州
秧鸡、贝尔定云雀(Belding's Savannah Sparrow)和加州燕鸥的筑巢
地区……"就入侵问题而言,西海岸目前处于领先地位。"(一名海军
陆战队上校)说。(乔治·弗兰克,《都市蔓延:一个包围军事重镇的
新敌人》,《洛杉矶时报》,1988 年 12 月 24 日)

场景 11：欺骗场景(scamscape)——幻想之都变成现实

每一天,奥兰治县的生活似乎都超越了翁贝托·埃科对迪士尼乐园
的看法(他认为迪士尼乐园是"一个堕落的乌托邦……呈现为绝对真实
和绝对奇幻"),也是鲍德里亚的超级模仿世界的更深层次,在那里,
"不再有一个虚假再现的问题,而是遮蔽了真实不再是真实的现
状"。[8]奥兰治县也许比其他任何地方都更支持鲍德里亚关于超现实迷
醉而着魔的愿景,在那里,严肃的政治被抛弃,以享受许多诱人的消

遭。 然而，与其说奥兰治县是堕落的，不如说它是一个生成的乌托邦，一个让你相信虚幻的虚幻天堂。

在这些先验的条件下，毫不惊奇的是，想象和现实变得惊人的混淆，真实和虚假之间、事实和虚构之间的区别，不仅消失了，而且变成……毫无关系的。 下一步，我们将深入外城，探索另一种创造性的后现代地理学：欺诈（fraudulent）——或者更确切的表达，元欺诈（metafraudulen）——欺骗场景，为虚构的习惯者提供了欣喜若狂的游乐场，就像 1987 年 3 月 24 日《洛杉矶每日新闻》一篇没有署名的文章所介绍的那样。

> 根据美国邮政服务调查员的说法，奥兰治县拥有"世界欺诈之都"的可疑称号。圣安娜邮局的五名调查员今年将处理涉及多达一万名受害者的邮件欺诈投诉……据估计，该县每年因（邮政）欺诈而蒙受 2.5 亿美元的损失……奥兰治县的富裕加上居住在这里的大量退休人员，使该地区成为骗子的最爱。
>
> 邮政调查员说，目前最热门的骗局涉及贵金属期货。地下电话交易所（underground boiler room）的操作通常会让投资者相信，他们可以获得巨额利润，然后把钱花在派对、毒品和汽车上……操作员通常在投资者变得疑惑以前就离开了。
>
> 另外一个常用的欺骗办法，是通过邮件投递，这很难被追踪，因为那些寄了钱想参与的被害人，通常都非常尴尬而否认他们曾这样做。

超过两百个电话交易所——这是给那些发生密集的欺骗活动的空旷场所起的名字——使得奥兰治县欺骗盛行，据报道这些活动每年的总收入要超过 10 亿美元，超过了当地毒枭年度所得。 典型的电话交易所，基本设置为一个电话营销中心，用于为慈善机构、公共电视台、信用卡和贷款申请筹集资金，以及推广承诺快速轻松盈利的投资计划。 基础工作全部由"健康的青年"在电话上完成，用高科技的"消音器"剔除背景杂音。 这些年轻的电话推销员通常从业生涯开始就接受了专家的培训，这些专家承诺有更高实得工资（暗示其中大部分是免税的）的前景，从而灌输信心和创业精神。 电话交易所最密集的地方可能在新港海滩一带，一个欺诈调查员说："这仅仅是因为在电话里听起来显得比波莫纳更时髦。"

虚假的"投资机会"是由年轻的电话推销员从事先准备好的剧本中读出的，这些剧本充满了逼真的幻觉。 按照权威说法，每一个电话交易所欺诈的受害者损失平均在 4 万美元到 5 万美元之间。 据报道，一个人接了一个电话就投资了 40 万美元，另外一个 90 岁的内布拉斯加(Nebraska)寡妇，送了 75 万美元给一个年轻人，只因他自称是"一个土生土长的内布拉斯加男孩，道德高尚"，正在努力读完大学。 在一次警察突击抓捕中，在一名推销员的桌子上发现了一张便条。 有效地捕捉到了电话交易所"真诚而狡猾的甜蜜"，这是外城一个神奇的圈套，这张便条自豪地宣称："我们骗了其他人，把他的积蓄转给了你。"

电话交易所不过是奥兰治县众多标志性特征之一，这个"你可以得到你想要的任何东西"的地方，已经变成了世界上最活跃的欺骗之都。 位于拉古纳尼基尔(Laguna Niguel)的国防刑事调查局，负责调查军事工业中的欺诈行为，是美国同类机构中最大的，与南加州在攻击性武器压倒性生产方面的世界领先地位不相上下。 在高度专业化的奥兰治县，最严重的军事工业欺诈就是产品以假乱真和检验结果的造假，有一个传言是关于本地的一个企业的，它为不死鸟空对空导弹（这是电影《壮志凌云》里海军喷气式飞机飞行员的首选武器）的弹头制造"引信"。

引信的可怕功能在于恰如其分的矛盾：既要引爆弹头，又要防止其过早引爆。 奥兰治县引信工厂的工人们对自己的高超技艺非常自豪，自信地举起一块凸印的金属牌，上面写着"世界上最好的引信就在这扇门背后制造出来"，暗示彻底的测试变得没有必要和多余。 测试结

105

果从未被证明是伪造的，或有缺陷的引信被忽视了，但有报道称，这家奥兰治县工厂的引信在第一次海湾战争中失效了，造成了重大生命损失。[9]

在奥兰治县的欺骗场景中，另外的骗局还包括银行破产欺诈、丧失抵押品赎回权欺诈、股票欺诈、计算机犯罪、环境监管犯罪、房地产欺诈、各种类型的保险欺诈，经常是那些"托儿律师"所为，他们通过汽车事故和职业伤害案件来获得自己的份额。 与 1980 年代末的储蓄和贷款业的丑闻相比，这些日常骗局显得微不足道。 据报道，掩饰和修补那桩丑闻花费了近 5 000 亿美元，这种"元骗局"（metafraud）在奥兰治县有很深的根基。 查尔斯·基廷（Charles Keating）臭名昭著的林肯储蓄和贷款协会，是一桩非常有影响的以权谋私调查案的焦点，案件涉及艾伦·克兰斯顿（Alan Cranston）、约翰·格伦（John Glenn）、约翰·麦凯恩（John McCain），①该协会在全国各地都有分支机构，但其总部设在欧文。

106 **场景 12：奥兰治县破产——1994 年**

在储蓄和贷款丑闻发生后不久，人们不可能写出一个奥兰治县在 1994 年饱受打击的如此戏剧化结局的剧本。 那年 12 月，当美国最富有的县之一宣布破产时，"欺骗场景"破灭了。 与 1975 年打击纽约市的现代财政危机相比，这不得不被描述为一场后现代财政惨败，它不是来自社会福利上的过度支出，而是来自虚假骗局的欺诈性金融超现实。

当宣布破产时，人们发现奥兰治县的财务状况与危机前的储蓄和贷款公司非常相似。 就在基廷成为一种新的以人为本的投资创业模式的象征时，奥兰治县投资基金（Orange County Investment Fund）成了全国

---

① 涉及案件的几人分别为加利福尼亚州的民主党参议员艾伦·克兰斯顿、俄亥俄州的民主党参议员约翰·格伦以及亚利桑那州的共和党参议员约翰·麦凯恩。 ——译者注

闻名的"新财政民粹主义"的先驱。 该基金由一位亲人的税务官运营，名字恰好叫希特龙(Citron)①。 通过希特龙和其团队巧妙的财务操纵，奥兰治县发现了一条门路，以弥补 1978 年通过 13 号提案(奥兰治县极端保守派领导的全州税收反抗的产物)后财产税收入的大幅缩减，允许继续在公园、娱乐场所以及县精英预期的其他服务上支出。

　　税务官希特龙，唯一一个身在高位的民主党人士，在他为官的 24 年里，过着谦虚的生活，快乐地签署了公共税收法案。 后来他因积极涉足新债券市场的神奇现实主义(包括繁多的衍生产品，反向回购交易和反向浮动债券)而扩大了县财政来源，因此在全国范围内受到称赞。利用地方政府在金融市场上的惊人比较优势——能够增税以及在必要时发行市政债券和普通债务债券的能力——希特龙领导的奥兰治县投资基金，基本上将该县的福祉押注于债券市场和利率波动。 到了 1994 年初，该基金已超过 70 亿美元；到年底，由于市场变化，该县损失了 17 亿美元，不得不陷入美国历史上最大的市政破产。

　　考虑到财政问题，奥兰治县的官僚机构和选民拒绝提高税收以应对危机。 取而代之的是，3 000 名公职人员被解雇，服务也有轻微的削减。 希特龙最后承认了六项重罪指控，后来被判五年缓刑和 1 000 小时的社区服务，尽管到最后他坚称自己没有做错任何事情。 虽然这可能是对 2008 年金融危机将要发生的警告，但奥兰治县的破产却被悄悄地吸收进了不断增长的投机泡沫，这将使国民经济陷入难以控制且难以想象的债务之中。

　　这不是巧合，奥兰治县是全国抵押贷款贷款机构中最大的集群之一，绝对要为引发 2008 年的次贷危机负责任，这场危机导致一半的美国最贫穷人口的财富几乎史无前例地被抽走。 这里是 Argent、新世纪(New Century)、Fremont 投资和贷款公司、Ameriquest 和 Option One

107

———————

　　①　美国著名做空机构的名字。 ——译者注

的总部，所有公司要么面临破产，要么被新管理层接手。 奥兰治县的骗局已经以许多不同的方式大规模传播。

模拟美国：奥兰治县骗局的扩张

如果从一个更加广泛的视角理解这些模拟世界的谈论，那么，回顾一下里根—布什时代(1980—1992年)专业和政治上成功的超现实实践是有用的，而1992年洛杉矶爆发了美国历史上最具破坏性和暴力性的城市骚乱。 在不诉诸阴谋论或贬低主要领导人的爱国意图的情况下，可以说，在1980年一个好莱坞演员和前加州州长当选总统后，一种后现代政治学的反应形式在美国迅速巩固。

共和党的多数优势已经围绕"南方战略"建立起来，它毫不掩饰阳光地带和城市郊区对白人种族主义的吸引力，自1960年代以来，那些感知到黑暗内城骚乱上升和犯罪威胁而逃离至此的人口大大增加。 从里根开始的每一位共和党总统候选人获胜的关键，都来自像奥兰治县这样的共和党的选票基本盘。

在执政期间，里根政权采取了大胆的行动来维持所谓沉默大多数的支持，这是向美国公众兜售后现代新保守主义(通常在意识形态上伪装成新自由主义)的一系列令人眼花缭乱的超级模拟之一。 请记住，模拟与欺骗完全不同，欺骗意味着假装没有你实际已有的东西，撒谎或掩盖，就像在水门事件的早期阶段或与越南战争有关的"虚假信息"项目一样。 模拟，与之相反，但并不矛盾的是，指的是假装拥有一些其实不存在的东西，并努力让别人相信它真的存在。

里根时代最有效、最持久的超级模拟之一是反对"大政府"的运动，这是一场"篡改"的政治骗局，目的是让人们相信，小政府总是更好的，这个国家的问题是由过多的积极政府干预和监管引起的。 这成为攻击福利国家、各种反贫困计划和整个民权运动的意识形态基础。

108

关于"反向种族主义"和"政治正确"的争论，虽然包含了一些真相，但却令人信服地掩盖和合理化了日益高涨的反少数族裔情绪。 也许，大多数(白人)美国选民相信，新的全球经济需要勒紧裤腰带，精打细算地裁员；对男女同性恋者的仁慈威胁着"家庭价值观"；堕胎是一种谋杀的形式；平权行动实际上伤害了它本应帮助的人。 甚至有一些经济学家和社会学家愿意创造理论和模型，以使这些骗局看起来像是真的。

阳光地带和城市郊区的特性(包括对工会的打击、不加入工会的工厂增加、以排外白人为主体的爱国精神宣传)以及，最重要的，自由市场神话般的神奇力量和传奇的美国创业技能结合在一起，成为大政府的超现实替代品。 老布什不经意地称之为"巫术经济学"(voodoo economics)的东西，鼓励了涓滴理论，使放松监管(或规避现有监管立法)成为必要的发展战略，将私有化合法化，作为把公共部门从真实/想象的债务和低效率中挽救出来的办法，并导致了这个工业世界里税负最低的国家，去支持一些庞大的补贴富人的政府计划。 所有这些都发生在贫困加剧、实际工资减低、毁灭性的去工业化、巨额国债膨胀的年代。

新保守主义的"模拟美国"的国家政治，以不断蔓延的城市骗局为食(有奥兰治县如此生动的例证)，直到 21 世纪仍没有任何实质内容和对真实性或客观性的任何假设。"以现实为基础的社区"被放到了一边，一群专业的政治说客巧妙地宣传创造性模拟，使代价高昂的伊拉克和阿富汗战争合法化，使日益增长的私有化和放松管制合理化，并使自由派民主党人、工会，甚至社区组织和福利机构似乎充斥着腐败，痴迷于增税。 这些游说成功的关键，特别是在动员全国关注的方面，在于出现了一个专门从事这种超模拟的流行电视网。 以前高度本地化的东西，很大程度上通过媒体干预，变成了一场对选举产生重大影响的全国性运动。

何以应对"模拟美国"的这些优势呢？ 重振以现实为基础的社区是必要的，但还远远不够。 恢复旧的自由主义和(或)激进主义很容易被巩固的新保守主义势力所摒弃。 找到一些更好的方法来与那些最有

109

力地塑造我们的生活、我们的生活时空的人作斗争是必要的，这需要向新的方向转变。 我在这里没有简单的答案，但（必须）继续向洛杉矶学习，接下来的每一章都包含着创造更多激进主义的创新形式的暗示，旨在实现更大的社会和空间正义。 我们的目标应该是使资本主义尽可能地社会主义化，而不是煽动一场革命性的、彻底的资本主义变革。

注 释：

[1] "非西班牙裔白人"（non-Hispanic）这个词的发展带有明显的种族主义色彩，以主要区分高加索墨西哥人和一些人认为的更白一些的美国人。 首选的取代它的词是本地发展起来的"盎格鲁人"。 西班牙裔（Hispanic），也被认为是令人不满意的，它的首选替代者是"说西班牙语的人"。 墨西哥裔美国人（Mexican-American）被用来保持其民族性，而奇卡诺/奇卡纳（Chicano/Chicana）则强调通过长期居住来实现美国化。 后来，为了创造一个更大的半球身份，"拉丁裔"这个术语开始广泛使用。 老的洛杉矶词汇加利福尼亚人（Californio）实际上已经消失了，虽然一些后代还努力让它继续存在。

[2] Edward Soja, "Postmetropolitan Psychasthenia: A Spatioanalysis", in *Urban Politics Now: Re-Imagining Democracy in the Neoliberal City*, ed. Gideon Boie and Matthias Pauwels（BAVO）（Rotterdam: NAI Publishers, 2008）.

[3] 引文自 Ron Suskind 的文章，见 *New York Times Sunday Magazine*，2004 年 10 月 17 日。 完整的引述是："助手说，像我这样的人是'居住在称之为现实为基础的社区中'，他把这定义为'相信解决方案来自对可辨别的现实做明智研究'的人。'那不再是世界真正运行的方式。'他继续说，'我们现在是一个帝国，当我们行动的时候，我们形成自己的现实。 当你随你所愿，审慎研究现实，我们会再次行动，形成其他新的现实，你也可以研究那些，这就是事情的解决方式。 我们是历史的演员……而你，你们所有人，将留下来研究我们所做的事。'"

[4] 来自一个小册子，名字为 *The Californias*，由加利福尼亚旅游局颁行，时间大约在 1992 年。

[5] Allen J. Scott, "New Frontiers of Industrial-Urban Development: The Rise of the Orange County High Technology Complex, 1955—1984", in *Metropolis: From the Division of Labor to Urban Form*（Berkeley and Los Angeles: University of California Press, 1988）, 160.

[6] Umberto Eco, *Travels in Hyperreality*（San Diego: Harcourt, 1986）, 58.

[7] Jean Baudrillard, *America*（London and New York: Verso, 1988）, 7.

[8] Jean Baudrillard, *Simulations*（New York: Semiotext[e], 1983）.

[9] 参见 Ralph Vartabedian, "Cases of Defense Fraud Boom amid Cutbacks", *Los Angeles Times*, March 26, 1995。

第四章

比较洛杉矶

在奥兰治县探险完毕之后，除了一些例外，我不再写直接涉及南加利福尼亚地区的文字，而开始一个新的、更加具有比较性的有关洛杉矶的写作、演讲和学习的过程。为了回应日益增长的全球范围内关于洛杉矶的兴趣，我从字面意义上、象征性地带着洛杉矶环游世界，回应那些把有关理论应用到其他城市语境中的要求。回头看，在 1990 年代，我差一点就开始了新的职业生涯，成为一名"城市评论家"，提供我（以洛杉矶为基础）关于其他地方的观点和印象，我就像一个电影评论家或者餐馆评论家那样，评判电影或者食物。强调的重点不在于更多地了解洛杉矶本身，而是转向在已经形成的关于洛杉矶的文献的基础上的不停发展，尽管后者经常以新的和意想不到的方式向前者提供信息。最值得注意的比较从阿姆斯特丹开始。

小混乱的刺激：比较洛杉矶和阿姆斯特丹

1990 年，我在保存极为完好的阿姆斯特丹的中心（Centrum）住了三个月，那里挤满了狭窄的荷兰房屋，它们沿着运河形成了一圈一圈的结构，就像洋葱一样，延伸向快速增长的外城。来自大都市研究中心（Centrum voor Grootsedlijk Onderzok）的城市地理学家和社会学家骨干，邀请我作为中心的访问教授，他们有意把我安置在一个刺激的、令人激动的街道上，在那里过去和当下的占地运动（the squatter move-ment）很明显需要关注，然后邀请我做一次公共演讲，写一篇正式的论文，从洛杉矶的视角来看待阿姆斯特丹。 这次学术之旅的结果是《小
112　混乱的刺激：阿姆斯特丹和洛杉矶的当代比较》（附录 1，文献来源4A），在 1991 年作为特别演讲的文本第一次发表，后来重新修订发表在《第三空间》（附录 1，资料来源 6B）。[1]

　　这个题目来自亨利·詹姆斯的一篇文章，这篇文章收集在他的《跨大西洋素描》（1875 年）一书中，在这篇文章中，他第一次评论了荷兰之旅的经验。 他写道："在这个令人愉悦的国度，所有那些一般性景观的因素，至少给想法上墨守成规的人一点小小的困惑，他感觉自己是和一个原生的天才打交道。"（384 页）这样，在阿姆斯特丹就有一种很陌生的熟悉感，尤其对于外来的讲英语的人来说，虽然看起来一切都很普通。 当然在我停留期间，我也为那些非常明显的城市聚集所触动，那里是阿姆斯特丹的中心，荷兰人长久的天才创造了一种社会和空间公正的城市化，这些不像我在洛杉矶所经历的那样。 在关于荷兰文化的探讨中，谙熟电视传播的历史学家西蒙·沙玛（Simon Schama）称之为"富人的尴尬"，他描述了荷兰人这种神奇的能力，尤其是在阿姆斯特丹，能够将"灾难转化为好运，虚弱转化为力量，汪洋转化为土地，淤泥转化为黄金"。[2]

　　富有活力的市中心有一些混杂，是令人困惑但又兴奋的矛盾修辞和并置的组合，是定义阿姆斯特丹道德地理学的相反力量的集合体。 从城市肌理中渗透出来的是一种高度管制的城市无政府主义的印记，其基础是一种略微压抑的宽容，以及灵活和僵化的奇怪结合。 1990 年，我有一种进入神秘世界的感觉，我发现，如果不是整个阿姆斯特丹，那么在市中心，保存着一种对自由主义社会主义价值观和参与式民主的深刻而持久的承诺（据我所知，其中大部分在 21 世纪初正受到严重破坏）。在那时我写道："人们不仅可以感觉到阿姆斯特丹保存了它自己的黄金时代，而且正在积极地保持社会公正和人文尺度的城市化的可能性……

这是对无政府社会主义和环境主义意图的最成功的诠释，激发了 1960 年代的城市社会运动。"

论丝布斯街道（Spuistraat）

我关于阿姆斯特丹的论文分为两个部分。 第一部分，"论丝布斯街道"，开始于描写这个城市西边和最古老部分的边界街道。 这个地方接 113 近老城墙和运河带，护城河从那里流过。 附近是老港口和中心火车站，在拥挤的火车站，世界各地来的游客首先从那里进入市中心。 和丝布斯街道交汇的是拉德会街道（Raadhuisstraat），这是一个东西向的主要街道的起点，通向皇宫（曾经的市政厅）和水坝广场。 这里是这个城市七百多年前诞生的地方，在一项放宽监管的法案中，允许当地定居者免费使用横跨阿姆斯特河的新大坝，阿姆斯特河大坝就变成了阿姆斯特丹。

在这第一部分，我试图展示自己可以成为一个微观地理学的"漫步者"（flâneur），"从底层往上"探索景色，这与我经常做的宏观地理学研究形成鲜明对照，大致可以称之为大图景都市主义。 我开始漫步，从我住的地方绕过一个街角，穿过一个大木门来到贝居安会院（Begijnhof）。 贝居安会是一个荷兰姐妹会，结合了女修道院的限制与自由离开、可结婚的规矩，给居住地一个奇怪但有荷兰特点的戒律和解放的混合。 今天，主要的居民是遵循传统而没有结婚的妇女。 成群结队的游客，主要是美国人，急切地要看一看这座古老的教堂，当年逃亡的英国清教徒就是在这里安全祈祷，然后乘五月花号启航的。 在我的一次寻访中，来自新奥尔良洛约拉大学的唱诗班，正向路人欢快地唱着美国圣歌。 尽管有成群客人到访，贝居安会院仍是一个非常宁静的地方，看起来它对外部世界既开放又封闭，就像很多在矛盾的市中心所看到的空间一样。

我在丝布斯街道的运河边的住处，是黄金时代（15 到 16 世纪）所修建的 6 000 多所房屋当中的一所，这些有纪念意义的房屋都集中在市中

心——几乎是欧洲最大、最热闹且最具有历史意义的内城。 这座建筑
的正面还没有我在洛杉矶的车库门宽，像附近几乎所有的其他建筑一
样，有四层楼高，三角形的房顶，里面挂着一个令人震惊的金属挂钩，
旨在通过宽大的窗户用绳子将家具和笨重的物品搬进来。 考虑到狭窄
的入口和陡峭的楼梯(Trappenhuis)，我想象着我巨大的身躯必须以同样
的方式被拉上来。

住在运河边的房子，阿姆斯特丹扑面而来。 过去总是出现在它狭
窄的角落和奇形怪状的通道中，它的盆栽空间和未加遮挡的窗户对外面
的景色既开放又封闭。 你每天都被邀请进入这个丰富和共享的城市空
间，这是一个既包容又小心翼翼的邀请。 不是每个人都能成为阿姆斯
特丹人，但至少给每个人一个尝试的机会。

从我在丝布斯街道的有利位置，一幅关于阿姆斯特丹重要的中心区
当代生活生动画面在我眼前展开。 透过窗户，我可以看到对面运河房
子的垂直阶级分层，第一层是个舒适的家，一个职业女性在窗边享受烛
光晚餐；第二层有一对夫妇居住，他们正等待第一个孩子的出生，变得
有一些神经质的激动，深居简出；小小的、塑料材料覆盖着的顶层，一
个独居的男学生正坐在户外吃饭。 毫不奇怪，我发现自己见到的每一
个人，或多或少，都是占地运动的组成部分。

从我的窗户所看到的垂直分层，不仅仅是社会阶层的横断面，也是
沿着丝布斯街道展开的占地运动平行故事的反映。 在拉德会街道的角
落，朝北望去，可以到看到"占地"重建的最后状态：政府修建的出租
房屋和小的商铺，是为"占地"的租客服务的(整个显得非常矛盾)。 邻
近为一些新的办公建筑，过去曾经被一些"占地者"占领，后来转让给
了政府，大概是为了换得舒适的墙角房屋。 紧挨着我的窗户，是这个
运动的早期情景，一个私人物业近来被"占地者"占领，重新粉刷、涂
鸦，装饰着横跨街道的政治横幅，指向另一个略显陈旧的占据地。 画
在大楼正面的显然是缺席的业主，一个戴着太阳镜、手里拿着热带饮料
的肥胖游客。 (图6)

图 6　阿姆斯特丹街景。来自《第三空间》(1996 年)。作者拍摄。

　　虽然在之后的 20 年里其重要性下降，今天几乎已经消失了，但 1990 年的"占地"运动，已经深深扎根于城市肌理之中，比世界上几乎任何其他城市都要深。"占地"运动标志着一个充满活力和民主氛围的非凡都市环境中，紧绷的自由度与管制的宽容。 现在很难想象，当地的机关出版了小册子，名为 "如何做一个'占地者'"，激进的"占地者"不断地当选市议会议员，这场运动的精神促成了阿姆斯特丹拥有比其他任何西欧城市都多的社会福利房。

　　我不仅仅坐在窗前朝外看；我还探索了很多其他热闹的城市中心的资源和景点，从散布的咖啡屋到无数博物馆，从熙熙攘攘的购物大街到繁荣的红灯区。 日常都市生活带来的发现和遭遇，在其他城市是不可想象的，不幸的是这些将在今天阿姆斯特丹很快消失。 例如，彼时包罗万象的福利体系就是建立在荷兰荣誉制度的变体之上。 如果你有一定的收入，你被寄望于为提供的许多服务买单，从医疗花费到电车或巴士的车票。 然而，这些服务都是免费的。 当我在那里的时候，据说电车系统没有收到期望的或者它所需的票款。 在增加支付全额票价的旅客数量方面所做的工作确实令人瞩目。 年轻人被雇来穿上华丽的红色或金色衣服，并被告知要询问每个电车乘客是否已经支付了车费。 如果没有，他们被要求出示某种形式的身份证明，荷兰人认为这是对隐私的不可接受的侵犯。 然而，这种关注足以刺激"富人的尴尬"，将收取的票款提高到可以接受的水平。

116　　　当我认识了詹森（A.C.M.Jansen）时，市中心以不同的方式复活了，他是痴迷于本土的地理学家，曾多次走过市中心的几乎每一条街道，并详细记录了该地区种类繁多的专业咖啡馆、啤酒酒吧和杂碎咖啡店。[3]据说他甚至连一辆自行车都没有，詹森在前几年去世了，他1990年曾经带我在市中心地区有过非常美妙的步行之旅。 他后来写到我，在我考察市中心地区的时候，我是少有的能够捕捉一个地方非常令人激动的特色的学者之一，而不需要花至少一年的时间进行详细的观察，这是我曾经听到的最好的赞美。 在我快要离开的时候，我不能想象在阿姆斯特丹和洛杉矶之间存在着城市中心非常巨大的差别。

离开丝布斯街道

　　离开了我在丝布斯街道那运河边的房子，我开始探讨更大范围的两个城市的区域比较。 著名的荷兰建筑师库哈斯（Rem Koolhaas）著作中的一段引文设定了一种恰如其分的氛围，几十年来他一直试图扩大建筑想象力的空间范围。

　　　　从我在1970年代早期第一次参观洛杉矶以来，我就有一种感觉，荷兰的主要城市（以阿姆斯特丹为首）出于情感考虑，否认它们是一个更大的整体（一个像洛杉矶一样大而分散的地区）的一部分，因此完全忽视了一个与它们传统上所知的完全不同的维度。[4]

　　第一眼看上去，洛杉矶和阿姆斯特丹的比较，就像橘子和电动剃须刀的比较一样，几乎不可能。 这两个非凡的城市，实际上需要被描述为独一无二和无与伦比的，当然在很大程度上它们的确如此。从它们的独特性来看，无论如何，它们都是当代城市化对立的、相互反对的两极，信息定位的对立面非常接近于彼此的倒置。

1990年的洛杉矶，虽然变化迅速，依然是一个蔓延、去中心、多形态、离散的大都市的缩影，这是一个由郊区组成的朦胧星系，寻找着一座城市，一个历史被反复剥离并以激进的当代形式短暂存在的地方。相比之下，阿姆斯特丹可能是欧洲最自觉地以自我为中心、在历史上最具向心力的城市，在一个反复现代化的中心地带小心翼翼地保存着它的每一个黄金时代，这让其他残存的重商的资本主义"老城"相形见绌。 117

进入市中心，这种对比更加具有戏剧性和凸显。洛杉矶市中心和阿姆斯特丹市中心面积大致相当，1%的洛杉矶人居住在市中心，而阿姆斯特丹大约有10%的人是市中心的居民。很多洛杉矶市的居民从来没有去过市中心，令人惊讶的是，至少与更加边缘化的地区相比，游客也不把它当一回事。阿姆斯特丹市中心每年接待800万名旅行者，每天都被成千上万的购物者所包围。阿姆斯特丹人也许没有意识到城市的其他部分，但他们肯定知道市中心的存在。

有些人提出，在某种意义上洛杉矶城中心几乎四分之三的地面空间贡献给了汽车。对于普通洛杉矶人来说，自由和高速公路是象征性的，经常在政治上交织在一起。这里与阿姆斯特丹对立的表现达到了极限。对阿姆斯特丹来说，是自行车，而不是汽车，承担了几乎同样令人着迷的象征和政治价值观。但这是一种执着，与其说是不受约束的个人表达和自动自由，不如说是集体的城市与环境意识和承诺。这使得对比更加鲜明。

阿姆斯特丹的中心感觉像一个开放的公共论坛，一个随时进行政治和文化理念展示的节日，因为不存在伪装和狂热，显得低调而更加有效。洛杉矶市中心几乎是纯粹商务和商业的景观，也是极端的富裕和贫困、冲突的文化和严格的种族差异的景观。无聊不是通过嬉戏和感官来缓解的，而是通过过度放纵和人工刺激的轰炸来缓解的；而绝望是通过无处不在的权威和引人注目的监视来遏制和控制的。年轻的房东（二十来岁）在1990年代几乎构成了（阿姆斯特丹）市中心人口的20%，这样的情况在洛杉矶市中心几乎是不存在的，取代他们的是无家可归者，他们构成了城市中心几乎一半的人口。1990年，当阿姆斯特丹当局发现十几个人住在市中心的街道上时，他们感到非常不安（尽管自那以后这个数字几乎肯定会增加）。

在紧凑的阿姆斯特丹，从中心到外围的整个城市结构都清晰可读，易于理解，这种形态规律将阿姆斯特丹人与城市形态的传统概念捆绑在118 一起，并鼓励城市学者对城市转型的新理论异常谨慎，但同时又特别开放。比较而言，洛杉矶似乎打破了城市可读性和规范性的每一条规则。毫无疑问，南加利福尼亚已经变成了革新典范，不是传统的城市理论和分析的中心。

这种对立比较的核心足够清楚，但关于城市边缘，或者像库哈斯所称的"更大的整体"呢？阿姆斯特丹和洛杉矶根本不同的中心特性，有没有可能让我们无法进行一个"彻底不同秩序"的比较？以更具地域性的视角，关注都市重组的动态，这两个城市变得比最初看起来更相似、更具可比性。首先看一下城市的形式和范围，这两个城市区域，可以恰当地称为，有一些惊人的相似之处。

洛杉矶市区由围绕中心的60英里（100公里）圈子所定义，今日有超过1700万的居民，大致相当于整个荷兰的人口。在第二章中我们描述过，在重组形式上，洛杉矶有一个非常巨大、人口稠密的内城种族聚居地区，被日益增长的城市化的外城所包围。阿姆斯特丹也是一个更庞大的城市系统的一部分。它是兰斯塔德（Randstad）地区最大的城市，是近几十年来正在形成的新的多中心区域城市网络的最早例子之一。这两个城市都已经成为区域城市化进程的典范，这个问题将在后面的章节进行详细探讨。

虽然被描述为兰斯塔德"绿心"的开阔农业区与地图10所示的洛杉矶地区人口稠密的五边形核心区域有着根本的不同，但两者都可以视为被外城所包围。 事实上，兰斯塔德几乎完全是由这一圈外围城市定义的：阿姆斯特丹、鹿特丹、海牙、乌得勒支（Utrecht），还有一些小的城市如莱顿（Leiden）、代尔夫特（Delft）、哈勒姆（Haarlem），还有兰斯塔德的官方边界之外的荷兰城市埃因霍温（Eindhoven）、奈梅亨（Nijmegen）、格罗宁根（Groningen）和马斯特里赫特（Maastricht），还要加上比利时的大都市安特卫普。 兰斯塔德的这个扩展版本与第二章中描述的洛杉矶城区有更多的相似之处，包括大致相同的人口规模和地区经济产出。

另外一个有趣的比较和进出口贸易有关。 鹿特丹和洛杉矶与长滩合并后的双子港是世界上最大的港口综合体之一。 洛杉矶和斯希普霍尔（Schiphol）国际机场也是世界上最大的国际机场中的两个，都已经成为外城系统扩张的焦点，甚至有人告诉我，军事基地和监视中心也能够在以阿姆斯特丹的中心为圆点画的一个60英里的圆周上发现。 甚至可以有更进一步的区域比较。

兰斯塔德城市区域位于今天所说的欧洲低地的西侧，可能是欧洲人口最多的"巨型地区"，居民超过5 000万，分布在荷兰、比利时、卢森堡以及法国和德国的部分地区。 洛杉矶也是一个更大的巨型地区，它从北部的圣弗朗西斯科湾区经过洛杉矶、圣迭戈，一直延伸到其在墨西哥蒂华纳（Tijuana）的跨境前哨。 这里的人口大约超过了3 000万。

阿姆斯特丹和洛杉矶正承受危机导致的都市重组的同样压力，虽然方式有所不同，这种重组的不平衡影响着所有世界上的大都市区域：不断扩张的全球化、信息更加集中的后福特主义新经济的形成，迈克·戴维斯称之为沉迷于保安的都市主义和先进监控技术的蔓延，以及通常自相矛盾的去工业化与再工业化、去中心化和再中心化的混合，这正在重组大都市内部的地理学。

大部分建立在金融、保险和房地产部门的基础之上，洛杉矶和阿姆斯特丹，按照萨斯基娅·萨森（Saskia Sassen）的定义，它们处在全球城市等级层次的第二线，次于伦敦、纽约和东京。 1990年，洛杉矶迅速成长为金融中心,在一些人看来,它似乎将在 20 世纪末跻身全球前三大城市之列。 但洛杉矶不仅没有达到这个水平,而且它的全球金融实力可能在过去 20 年里有所下降。 不像伦敦和纽约,也许可以与东京比较,银行业变成了以消费者为导向的行业,分散在整个地区,而不是集中在一个金融中心区,比如像华尔街和伦敦金融城。

阿姆斯特丹金融中心的地位更加稳固,很多日本和美国银行集中在这个地方,大量的外国公司在其证券交易所上市(据说在 1990 年它仅次于伦敦),控制着庞大的荷兰养老基金,以及荷兰公司强烈的出口导向。然而,在欧洲低地东部边缘,围绕着快速成长的金融中心卢森堡,激烈的竞争开始出现。 卢森堡是一个新的跨国地区的核心,包括法国的洛林、德国的萨尔,还有比利时东部和附近德国的其他部分。[5]

全球化使这两个城市地区都充斥着大量的移民,都朝着成为少数族裔占多数的城市的方向发展。 阿姆斯特丹在有效和民主地吸收移民人口方面有着悠久的历史,在 1990 年,随着来自北非、土耳其和亚洲的新移民的涌入,看起来这种情况将继续下去。 阿姆斯特丹的宽容在近些年达到了临界点,尤其涉及快速增长的穆斯林人口,有些人估计到 2020 年,如果目前的状态延续下去,穆斯林将成为阿姆斯特丹的主体居民。 近几十年来反移民的情绪在洛杉矶和阿姆斯特丹高涨起来,导致了所谓的驱逐案例的出现。[6]

如前所述,洛杉矶是世界主要城市中最大的贫困移民聚集地之一,已经变成了一个少数族裔为主体的城市。 不仅仅在移民人口和本地人口之间经常发生冲突,而且洛杉矶城市少数族裔不同寻常地在政治上非常积极,在市议会、县监事会、市长办公室当中获得关键位置。 毫无疑问,移民在阿姆斯特丹的居住条件要更好。 虽然新的社会福利住房的建设大幅减少,获得负担得起的租金的机会也在下降,但阿姆斯特丹的社会福利住房仍然比西欧(今天可能也是东欧)的任何其他城市都多,无家可归者只相当于洛杉矶的一小部分。

值得注意的是——这在我所居住的丝布斯街道房子窗外看来更加明

120

显——阿姆斯特丹社会阶层功能性混合的现象。很多二十多岁的学生和毕业生没有正式的工作，但通过提供非正式的个人服务而有了收入，比如说清理房屋、做保姆、晚间购物、娱乐餐饮、房屋维护和修缮、家教、医疗、美体，这些工作通常是由他们更为成功的前同学提供。这种不寻常的大规模的市中心个人服务的经济活动，也许在任何其他城市中心地区都是不匹配的，这缓和了中产阶级化的冲击，弱化了收入两极分化的倾向，这种倾向是典型的危机导致都市重组的一部分。

相比之下，无论是当时还是现在，洛杉矶的住房状况都是灾难性的。数百万移民进入城市，住房储备没有任何实质性的变化，形成了美国最为拥挤的住房条件。它不仅有全美国数量最多的无家可归者人口，也许有多达50万人生活在情况比第三世界的棚户区好不了多少的居住条件中。城市各处的汽车旅馆住满了"临时租住"的家庭，他们居住的地方8个小时轮换；成千上万的人居住在后院车库，分割而成的房间没有厨房和卫生设施；一些市中心的老电影院，在炎热的夏夜十点半关门，容许无家可归者进来睡个好觉（收费很低）；两居室的公寓经常住着10到15个人，包括儿童。 121

从这种比较当中，还会形成几个更普遍的问题。比如，我们是通过研究日常生活的小尺度地理学，追求一些学者所说的"从下往上看"来更多地了解一座城市，还是通过将城市作为一个整体来看待，从更全面的区域或"大图景"的角度来概念化城市状况？另外就是看待这个问题的方式，通过积累经验细节还是应用理论的范围，哪一种是理解一个城市最好的路径？我对于这个问题的答案是，拒绝选择其中之一作为"最佳"，而是认识到需要将这两种方法结合起来，同时通过互动的观点混合来寻找更多的洞察力。简单说来，我拒绝非此即彼的选择，而倾向于两者兼而有之的方法。

自上而下或者自下而上都不应该在理解城市的过程中享有特权。我做出这个判断就是为了避免这样一种趋势，在很多关于城市以及相关文献当中，认为那些自下而上的观点，比自上而下看城市本质上具有更多的启发性和共鸣。 就像米歇尔·德·塞尔托(Michel de Certeau)在其非常有影响的著作《日常生活的实践》(1984 年)当中所说的那样,从高处俯瞰景象把观众"改造"成了一个窥视的人,他与理解的对象保持着距离,像一个无所不能的神一样俯视着这座城市,创造的只不过是一个脱离实际实践和日常生活本身的抽象观点。 米歇尔·德·塞尔托站在"9·11 事件"前的世界贸易中心顶端思考纽约市时,提出了这些观点。 他宣称:"坐电梯到达世贸中心的顶端就像从这座城市的掌控中解脱出来。 一个人的身体不再紧贴着街道……无论是玩家还是玩物,也不再为这么多的差异所支配。"[7]

122　　在亨利·列斐伏尔的作品中可以找到一种有效的反制手段,以抵御自下而上独家观赏的诱惑,他的作品几乎激发了我过去 30 年来写的所有东西。 列斐伏尔,比任何一个人都扩展了我们对日常生活的理解,他坚持认为,通过将对城市状况的批判性空间分析(他称之为城市现实)与对日常生活实践的同等批判性(和空间)解释相结合,可以最有效地揭示城市生活。 列斐伏尔认为,两者密不可分地联系在一起,彼此将对方塑造成一个包罗万象的社会空间的产品和生产者。《我的洛杉矶》已经并将继续主要由宏观空间或区域视角来勾勒,但有许多关于日常生活的说明性探索散布在各处,虽然我从来也没有在自下而上的观点上停留太多的时间。 这是一个弱点吗? 也许吧。

两极之隔:洛杉矶和纽约的比较

阿姆斯特丹提供的"窗口"为洛杉矶打开了许多新的洞察力——我可以补充说,反之亦然。 比较城市和区域研究已经成为一种特别丰富和有洞察力的方法,这个方法建立在有关都市重组和后现代都市主义积累起来的文献基础之上,这仍然是当代城市研究的一个具有挑战性的前沿。 沿着这些思路继续下去,在我从阿姆斯特丹返回以后,曼纽尔·

卡斯特(Manuel Castells)和约翰·莫伦科夫(John Mollenkopf)请我在他们参与的一个图书项目中加入洛杉矶的观点,这本书的名字叫《二元城市》,考察纽约以及它的管理层与工薪阶级之间社会两极分化问题。[8]这种比较非常不同于我对阿姆斯特丹的看法,尤其是因为我是土生土长的纽约人,在布朗克斯外围的行政区出生和长大。

这个工作的结果,最后是拉塞尔·塞奇基金会(Russell Sage Foundation)支持的《二元城市:重建纽约》的出版,这本书将有关纽约的社会两极分化现象的实证材料和分析结合在一起。理论框架没有得到强调,大部分是因为理论框架已经建立。纽约毫无疑问被设想为"新社会的实验室"、"美国世纪的首都"。不像洛杉矶研究群体(他们对自己的重要性有类似的自负),卡斯特和莫伦科夫没有把纽约看作具有范式性,从而以一种变化的形式可以用到所有的大都市,相反,它被视为一个"深刻揭示的案例",所有的城市都可以从中学得一些东西但不能复制它。我认为它差不多是最好的一本关于纽约的著作,这个地方是独一无二的,它无与伦比的例外性非常清晰,这与洛杉矶学者更全面和更具可比性的观点形成了极大的反差。

尽管作者欣然接受了二元论的观点,大大简化了阶级结构,但人们也认为纽约市过去是,而且一直是富人和穷人的二元城市。二元城市的理念也许在经验上不能获得充分的证据,但它被认为是有用的,可以作为实证研究和学术讨论的基础。作者们认为,二元城市是"新社会正在出现的空间形式的社会表达",全球城市是它的经济表达,信息城市是它的技术表达,这些相对来说较少获得论证。

尽管在研讨会和书中对二元城市的概念和纽约市作为社会实验室的代表性有一些学术质疑,但对我来说,二元城市项目最具争议和最不可接受的前提是什么,却没有疑问。从一开始人们就假设重组过程围绕着后工业化转型,对代表加州南与北的声音给予了一些轻微的关注,他们认为"制造业很重要",很多后工业化论题都不切实际,经济重组基本上是工业化和城市化之间空间关系的重新组织,但这些争论没有被认

123

真对待。 无论纽约市怎么样，它都确定是后工业化的。

虽然欢迎我提出自己的观点，但当这个项目的基本前提受到质疑时，很难说这种观点广为接受。 我认为，在五个行政区制造业雇佣人数确实是下降了，纽约自身也不再是全美最大的工业都市之一。 但我也指出，如果所有的大都市地区都包括在内，纽约的地位依然相对比较高。 我还提出了一个相关问题，这个问题一直困扰着我关于纽约城市的文献研究，当然这也使得我在布朗克斯的童年生活充满乐趣。 当有人说到和写到纽约市的时候，往往只是指曼哈顿。 这种以部分代替整体的提喻法（Synecdoche）修辞，我称之为"曼哈顿病症"（Manhattanitis）。

124   这并不意味着我认为曼哈顿是后工业化的，而大都会地区不是。 即使在曼哈顿，可以说制造业仍然非常重要，但不是在老的福特主义意义上的大规模生产流水线上，而是与新经济联系在一起。 金融服务部门的繁荣，在美国没有哪一个地方比曼哈顿南部更加活跃（和集中），它不仅仅是第三产业的一部分，而且对工业生产也起到了至关重要的作用，尤其在高技术和信息密集型制造业中。 把剩余的工业活动集中一起，制造业过去——现在依然继续——创造经济生产总值的主要份额，除了福特主义制造业工作岗位的大规模丧失以外。 如果说必须有一个"冲向后-"（rush to the post-）的活动，那么后福特主义甚至后现代主义都比后工业化要好。

随后发生的事件比我当时所能做的更加生动地表明，僵化地相信后工业理论和相关的观念，即消费推动经济、购物和积极思维是应对经济衰退的最佳方式，可能会产生有害的影响。 经济重组在美国不可避免地涉及成熟的福特主义工业的破产，但它无须打开制造业大规模流失海外的阀门（就像过去的 30 年已经发生的那样），部分原因是如此多有影响力的人天真地相信我们已经进入了一个后工业时代。 就像我们在洛杉矶探讨中说的那样，去工业化不能孤立地进行，而是需要和再工业化、新工业经济在工业空间的兴起、工业化和城市化过程之间修正的（但不是脱节的）关系联系在一起。

中国现在是世界上占据领先地位的制造大国，它深知这一点，利用发达资本主义国家（前身为工业化国家或工业世界）放弃制造业工作岗位的机会，在如此短的时间内取得了前所未有的发展水平和速度。 中国的经验清楚证明，有三个词加上"后"（post-）或者任何暗示"终结"（end of）的词作为前缀是不合适的：城市（urban）、工业的（industrial）和资本主义（capitalism）。

回到 1990 年的洛杉矶和纽约的比较。 我看到对曼哈顿的偏爱导致对于华尔街的过度重视，把华尔街看作当地、地区、国家以及全球经济的生成性力量。 二元城市项目在 1987 年的小型危机后不久就开始了，当时华尔街和更大范围的纽约经济陷入了巨大的动荡。 到 1990 年已经 125 开始了显著的复苏，人们越来越有信心认为，蓬勃发展的金融部门可能会引领我们进入一个扩张性经济发展的新时代。 几乎所有关于纽约经济和房地产开发的讨论都不仅集中在曼哈顿，而且更集中在这个小岛的南端，这一带是世界上最大的金融、保险和房地产业集中地区。

对于洛杉矶以外的旁观者，过于狭隘地把注意力集中在华尔街上，显得就像把迪士尼乐园当作洛杉矶经济的发动机一样会产生误导。 用汤姆·沃尔夫（Tom Wolfe）的名著做例子，这本书中一个成功的曼哈顿经纪人在高速公路上拐错了弯，最后失败于南布朗克斯狂热的投机中，这在卡斯特和莫伦科夫的书的导论中，当作两极分化的二元城市的生动隐喻，我修改了这本书的名字以反映我所遭遇的华尔街偏见，重新命名它为："金融、保险、房地产业的虚荣"。①

有人强烈建议我，在我要写的论文里，让我的措辞平静下来，停止对理论问题的揣测式攻击。 在《两极之隔：纽约和洛杉矶》（附录 1，资料来源 4B）一文中，我澄清了我的观点，认识到两个地方之间的巨大反差，但与其说强调纽约—洛杉矶的对立，不如说强调美国这两个最大

---

① 汤姆·沃尔夫的这本小说名为"The Bonfire of the Vanities"（虚荣的篝火），本书作者将其改为"The Vanity of the BonFIREs"，FIRE 是金融（finance）、保险（insurance）、房地产业（real estate）英语单词首字母的缩写。 ——译者注

城市内伴随着城市和经济重组过程而日益严重的两极分化，然而，其中一个城市定义了这种重组。

在纽约和洛杉矶，收入鸿沟不断扩大，本土居民和移民之间的冲突变得更加频繁，人口构成日益两极分化为——富人（定义为主要在纽约从事金融服务的"上层专业人员"，在洛杉矶是由数学家、科学家和工程师组成的新技术阶层）和穷人（在纽约通常被视为依赖福利的下层阶级，在洛杉矶被视为贫穷工薪阶层的集合体）。在这两个城市，绝大多数人口不再简单地由资本家和无产阶级工人构成，而是更多地被看作嵌入一种新的阶级结构，在这种结构中，中产阶级的挤压正在制造一个规模虽小但不断增长的超级富豪泡沫，位于最顶层，同时又把成千上万的人注入不断壮大的下层阶级，造就美国最庞大的无家可归人口的底部。洛杉矶和纽约是美国收入两极分化和经济不平等的巅峰城市，这是有坚实的基础的。

126　　还有一些基本的问题没有解决，尤其是涉及纽约和洛杉矶的城际地理学的问题，这些问题已经在有关阿姆斯特丹的研究当中作过细节探讨。我们回过头去看一看地图10当中有关洛杉矶的地理学，如何定义纽约新的内城呢？它从曼哈顿延伸到布鲁克林和新泽西有多远呢？纽约城核心地区的种族构成如何与洛杉矶相比较呢？这之间有什么差异呢？哪里是种族隔离更为严重的地区？娱乐业和好莱坞群体与金融服务业和华尔街群体的规模和对城市及区域经济的整体影响，可以在多大程度上进行比较？在洛杉矶或者纽约，过度专业化是一个问题吗？为什么纽约的中产阶级化似乎比洛杉矶更成问题？

外城的比较特别有趣。在某些方面，纽约和洛杉矶的比较是对洛杉矶和阿姆斯特丹进行比较时所看到的情况的反转。移民就业穷人的大量聚集，种族飞地数量日渐增多，以及超级富豪和超级穷人之间日益严重的社会两极分化，使得两个城市的内城相对变得很相似。然而，在大都市的外围可以看到一个戏剧性的对比。洛杉矶孵化出来密度很大的外城，它的传统郊区不断变得城市化，而在纽约广阔的郊区，几乎没有蓬勃发展的新城市群，这是洛杉矶为什么以及如何超越纽约成为美国最密集的城市化地区的主要因素。 人们也许会怀疑，这个相对不变的郊区是否加剧了"曼哈顿病症"，即让"市中心"代表整个地区的趋势。 另外，曼哈顿的高度集中，是否吸干了该地区经济的大部分发展潜能？

比较洛杉矶和纽约必然使人认识到，美国郊区正在以非常不同的速度和方式发生变化。 华盛顿特区、圣弗朗西斯科海湾城区，今天非常像洛杉矶而不像纽约。 和芝加哥相比较呢？ 底特律呢？ 亚特兰大呢？从这当中可以得出的一个结论：有迫切的需要对郊区的分化进行严格的比较研究和新的描述性类型划分。 甚至在传统的郊区生活方式被强烈维护的地方，探索这种保护是如何在其他层面发生明显变化的情况下发生的，也会是一件有趣的事情。 有一件事是明确的：郊区不再是30年以前的样子。 这些评论打开了另外一轮城市比较，涉及蔓延的概念和衡量。 127

蔓延，不是过去的样子

蔓延是一个令人不舒服的术语，近年来变得更加令人厌恶，尤其是在它被用到低密度郊区研究，特别是用以指代洛杉矶和其他西部城市的许多特性的时候。 为什么它被看作是这样一个小病的来源呢？它配得上这个名声吗？ 更根本的是，什么是蔓延？ 关于它应该做点什么？美国哪些城市受到郊区蔓延的影响最大？ 关于郊区蔓延程度的比较研究能够告诉我们什么呢？ （见附录1，资料来源4C）

在试图解决这些问题之前，让我们回顾一下这个术语是如何进入英语的。 蔓延这个词的第一次使用至少可以追溯到18世纪早期，绝大多数情况下指的是身体四肢笨拙的伸展。 这个词和它的意义看来是由三个更古老的词构成的：延伸（spread）、爬行（crawl）和散布（straggle）。

最后一词增加了一些不规则和笨拙的元素，脱离了正常的情况，变成了伸展手臂和腿的更简单的概念。 蔓延，永远被视为不适当的行为，至少在文明社会。

在用作城市的蔓延或者郊区的蔓延的时候（两个形容词看来可以互换使用），这是不礼貌的、非都市的、不文明的品质（对于城市使用这些词汇都会有它们的词根含义），已经被放大为一系列令人印象深刻的、明确的负面关联清单。 有一些恶行和郊区化的蔓延联系在一起：社会孤立（比如，"被困的"郊区家庭主妇）、贫困和不公的增加（由于工作和资源难以得到）、社区的破坏（就像郊区生活的"购物中心化"一样）、公共健康恶化（有更多的哮喘病和肥胖症）、洪水与土壤退化增多（有太多的水泥）、食品价格上涨和小家庭农场的终结（在郊区边缘缺乏农用土地）、野生动植物的灭绝（随着自然消失）、审美的退化（随着文化消失）、全球变暖（部分因为汽车尾气排放）。

遵循通过乌托邦或反乌托邦的视角来看待城市的悠久传统，当代有关蔓延的争论，已经日益变得两极分化。 与蔓延联系在一起的坏的、"愚蠢的"、毁灭性的增长，催生了同样夸张的替代：好的、"聪明的"、敏感的、可持续的发展，能够将它令人瞩目的绿色和有机的品质列出一长串，充满激情地呈现出来，作为对抗邪恶渗出的所有希望的储备。

继续解构这种蔓延与可持续发展的双曲线二元结构，找到充分的理由抛弃这两个过度使用且具有实质性误导的术语，将是容易和有趣的。然而，将这两个术语放在一起有几个原因。 首先，巨大的蔓延/可持续发展二分法已经根深蒂固地植根于关于城市的流行的、专业的和学术的思维中，以至于无论攻击多么聪明，都不可能完全根除。 此外，二分法确实捕捉到了当代城市化的一些重要方面，因此，需要继续进行批判性评估，而不是简单地忽视。 即使是明目张胆地两极分化为善与恶的乒乓球赛推挡的缩影，也有一些有用的目的，如果只是为了提醒我们乌托邦和反乌托邦愿景之间的根深蒂固的意识形态对立，这种对立一直是西方关于城市和城市生活的思想和著作的特征——我要补充一句，是扭曲的。

这里提出的主要观点是，即使其负面含义被淡化，今天的蔓延也不再是过去的样子——这一论点与明显的都市重组的潜在主题产生了共鸣。 让我们看看最近在美国用统计数据衡量蔓延的一些尝试，特别是洛杉矶地区，长期以来，洛杉矶一直被认为是可持续城市发展的对立面（蔓延），但今天它是美国人口最密集的大都市。 至少，洛杉矶的案例强烈表明，有必要重新考虑蔓延、紧缩、"聪明增长"、可持续发展的概念，以及欧洲和美国城市的刻板比较。

根据两种不同的蔓延的统计衡量标准，表 1 和表 2 列出了超过 100 万居民的美国大都市地区当中最低和最高的 10 个城市。 第一组排名基于城市人口密度，这也许是最广泛使用的单一的蔓延的指标。 它是根据 1990 年城市化地区的数据计算出来的，城市化地区的定义是每平方英里有超过 1 000 名居民的人口普查区域的建成区。 按照这种尺度，洛

表 1　城市化地区人口密度

（1990 年美国最大的 33 个大都市地区统计排列）

密度最高		密度最低	
1. 洛杉矶	6 062	24. 休斯敦	2 547
2. 纽约	5 184	25. 明尼阿波利斯/圣保罗	2 453
3. 迈阿密	4 815	26. 坦帕/圣彼德斯堡	2 416
4. 圣何塞	4 401	27. 达拉斯/沃斯堡	2 346
5. 圣弗朗西斯科/奥克兰	4 311	28. 圣路易斯	2 270
6. 萨克拉门托	3 751	29. 辛辛那提	2 259
7. 芝加哥	3 525	30. 匹兹堡	2 139
8. 圣迭戈	3 520	31. 堪萨斯城	2 130
9. 新奥尔良	3 441	32. 里弗赛德/圣贝纳迪诺	1 976
10. 劳德代尔堡	3 351	33. 亚特兰大	1 590

注：人口密度＝每平方英里人口数；城市区域＝每平方英里人口超过 1 000 人的人工建成地区。

来源：《人口统计》，美国城市地区人口密度 1990 年概况，www.demographia.com/db-porla.htm。

杉矶以相当大的优势成为美国人口最密集的城市化地区，估计每平方英里有 6 062 人，相比之下纽约是 5 184 人，排在第二位。其他高密度的大都市区包括加利福尼亚州五个最大的城市地区中的四个（排在洛杉矶之后），两个在佛罗里达，加上芝加哥和新奥尔良。如果把里弗赛德/圣贝纳迪诺单独列出（在人口密度最小的地区，由于地域广阔），洛杉矶的数字几乎肯定只是指洛杉矶—长滩—圣安娜大都市统计区，也就是洛杉矶县加上奥兰治县。

　　另一个密度很极端的地方是亚特兰大，大概每平方英里只有 1 590人。如同有关纽约的小说的《虚荣的篝火》，汤姆·沃尔夫另外一本小说《完美的人》（*A Man in Full*，1998）以亚特兰大为背景，抓住了城市地区的一个基本特征。故事围绕一个房地产大亨展开，他通过投资于亚特兰大周围相对较近的边缘城市的增长，赚取了数百万美元。他把自己的运气推到大都会地区更远的地方，期望随之而来的就业机会与居民。当投资失败的时候，这位大亨的生活中的一切都分崩离析。亚特兰大的蔓延不是没有止境的，但是蔓延程度像其他美国地方一样。

　　十个密度最低的城市中有九个位于内陆，只有坦帕/圣彼德斯堡属于主要的大西洋、太平洋、海湾或大湖港口（类型）。这种独特的地区格局使得美国城市人口已经脱离了国家中心（重心）的吸引力，奔向四面八方的海岸线，沿海边缘挤满了高密度的大都市地区，而美国中心（地带）的城市（亚特兰大、达拉斯、圣路易斯、辛辛那提、匹兹堡、堪萨斯、明尼阿波利斯）的密度则趋于平缓。还有比这更简单的理由吗？也许沿海的地理位置限制了扩张的空间，将人口集中在离市中心很远的海岸线上？由于低密度蔓延的地区要大得多（一个圆圈而不是截取的一段），也许内陆城市将永远在密度排名上低于沿海城市？

　　但让我们回到很多人认为的在这些数据与常识之间最相悖的发现上，洛杉矶的排名，高于所有其他的美国人口密度最大的城市地区。洛杉矶 1990 年总体人口密度超过纽约，但这两个城市至少在过去 40 年当中，在相反的方向上前行。在 20 世纪上半叶，洛杉矶是一个蔓延增

130

长的、汽车驱动的、低密度的郊区大都市发展的缩影。 1950 年，它是美国所有人口超过 100 万的城市中人口密度最低的城市化地区，只有纽约和费城人口密度的一半。 尽管洛杉矶在 20 世纪中叶出现了明显的 180 度大转弯和戏剧性的人口密度增加，但它仍然被错误地视为所有大都市中最郊区化的、正在蔓延的和可能不可持续（发展）的大都市。 那么自 1950 年以来发生了什么呢？

首先，洛杉矶增加了近 800 万新住民，而同期纽约只增加了约 375 万人口，两者都远远领先于所有其他大都市地区（紧随其后的是低密度的达拉斯—沃斯堡和休斯敦，每个地区的新居民约为 225 万人）。 洛杉矶和纽约的城市化土地面积都大幅扩大（虽然洛杉矶的扩张比人们想象的要小得多）；但两者之间的差异最明显的是这个新开发的密度。 洛杉矶到 1990 年将奥兰治县纳入其定义的城市化区域，新增的扩展区域的综合密度为每平方英里 6 800 人，而纽约为每平方英里 2 200 人。 洛杉矶正在迅速发生而纽约则脚步缓慢的这样一个过程，它被不同的人描述为边缘城市化、外城和边缘城市的增长，以及（凭借其奇妙的内在悖论的）郊区的城市化。 换言之，洛杉矶老旧郊区边缘，曾经是美国郊区的原型，现在成为全国人口密度最大的地方，就像繁荣发展的奥兰治县，很多以前的郊区现在可以名正言顺称之为城市了。

内城也形成了鲜明对比。 1990 年，纽约人口密度最高的单一人口普查区域的密度仍然是洛杉矶同等区域的近三倍，但自 1950 年以来，即使是这一比例也大幅下降。 如果计算大都会区域内城核心的密度，当这个核心被定义为包括最密集的人口普查区域的 10% 时，纽约在 1990 年仍然是全国人口密度最高的地区，洛杉矶位居第二。 但是，当计算的是城市化土地面积中最密集的 20% 时，非常有趣的事情发生了：洛杉矶跃升第一位，而纽约落到圣弗朗西斯科/奥克兰、迈阿密和圣何塞之后。 在今天的洛杉矶，很多内城地区与曼哈顿的密度一样了，这主要是因为进入洛杉矶内城的外国移民比进入美国任何其他内城的都多，自 1965 年以来，可能多达 500 万人。 纽约也经历了大量的迁入，

131

但它的国内迁出速度——我可以补充一下还有低密度郊区化的蔓延——比洛杉矶更高。

表2包含了较新的数据，也有更加复杂的蔓延的衡量，显示了更多的相同模式。根据2001年初发表在《今日美国》上的一项研究，它基于两个衡量标准计算了一个蔓延指数：紧密度指数（compactness index），一个衡量标准是居住在城市化地区（假定如表1所示）的大都市地区总人口的比例（基于相邻的县），第二个是1990—1999年之间大都市地区人口密度的变化，它强调最近的增长。两个指标都为人口超过百万的48个城市地区进行了评估，而不是1990年研究当中使用的33个城市地区。就紧密度指数而言，洛杉矶位居第三，在盐湖城和迈阿密/劳德代尔堡之后。在总体计算中，盐湖城（坐落在美国最大的内陆水体旁边）名列榜首，洛杉矶第五，纽约第六。

132

表2　《今日美国》的蔓延指数

（基于48个大于100万人口的大都市区1999年数据）

低度蔓延		高度蔓延	
1. 盐湖城	60(2)	39. 印第安纳波利斯	299
2. 圣弗兰斯西科/奥克兰/圣何塞	62(5)	40. 路易斯维尔	306
3. 圣迭戈	66(4)	41. 孟菲斯	329
4. 迈阿密/劳德代尔堡	69(1)	42. 罗切斯特	338
5. 洛杉矶/里弗赛德/奥兰治	78(3)	43. 大急流城	357
6. 纽约大都市区	82(6)	44. 亚特兰大	392
7. 俄克拉荷马城	94	45. 奥斯丁	413
8. 芝加哥/加里/基诺沙	112(9)	46. 北卡罗来纳州格林斯伯勒	437
9. 诺福克	116(7)	47. 北卡罗来纳州夏洛特	454
10. 普罗维登斯	138	48. 纳什维尔	478

注：这里的指数综合了(1)在城市化区域（括号里数字）总居住人口百分比；(2)1990—1999年271个大都市人口密度变化。数字越大表示蔓延度越高。

来源：《今日美国》2001年2月22日，http://usatoday30.usatoday.com/news/sprawl/masterlist.htm。

应该注意的是，表2中使用的大都市地区结合了表1中单列的城市，这样圣弗朗西斯科/奥克兰现在就包括了圣何塞（以及硅谷），迈阿密和劳德代尔堡合并在一起，洛杉矶非常明显地扩张了，不仅明确包含了奥兰治县，里弗赛德也增加进来，尽管没有提到，但几乎可以肯定的是，还有圣贝纳迪诺县（它和里弗赛德是美国陆地面积最大的县）。里弗赛德与圣贝纳迪诺县在表1中是单列的，人口密度第二低，仅次于亚特兰大。可以合理地假设，它们加入洛杉矶都市以后，很大程度上可以说明洛杉矶在表2中的得分不高（也就是说蔓延不够）。

十个蔓延度最低的城市包括了表1当中所有密度最大的城市（除了两个之外），而且进一步包括了大部分沿海城市。亚特兰大的蔓延现在被另外4个南部城市超过了，在蔓延最厉害的名单中的每个城市，都处于远离海岸的内陆。从这些表中可以得出更多的信息，一个高度反直觉的亮点出现了。按照蔓延的最佳统计尺度，洛杉矶在密度最大、紧密度最高的城市名单上名列前茅，在这种统计的意义上，它可能是蔓延度最低的、可持续性最强的美国主要的城市地区。

布鲁金斯学会（Brookings Institute）高级研究员、著名城市分析师安东尼·唐斯（Anthony Downs）的一项全面研究进一步加剧了人们对什么是蔓延及其对城市生活的影响的困惑。观察了162个大都市地区后，唐斯设计了一个基于9个指标的蔓延指数，并将这个指数与包括犯罪率和贫困率在内的几个衡量城市衰落的指标进行了比较，没有发现什么有重要意义的关联性。也就是说，没有证据表明，蔓延的郊区与市中心发生的事情有任何关联。唐斯说："我的目的，是发现蔓延中诸多现象之间是否有联系，比如低密度的开发、跃进式地向郊区发展、汽车的使用、城市的衰落。结果发现并没有联系，至少我没有找到。"[9]

一些有名的研究看起来挑战了有关蔓延的一个广泛的预设真理，以及理论与政策假设。它们认为，紧密度当然不是一个自发的特性，也不能单独解决贫困和城市衰落的问题。同样，大规模但低密度的郊区开发本身可能对市中心的条件没有任何明显的影响。这种对贫困和城市衰败原因的解释，在这个国家的东半部更为常见，实际上可能会转移

133

人们对问题真正根源的注意力。进而言之，今日城市贫困和衰落的原因，与 30 年前非常不同。一个结论是清晰的：必须寻求和发展新的方法来理解蔓延及其与现代大都市重建的关系，同时控制消极和积极的偏见。

回到纽约—洛杉矶—芝加哥学派比较

美国最大的三个城市——纽约、洛杉矶和芝加哥，可能比其他美国城市产生了更多的文献资料，在不断发展的城市研究领域中发挥了比其他城市更大的作用。然而，在每一个城市的研究和文献表达中，有非常多的差异。芝加哥研究由于有影响力的城市生态学芝加哥学派的发展，在两次世界大战之间达到顶峰。在其鼎盛时期，芝加哥学派极大地影响了社会科学、社会理论，特别是城市社会学学科的发展。在 1950 年以后它开始衰落，但在 1970 年代有所复兴，主要是由城市地理学家做的探索使然。尽管芝加哥学派的传统仍然存在，但芝加哥本身在城市理论发展中已不再像以前那样处于中心地位，也不再是原创性和代表性实证研究的焦点。

一定程度上，洛杉矶研究就是芝加哥研究的反面。在 20 世纪前四分之三的时间里，很少有关于洛杉矶的高质量学术研究，而且学者们远未将其视为城市发展的代表，而是经常将其视为一个离奇的例外，对于一般的城市理论的发展几乎没有意义。在 1970 年代晚期，关于洛杉矶的著作如雨后春笋般涌现，这使得洛杉矶成为城市研究的核心角色，并引发了关于是否出现了可与更早的芝加哥学派相媲美的独特的洛杉矶学派的探讨与辩论。据我所知，除了芝加哥和洛杉矶，没有一个城市发展出重大的互动学术批评群体和集体共享的学术成果，使其称得上是城市研究的一个学派。

纽约从来没有形成一个城市研究的不同的学派，虽然在两次世界大

134

战期间形成了一个以纽约为中心的区域规划学派，还有美国区域规划协会。 这个团体的领袖人物是刘易斯·芒福德（Lewis Mumford），他通常被认为是 20 世纪最伟大的城市学者、社会批评家和"公共知识分子"之一，成员也包括其他的区域研究思想家比如克拉伦斯·史坦因（Clarence Stein）和本顿·麦凯（Benton Mackaye）。 然而，没有一个区域研究者能够形成一个强有力的大学为基础或者隶属大学的组织，从而建立更大的志同道合的学者共同体。 区域思想的创造性核心 1975 年以后转移到洛杉矶，建立在加州大学洛杉矶分校（UCLA）和南加州大学（USC）的约翰·弗里德曼（John Friedmann）、艾伦·斯科特、迈克尔·斯托珀（Michael Storper）和其他地理学家和规划家的工作基础上，构成了有些人所称的洛杉矶学派的核心。

　　除了一些重要的例外，纽约的城市研究过去往往相当狭隘，绝大多数集中在曼哈顿，高度赞扬这座城市的独特特征，而不是寻求对当代城市状况的更广泛的理解。 虽然每个地方都可以从哥谭市（Gotham）①的特殊经历中学到一些东西，但大部分作品都渗透着这样一种信念，即没有其他地方能像纽约一样。 甚至面对更广泛听众的时候，关于纽约的很多优秀研究看起来是内敛的，更多地着眼于内部，而不是寻求比较的洞察力。

　　从刘易斯·芒福德和简·雅各布斯（Jane Jacobs）开始，以纽约为基础的学者个体的成就，在研究纽约市以及他们在城市研究中更广泛的影响力方面，合在一起给人印象深刻。 在这里仅仅提到几个名字，理查德·桑内特（Richard Sennett）、威廉·怀特（William H. White）、克里斯蒂娜·博耶（Christine Boyer）、莎伦·佐金（Sharon Sorkin）、彼得·马尔库塞（Peter Marcuse）、辛迪·卡兹（Cindi Katz）、约翰·莫伦科夫，还有最近的萨斯基娅·萨森、哈维·莫洛奇（Harvey Molotch）、罗伯特·博雷加德（Robert Beauregard）、尼尔·布伦纳（Neil Brenner，正在哈佛大

---

　　①　哥谭市（Gotham），纽约的别称。 ——译者注

学创立一个重要的城市研究机构），还有纽约城市大学研究生中心日益增长的城市学者群体，尼尔·史密斯（Neil Smith）、露丝·吉尔默（Ruth Gilmore），也许还有最著名的、在世界上城市研究学者中其文献引用率最高的戴维·哈维。 然而，在撰写本文时，仍然很少有迹象表明这群令人印象深刻的城市学者之间存在重大的集体互动，也没有什么值得注意的关于纽约市的联合出版物。

135 　　另外一个有关纽约研究的不同特点，与芝加哥和洛杉矶学派相比，就是它非常弱的空间视角，至少直到最近还是这样。 部分原因是纽约市的任何公立或私立大学几乎完全没有一个成熟而知名的地理学系。很多年以前哥伦比亚大学关闭了它的地理学系，纽约城市大学（甚至纽约市立学院）从来就没有地理学系，纽约大学也没有。 虽然确实有一些人谈论在纽约城市大学创建地理学系，但戴维·哈维和尼尔·史密斯（最近去世了①）都是杰出的人类学教授。

　　一个坚定的、讲究因果关系的空间视角，一开始就是芝加哥学派以及我更愿意称之为洛杉矶小组的明确的核心。 不是每个人都同意这种说法，就让我进一步作些解释。 在我看来，至少在 20 世纪上半叶，芝加哥学派也许做了最具影响力的努力，试图从明确的地理学视角解释现代世界个体和集体的行为。 它强调的是所谓的城市生态学——城市环境和地理学如何构成社会生活——这些工作将芝加哥大学的不同学术团体，团结在一个大胆而野心勃勃的城市概念化上面。 莫里斯·雅诺维茨（Morris Janowitz）在这个学派的经典著作《城市：城市环境下人类行为调查建议》（*The City：Suggestions for Investigation of Human Behavior in the Urban Environment*，初版于 1925 年）的最新版本的导言中，反思了这种广泛的哲学观点，他认为，城市不是残余的安排，而是"体现了人性的真实本质"。 它是"人类对领土所产生的社会关系的普遍和具体的表达"。[10]

---

　　① 尼尔·史密斯于 2012 年 9 月 29 日去世。 ——译者注

芝加哥学派的学者很少用到空间的和地理学的术语，他们更偏好生态学，这个词首先是德国自然科学家在 1880 年代开始使用的。 虽然他们借用的概念来自植物学和其他自然科学，但芝加哥学派的城市研究者很少关注真正的物理和自然环境，他们的生态学主要围绕着欧内斯特·伯吉斯(Ernest Burgess)首先创立的著名的同心圆模式和随后的一些阐述展开。 芝加哥学派卷帙浩繁的文献，把所有的城市的人类行为看作是由这些同心圆内彼此的位置决定的。 犯罪行为、帮派、贫民窟、街角社会以及其他的城市现象，都随着一个人从一个区到另一个区域的转移而有差异。 虽然文化和其他因素介入，但解释主要植根于自然过程，比如，在一个同心圆化的城市环境中的入侵与继承。

然而，它独特的生态解释形式导致了该学派在 1950 年之后的相对衰落。 把它看作一个超社会的(环境的)决定论的幼稚形式，社会学学科反对任何关于城市与空间因果性的观点，将之归因于社会科学中空间思考的退却，并削弱了城市的解释力。 现在的社会学带着些许怀旧回顾芝加哥学派，将它看作民族和种族以及城市的其他方面研究的先驱。然而，它对地理因果性的核心强调被无视了。

芝加哥学派以两条路径幸存下来，都与社会学的根源背道而驰。一条路径基于同心圆模式在高度数学化的城市经济学领域的继续使用。另外一条路径建立在芝加哥大学社会学和地理学之间的长期联系上。这种联系最早的迹象是 1923 年哈兰·巴罗斯(Harlan Barrows)做出的努力，他是地理学系主任、全美有影响的地理学家，他将地理学系的名字改为人文生态系。 随着 1950 年代这个学派在社会学当中的影响逐渐消失，芝加哥大学的地理学家[昌西·哈里斯(Chauncey Harris)、爱德华·乌尔曼(Edward Ullman)以及布赖恩·贝利(Brian Berry)]带头维护——就像有些人说的——强化了城市生态学传统。[11]

一种强有力的批判性空间视角塑造了对城市重建的研究，并在《我的洛杉矶》全书中占据了突出的位置。 特别是在寻找空间定位和后现代都市主义的非政治化效应等概念中，空间是主要的解释因素，但这并

136

不是芝加哥学派那样自然的、超社会的环境解释，而是亨利·列斐伏尔的创新作品中的社会性生产的、"社会化的"空间所产生的另一种解释形式。 这种差异在政治上意义重大，因为如果"我们"创造了一个不公正和压迫的城市空间，而不是上帝或大自然给予我们的，我们就可以把它变得更好。

在更广泛的城市研究领域，芝加哥和芝加哥学派模式继续受到重视，但主要是作为对过去事情的回忆，而不是一种积极的影响。 在过去 30 年里，洛杉矶似乎已经成为城市理论建设和分析的一个更加突出的焦点，这似乎是毋庸置疑的。 这并不必然意味着说洛杉矶学派已经取代了芝加哥学派，因为已经没有多少可以取代的了。 然而，其他引领潮流和具有代表性的城市也涌现出来，与洛杉矶展开竞争寻求更重要的地位。

137 　　无论怎么描述，关于洛杉矶积累起来的文献，已经对我们理解当代城市状况以及更广泛的社会发展和变化层面贡献良多，尤其从一个明确的、因果性的空间视角去分析更是如此。 对城市和区域的解释与因果性强调是研究小组最重要的特征。 一个批判性的空间视角，比其他的事情都要重要，将有关洛杉矶研究的不同学者整合为一个整体。 它也有助于解释为什么一些重要的洛杉矶的研究和研究者，没有被包括在大家公认的学派的界限内。

有关洛杉矶学派的争论随着 2000 年 8 月 18 日一篇文章的发表达到顶峰（也是转折点），这是著名的《高等教育年鉴》中一篇由米勒（D.W. Miller）所写的文章，题目是《新城市研究：洛杉矶学者用他们的研究领域和他们的理念终结了芝加哥学派的统治》（The New Urban Studies：Los Angeles Scholars Use Their Region and Their Ideas to End the Dominance of the "Chicago School"）。 虽然艾伦·斯科特和我接受了采访，但这篇文章主要是基于迈克尔·迪尔对洛杉矶和所谓的洛杉矶城市主义学派的愿景和版本。 这篇文章在线发表，刺激了美国和国际上热烈的争议和评论。 在很多方面，洛杉矶学派争论的广泛传播，标志着其发展的第一个阶段的结束，另外一个阶段的开始，标志着更广泛的注意和认可，同时也引来更多的批评性拒斥。[12]

回头来看，洛杉矶研究小组暨学派最为重要的成果，在两个分析领域获得了实践和理论上的理解。第一个涉及在过去三四十年里戏剧性地重塑城市和当代世界的重组过程。第二个涉及例证城市和城市区域的生成力量，论证这种城市集聚的刺激如何影响经济发展、技术革新、文化创意，以及社会运动的构成。就这两个领域的成就而言，已经证明洛杉矶和南加利福尼亚是一个极其丰富和富有启发性的实验室。

注 释：

[1] "The Stimulus of a Little Confusion"，经常被重印，见 M. P. Smith, ed., *After Modernism：Global Restructuring and the Changing Boundaries of City Life* (New Brunswick, NJ：Transaction, 1992)；Leon Deben, Willem Heinemeijer, and Dick van der Vaart, eds., *Understanding Amsterdam：Essays on Economic Vitality, City Life, and Urban Form* (Amsterdam：Het Spinhuis, 1993)；H. Hitz et al., eds., *Capitales Fatales：Urbanisierung und Politik in den Finanzmetropolen* (Zurich：Rotpunk, 1995)；Iain Borden et al., eds., *Strangely Familiar：Narrative of Architecture in the City* (New York：Routledge, 1996)；I. Borden et al., eds., *The Unknown City：Contesting Architecture and Social Space* (Cambridge, MA：MIT Press, 2001)；N. Brenner and R. Keil, eds., *Global Cities Reader* (New York：Routledge, 2006)。列表见附录 1 资料来源 4A 。

138

[2] Simon Schama, *The Embarrassment of Riches* (Berkeley and Los Angeles：University of California Press, 1988), 25.

[3] 参见如 Jansen's "Hotelling's Location Game and a Geography of Hashish and Marijuana", *Geoforum* 20(1990)。

[4] Rem Koolhaas, "Epilogue", in *Amsterdam：An Architectural Lesson* (Amsterdam：Thoth Publishing House, 1988), 108—119.

[5] SaarLorLux，有时候也称 La Grande Région。将卢森堡公国与法国洛林、德国萨尔和莱茵兰-巴拉蒂纳的部分地区以及和邻近的比利时沃伦尼亚合并在一起，形成了一个跨国家的欧洲区域，大概有近 500 万人口。

[6] 过去 20 年中，在少数族裔和文化政治方面，洛杉矶和阿姆斯特丹之间发生的一个明显的反转。作为进步的社会运动和有效的少数族裔融合的蜂巢，阿姆斯特丹和荷兰整体上已经变得更加保守了。少数群体之间的政治组织已经变得支离破碎和相对无效，反移民情绪正在扭转之前讨论的许多趋势。虽然洛杉矶（和全美）的反移民情绪也很强烈，但正如将在第八章讨论的那样，移民少数族裔在成功的、社会创新的劳工-社区联盟的出现中发挥了至关重要的作用。

[7] Michel de Certeau, *The Practice of Everyday Life* (Berkeley and Los Angeles：University of California Press, 1984), 91.

[8] 1990 年 Castells 依然是加州大学伯克利分校城市与区域规划、社会学教授，是他的研究领域中文献引用率最高的教授，他现在仍担任南加州大学传播学教授。Mollenkopf 自 1981 年以来就是纽约城市大学政治科学与社会学教授。他也有美国东西两岸活动的背景，曾在斯坦福大学教书，生活在加利福尼亚。两个人因为有丰富的空间或者区域的想象力而都非常有名，在我访学期间，对于洛杉矶研究小组或者洛杉矶学派都有肯定的和欢迎的态度。

[9] Anthony Downs, "Some Realities about Sprawl and Urban Decline", *Housing Policy Debate* 10, no.4(1999): 955—974; Haya El Nasser, "Researcher: Sprawl Doesn't Hurt Cities", *USA Today*, February 16, 2000.

[10] Morris Janowitz, "Introduction", in *The City: Suggestions for Investigation of Human Behavior in the Urban Environment*, ed. Robert E. Park and Ernest W. Burgess (Chicago: University of Chicago Press, 1967), ix. 这个题目第一次使用是 Robert E. Park 的一篇文章，1916 年发表在 *American Journal of Sociology*20(1916): 577—612。

[11] 尤其重要的是 Brian J.L. Berry and John D. Kasarda, *Contemporary Urban Ecology*(New York and London: Macmillan, 1977), 利用各种形式的多变量统计分析，新的量化地理学家发展了分解生态学，以整合芝加哥学派的各种空间模型。

[12] 2000 年发表了《年鉴》上的文章之后，洛杉矶学派与 Michael Dear 的独特设想有了密切的联系，特别是考虑到其他本地研究者对宣传自己是一个学派缺乏兴趣，他的观点在以下书与文章中表现得非常清楚：Michael Dear and J. Dallas Dishman, eds., *From Chicago to L. A.: Making Sense of Urban Theory* (Thousand Oaks, CA: Sage Publications, 2001); and Dear, "Los Angeles and the Chicago School: Invitation to a Debate", in *The Urban Sociology Reader*, ed. J. Lin and C. Mele(New York: Routledge, 2005), 原作(附批评回应)首次发表在 *City and Community* 的创刊号上(2002); "Urban Politics and the Los Angeles School of Urbanism", *Urban Affairs* 44(2008): 266—279; 以及 "The Los Angeles School of Urbanism: An Intellectual History"。也见 Dear, *The Postmodern Urban Condition*(Oxford: Blackwell: 2001)。

139

第五章

论后大都市转型

　　由于在 1990 年代被描述为"后现代"的几乎所有事情不可避免地卷入了似乎无法解决的解释和强调的冲突中，我不再试图为自己对批判性后现代主义（对许多人来说，这是一个矛盾的修辞）的独特看法进行辩护和澄清，而是转向更直接地解释现代大都市戏剧性的变化，我在洛杉矶的表现中看得非常清楚。[1] 在《后大都市的六种话语》（附录 1，资料来源 5D）中，我不能表达得更加明确了，我把新出现的形式称为"后大都市"，进而确定自 1965 年尤其是 1980 年以后所发生的情况为"后大都市转型"，这是一个持续发生的过程，是强调远离现代大都市的既定模式的一场运动，同时这种转变最后的结果是什么，也不得而知。

　　聚焦于后大都市转型，我重新梳理围绕经济重组、当代城市化过程形成的大量文献，概括出更具普遍性的六种"话语"，将它们确定为相互联系的、集中在都市变化的特定主题方面的文献集合。我对话语的定义非常简单直白，没有哲学家和批判性社会科学家著作中出现的"话语分析"的理论复杂性。

　　这六种话语代表了对都市重组和后大都市转型的不同概念化和解读方式。调查的文献超越了洛杉矶案例，显示了影响各处城市地区的更普遍的过程。在大多数案例中，参考文献的选择，都强调了它们在视野和观点方面明确的空间性。可以开玩笑地说，如果确实有一个洛杉矶学派，那么确定下来的六种话语将代表其专门的组成部门，每个部门都研究相同过程的不同方面。

1992 年的正义骚乱，就像被称呼的那样，建立在柏林墙倒塌冷战结束的基础上，让我看待后大都市转型增加了一个新的转向。 也许，我认为，我们正在看到危机引发的重组的放缓，以及一个新的、充满危机的后大都市时代的开始，这些危机不是来自 1960 年代都市骚动的潜在条件，而是来自后大都市的都市主义条件下新的社会和空间秩序，它们由新自由主义全球化和都市经济重组所创造。 换言之，后大都市转型导致了从危机引发的重组向重组引发的危机的转变。[2] 考虑到这种可能性，我们下面将探讨主要的相关研究，它们已经围绕理解后大都市转型而展开工作。

后大都市话语和新区域主义

这六种话语或者研究要点可以分成三对。 第一对话语集中在最令人信服的探讨上，那就是关于重组和后大都市转型的原因；第二对揭示了因果力量主要的空间和社会后果；第三对呈现出对这些后果之影响的剧烈或者微弱的反应，并有助于解释如果重组有消极后果的话，为什么不稳定的后大都市没有频繁引爆自己。 为了简单的标识，我给这些话语的都市表达以特殊的名称，但我并不觉得对它们的用法有特殊的依恋。下面是《后大都市》几个章节的标题名（附录 1，资料来源 5D 和 6C）

一　后福特主义工业大都市：重组都市主义的地缘政治经济学

二　国际都市：城市空间的全球化

三　外都市：都市形式重组

四　碎片城市：都市极化和重组的社会马赛克

五　监狱群岛：后大都市空间治理

六　模拟城市：重组城市想象

142　　探讨资本、劳动力和文化全球化条件下的都市变革的因果性或者解释性的两种话语，最具有包容性。 到 1990 年代，几乎所有新的和不同的事物都被解释为全球化的产物，而且一直增长的文献都围绕着那看来不可遏制的全球化的力量。 全球化的话语是如此具有吸引力和包容力，然而我拒绝把它放在第一位，主要目的是让它服务于我认为最有力、最明确的空间方法来解释后大都市转型，也就是都市主义的地缘政治经济学的重组，或者，从另外一个角度看，城市工业资本主义的一种新的后福特主义模式已经形成——很多人现在简单地将它称为新经济。

撇开任何正式的排名不谈，越来越清楚的是，这两个因果性话语紧密地交织在一起，在很多方面是不可分割的。 它们的差异而不是实质被强调得多一些。 新经济或者工业都市主义话语主要通过内生的过程和模式来解释都市变革，这来自内部，自下而上发挥作用，同时全球化的力量倾向于外生性，来自城市外部，大多数情况下，自上而下发挥作用。 内生的方法倾向于处理本土和本土化的过程，而外生的观点更宏观，基础更广泛，这正好符合熟悉的流行语"想全球——做本地"。 然而，两种话语和过程的交织，通过将注意力集中在全球和本地之间、宏观和微观之间、内生和外生力量之间所发生的一切之上，重建了这句流行语。 我在这里指的是中观或者区域范围。

两种因果性的话语交织形成的是一种新区域主义，这是一个正在形成的综合话语，它已经成长为理解后大都市转型的核心。 我称之为综合的而不单是因果性的、前后相继的或者反应性的话语，是因为它的混合力量连接的不仅仅是微观和宏观分析、内生和外生力量，而且也建立了城市和国际政治经济学文献之间的联系，第一个案例由戴维·哈维开创，第二个案例来自伊曼纽尔·沃勒斯坦的世界体系理论。[3]新区域主义和支持它的空间转向，将在下一章做更加仔细的讨论。

还有另外一种话语需要提及，因为它也产生了关于都市变革的解释。 我在这里指的是有关信息和通信技术的革命性变革的文献。 这个领域有一些著名的城市学者如卡斯特做了非常有影响的研究，该领域形成了一些理念，诸如信息城市、信息生产方式、赛博城市、网络社会，以及"流动空间"在"地方空间"上日益增长的力量。[4]这似乎应该构 143

成另外一种因果性话语，但我不选择这样做有几个原因。 首先，我怀疑各种形式的技术决定论，我认为信息技术是加速和巩固全球化以及新经济形成和发展的促进性力量，而不是因果性力量。

另一个原因是，信息技术经常包含一些争议，即使不会忽视空间和位置在信息城市、网络社会和流动空间中的重要性，也会减弱它。 就像清晰的关于民族国家过早消亡的相关文献一样，有些人写道，互联网和其他新技术如何发出"距离的死亡"和"地理的终结"的信号，抽象的信息流和通信如何将人们与场所分隔，使集聚的优势过时，并将人们的注意力从城市的生成能力上转移开。 虽然他们没有定义整个的信息技术话语或者直接反映卡斯特的观点，但这种咄咄逼人的反空间立场无助地使其他因果话语的明确空间性复杂化。 我承认信息和通信革命作为一股促进力量的重要性，但不将它当作一种因果性或者解释性话语来讨论。[5]

首先关注工业都市主义的新地缘政治经济学

第一种话语围绕城市化和工业化之间正在改变的关系，突出了工业重组的重要性，而不是后工业化和相关的"终结"理论。 它主要处理的是内生过程，研究不断发展的新地缘政治经济学的"内部运作"。 基本上，从洛杉矶和其他城市地区的分析中出现的论点，解释了后大都市转型，这首先来自危机驱动的一种新工业都市主义形式的发展，可以被描述为后福特主义的、灵活的、全球的、信息密集型的、新自由主义的、后现代的或者后大都市的，但它肯定不是后工业主义的。 新经济是后大都市基础的组成部分，它仍然是城市工业资本主义的一种形式，而不是它的替代品。

从第一种话语的角度来看，驱动现代大都市重组的关键过程是去工业化和再工业化。 世界上每个城市地区都在经历着这些过程，虽然速

144

度和强度不同，有些去工业化的速度比再工业化快得多，比如说像底特律和美国制造业地带的其他大部分城市；另一些在没有经历太多去工业化的情况下成为新经济中心，比如新加坡和新兴工业化国家的大多数城市，以及以前的郊区如硅谷和奥兰治县。洛杉矶（加上奥兰治县）和湾区（圣何塞—奥克兰—圣弗朗西斯科）是少数几个经历了典型的异常密集的去工业化和再工业化的主要城市地区，对于第一种话语，这是它们成为特别丰富的研究实验室的关键因素。[6]

换言之，一方面正在发生的是，福特主义流水线上大规模生产、大规模消费以及相关需求推动的大规模郊区化的崩溃或者解体，主要是通过公司结构和生产过程的垂直瓦解；[7]另一方面，一种新经济正在重建或重构：灵活的专业化、全球外包和分包、日益增长的私有化，以及在新的工业聚集或者群组中，水平和空间上的再次集中——就是前面提到的"新工业空间"。[8]新经济这样就可以与一种新的地理学联系起来，一种现代大都会的城市形式或者形态的明确重组，通过相关的去中心化和再中心化的过程形成。

地图13既提供了20与21世纪之交洛杉矶工业地理学的合成草图，又提供了如何从工业城市主义的视角描绘其他城市地区的模型。地理位置显然仍以"洛杉矶市"的中心城区为中心，表明旧的中心地区依然在维持。内区圆圈（虚线）包含了内城的四大产业集群：最核心的是服装或者成衣业，到2000年为止大概是美国最大的成衣制造业集群。邻近一个小圈代表专业珠宝集群；在东南边是美国最大的家具制造业区之一，在西北边则是洛杉矶的影视行业的翘楚好莱坞。

洛杉矶的这四个支柱性产业，全部是以手工艺为基础，与高科技制造业和金融服务业并列为新经济的三个最具推进力的行业之一。对这些产业的研究表明，它们最初集中在市中心或靠近市中心的大型专业集群中，在过去的几十年里，它们已经变得离心化，从老的中心城区向外扩展。例如，影视工业已经从好莱坞转向诸如伯班克（Burbank）、卡尔弗市和圣莫尼卡等其他地区。就像成衣业一样，旧的专业区域仍然存

145

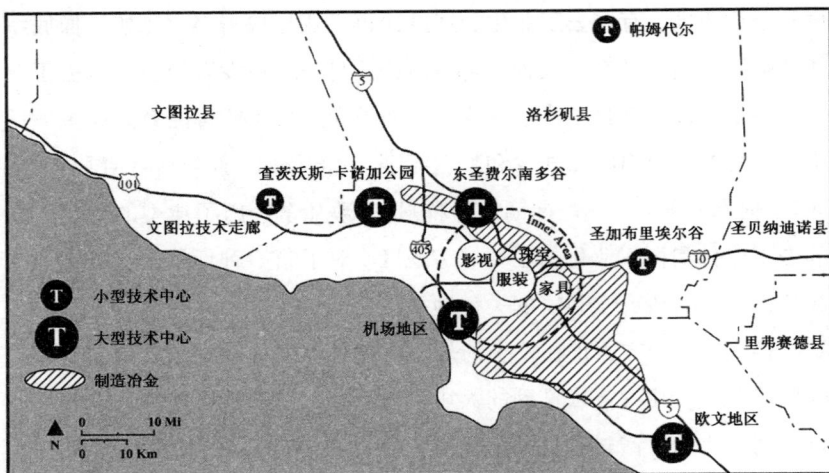

地图 13　洛杉矶的工业地理。来自《城市》(1996 年)。

在，但不再像以前那样主导该行业。

　　这些和其他以手工艺为基础的产业，对设计、时尚和流行风尚有较高的敏感度，与文化或者创意产业密切联系。随着后福特主义新经济的另外两个推进行业，高科技产业和金融服务业，似乎已经达到了它们的扩张顶点，那些（典型的以手工艺为基础的）文化产业，已经变成了全世界城市规划者和开发商的新宠，这导致艾伦·斯科特将他的注意力转移到好莱坞，并将新经济定义为"认知文化资本主义"。[9]围绕着文化产业出现了不断增加的新文献，研究了它们是如何集聚，以及这些集聚
146　是如何引发经济发展和文化创意的，从而为新近关于城市生成性力量的工作贡献良多，并引起了世界各地城市规划者的关注。

　　被描述为制造冶金的大片区域不是新的集聚，而是洛杉矶福特主义工业化最为重要的残余。它曾经是一个长期与德国鲁尔并驾齐驱的城市地区，现在是去工业化的主要目标，由分散在广阔区域的几个零散的场所组成，从圣费尔南多谷，穿过洛杉矶县中南部到较早工业化的奥兰治县北部。这个工业区曾经是密西西比河以西最大的汽车组装、轮胎和玻璃制造以及钢铁工业的聚集地。今天几乎每一个场所都关闭了，

就像第一章所讨论的那样。

在内圈区域之外，是洛杉矶的主要新技术中心或高科技产业集群，其中最突出、最知名和最具典范的是奥兰治县的欧文。感谢艾伦·斯科特的著作，奥兰治县加入了加利福尼亚州北部的硅谷，成为研究世界各地工业区或新工业空间发展的主要参照点和示范模式。同样值得注意的是三个技术中心，从最老的、在圣费尔南多谷的东部地区，穿过查茨沃斯-卡诺加公园，延伸到邻近文图拉县不断扩大的新技术走廊；洛杉矶国际机场地区现在规模小得多、正在瓦解的航空航天集群；以及洛杉矶县北部圣加布里埃尔谷和帕姆代尔地区两个规模较小、有些停滞不前的地点。[10]

万物的全球化

全球化一直是每个主要城市区域重组的重要组成部分，也是后大都市转型的一股明确的外生力量。看看洛杉矶，全球化一直是创造世界上最具经济和文化多样性的城市地区的主要影响因素。洛杉矶，以及纽约、伦敦和巴黎，都是发展和表达多元文化多样性和重新构建城市身份的大熔炉。

如前所述，自 1965 年瓦茨骚乱以来，洛杉矶经历了近 800 万的人口净增长，如果包括有人估计的 100 万没有合法身份的劳工，那就会更多。到目前为止，来自墨西哥的移民一直是这场移民（运动）最大的组成部分，把洛杉矶东部西班牙语区塞得满满的，取代了洛杉矶县东南部地区贫困的白人和黑人，在一些地区占到人口比例 95% 以上，并扩散到该地区几乎每一个人口普查区。再加上大约 100 万来自中美洲，尤其是萨尔瓦多和危地马拉的移民，人们就可以理解，为什么西班牙语会再次成为洛杉矶的主要日常语言，就像 1848 年以后的"美国化"进程之前一样。

147

就百分比而言，来自亚洲和太平洋岛民人口的增长甚至超过了拉丁裔，他们已经取代非洲裔美国人成为第二大少数民族。今天，以下各身份群体至少有 10 万人：中国人、菲律宾人、韩国人、越南人、泰国人、伊朗人、亚美尼亚人和印度人，还有相当数量的萨摩亚人、柬埔寨人、苗人（Hmong）、各太平洋岛屿的族群、巴基斯坦人、孟加拉人。非洲裔美国人的数量在洛杉矶县已经下降，他们居住的隔离度也在下降。比如，瓦茨已经成为拉丁裔主导的区域，洛杉矶黑人区的中心已经明显西移，转向了以非洲裔美国人为主的城市英格尔伍德（Inglewood）。

尽管也有大片地区存在种族混杂和多样性，种族通婚率很高，但几乎所有的移民群体都可以定义为种族飞地。洛杉矶的大部分种族隔离指数一直在下降，它曾经是美国种族隔离最严重的城市之一。即使随着种族飞地的形成，以及洛杉矶县东南部人口从 80% 为盎格鲁人转到 90% 为拉丁裔的剧烈变化，但人口中 70% 以上由一个种族组成的人口普查区域的数量也明显减少。旧的白、富的郊区人口的隔离状态几乎已经被富裕的亚洲居民混杂在一起稀释了；很多亚洲人的飞地，比如韩国城，实际上已经是拉丁裔占主导地位；民族或者种族的多样性已经在这个区域全面蔓延。[11]

研究这种全球化的种族地理学将导致一些非常有趣的问题和发现。比如，飞地的构成已经展示了积极和消极的后果，偶尔会将一些群体与148 主流经济隔绝，但更多的时候可能会为新来者提供一个欢迎的基础，在某些情况下，像其他集聚一样，成为新的经济和文化理念和创新的产生源。不断增长的文化多样性也是双刃剑，在提供创造性综合的同时，也增加了跨种族、跨文化冲突的来源，各种各样的全世界范围内的政治争吵都在洛杉矶的街头上演。

洛杉矶出现了两个引人注目但截然不同的多种族人口区域，标志着这些区域文化的复杂性。第一个始于蒙特利公园（2010 年人口为 6 万），在市中心的东北部。从 1970 年代开始，大批受过良好教育和富有的华裔美国人，与来自台湾地区的华人在蒙特利公园一带定居，此处被台北的房产经纪称为"华裔贝弗利山"。 随着华裔人口影响的增加,中文标识开始被引入到商铺和街道的名称当中,这让盎格鲁人和拉丁裔居民非常少见地联合起来,要求政府颁发法令让英语成为城市的官方语言,迫使所有的中文标识都必须包括英语译文。[12]

根据 1990 年的人口普查,蒙特利公园是美国大陆第一个华裔占多数的行政区,在世纪之交将成为创建美国最大的郊区中国城的中转站。持续的盎格鲁-拉丁裔敌对的影响与强有力的控制增长的努力,导致华裔居民和新移民沿着西班牙语地区北部边沿,快速东移,进入阿卡迪亚(Arcadia)、坦普尔市(Temple City)、罗斯米德(Rosemead)、圣马力诺(San Marino)以及通过圣加布里埃尔谷,向罗兰高地(Rowland Heights)、沃尔纳特(Walnut)、戴蒙德吧(Diamond Bar)扩展,这也许是美国郊区华人城市化最鲜明的例子。 在今天这个地区的很多地方,亚裔占全部人口的三分之二以上,普通话迅速地取代了粤语成为占主导地位的汉语方言,反映了华裔移民成分的变化。

另外一个更大的种族—民族多样性的区域,集中在卡森(Carson)和加迪纳(Gardena),沿着 91 号公路向东部延伸,到达阿蒂西亚(Artesia)和塞里托斯(Cerritos)。 按照多样性的标准尺度,卡森和加迪纳的大约 15 万居民是美国最多样化的城市人口,大约占总人口各 25% 的人被归类为拉丁裔、盎格鲁人、非洲裔美国人和亚太岛屿居民。 作为这种多样性顶峰的标识的一个文化多样性博物馆,1997 年在卡森开张。 附近的加利福尼亚州立大学多明格斯山分校,据报道称是美国最具文化多样性的校园。 这种达到顶峰的文化多样性,将会产生什么样重要的持续性后果,我们知之甚少,但作为一种新型的全球化城市环境,它可能出现在许多其他的城市区域。 就像飞地形成的动力学一样,这些高度多样化的区域值得大力进行新的探索。

虽然在程度和表现方式方面总有差异,但世界上的每一个城市都在全球化,并成为"本土化"资本和劳动力、文化和政治的复杂相互作用的主体。 曾经相当自主的内部活动,比如说,公共和私人部门本土决

149

策过程和规划，日益受到这些全球化力量的影响，同时全球化以许多不同的方式被吸收，并形成了许多不同的城市后果。 在所有形式危机形成的重组的背后，全球化也是一个强有力的推进力量，它已经深深地影响了新经济的出现。 还有，很多城市社会运动（我将要讨论到，开始于1992 年洛杉矶的正义骚乱），已经将它们的注意焦点转移到与全球化进程和随之而来的新经济的不公正和不平衡影响的明确斗争上。

边缘城市：延伸工作之旅

下面两种话语探讨全球化、经济重组和后大都市转型的社会和空间影响。 就像因果性话语一样，这些后续或者后果性话语紧紧交织在一起，很难分开。 城市空间形式的重组，我用一个术语来表达它，就是"外城"，这和我所称的碎片城市中社会秩序的重组有密切的关系。 在这里，我将集中在社会空间重组的影响的一个方面：工作、住房、支持性的公共交通的分配日益脱节，我称之为工作与住房的不平衡。

就像文化与经济的多样性达到巅峰状态一样，工作与住房之间不平衡的极端例子产生了新的都市环境，加剧了都市问题，这些问题在传统大都市中存在，但规模要小得多和少得多。 比如，后大都市的重组地
150 理学就导致了许多类型的"空间不匹配"，其中一些最严重的问题涉及工作分布和求职者居住地点之间日益严重的脱节。 这种供需不匹配，在过去 30 年之间无家可归者的爆炸式的增长那里，达到了最为残酷的顶峰。

无家可归者——那些没房没工作的人——永远是工业资本主义城市的组成部分。 马克思把失业者和住房简陋者称为流氓无产阶级，并把他们的存在看作是在经济扩张时期规训工人和提供临时劳动力的一种方式。 他们的数目在第二次世界大战之后繁荣的几十年当中，有了非常明显的下降，尤其是随着中产阶级的扩张。 然而，1970 年以后，无家

可归者迅速增加，尤其是在福利系统比较薄弱的一些国家，比如美国。聚集的压力使无家可归者继续集中，而在城市中心和围绕着城市中心的无家可归者的设施更为有限，这在洛杉矶和其他城市被称为贫民窟，但在整个城市脉络当中，这种离心力导致更多的无家可归，使得提供必要的服务变得更为困难，尤其是随着无家可归者数量急剧增加。

洛杉矶无家可归者的数量估计差异很大，但大多数研究表明有超过十万人，包括不断增长的妇女和儿童，至少一年有一天在外面过夜，有时候称之为"露宿"。这里再一次存在着脱节和不正义的地理学，教会住宅和单间住宿酒店的空间分布很少与无家可归者的地理需求相匹配。随着新的、更复杂的无家可归者的地理位置嵌入到后大都市的景观中，整个地区都有"精英"无家可归者睡在高尔夫球场和对丧失赎回权的财产的"入侵"的故事。

然而，洛杉矶市中心仍然是美国无家可归者最集中的地方。有人估计，无家可归者构成了中心城区居住人口的大多数。他们占据了很多矛盾性力量的首要地位，这些力量形成了新内城的特征。在工作日，他们倾向于远离摩天大楼林立的商业区，但到了周末，他们在空荡荡的街道上变得更加显眼。一些规划者和政策制定者努力提供足够的住房服务，而另一些人则想方设法完全驱逐他们。在贫民窟以北被称为玩具城的地区，亚洲仓库老板在抵御潜在的无家可归者入侵（通过在仓库门口彻夜打开喷水系统等策略）和欢迎他们在送货和卸货高峰期提供的廉价劳动力之间摇摆不定。

无家可归仅仅是住房贫困问题这个巨大冰山的最为残酷的一角。洛杉矶和其他城市区域成群的贫穷工薪阶层，都有（通常是几份）技术含量很低的工作，但很难买得起正式的住房，特别是考虑到高度膨胀的租赁市场。这导致了世界上几乎所有主要城市区域都有"非正式"贫民窟城市出现，导致迈克·戴维斯谈及一个"贫民窟星球"，其中有10多亿居民。[13] 与后大都市的许多特征一样，非正式特性是个双刃剑，既是相对贫穷的标志，也是世界上越来越多的城市穷人的生存战略和创新

151

行动的源泉。

在洛杉矶和其他美国城市，贫民窟经常被伪装起来，比里约热内卢或内罗毕的贫民窟要隐蔽得多。早些时候与阿姆斯特丹进行比较时提到的后院车库，在洛杉矶可能仍住着 20 多万人，这个地区的汽车旅馆，依然被那些每隔 8 个小时轮换睡觉的家庭所充斥。此外，几乎每一项住房调查都显示，洛杉矶拥有全美最拥挤的正式住房。很难找到大片棚户区或贫民窟，但可能有多达 50 万人生活在大致相似的条件下。联合国认识到这种条件的社会波动性，在 1992 年洛杉矶骚乱以后宣称，随着类似洛杉矶的情况蔓延到其他城市地区，城市贫困和不平等将成为 21 世纪"最严重和最具政治爆炸性的问题"。

区域城市化和工作与住房的不平衡正在创造另一种新的城市环境。这种情况是在外城发现的，它影响到有工作和负担得起的住房、但上班路程过长的家庭。随着总体密度的增加，在洛杉矶，上班通勤时间保持稳定或者略有下降，但有些地区，通勤两个小时或更长时间是很常见的。虽然只有 6% 的美国人需要通勤时间如此之长，但在奥兰治、文图拉和洛杉矶县的大部分地区，15%—17% 的工人平均通勤两个小时或更长时间。在里弗赛德和圣贝纳迪诺，这个数字跳升到 25%，而在洛杉矶县北部的帕姆代尔和兰开斯特等"边缘城市"，这一数字达到 30%—40%。[14]这种高度不平衡的工作通勤地理学是延伸广阔的后大都市的主要特点。在那里，总体平均统计数据可能非常具有误导性。

人们为奥兰治县和西圣费尔南多谷外城的成功异常兴奋，为移民聚集在新的洛杉矶市中心的恐怖而紧张。在过去的 30 年里，城市区域的外围发生了一场引人注目的预期建设热潮，吸引了数百万新移民来到人口稠密的郊区。1990 年的统计，美国发展最快的小城市中有一半以上位于洛杉矶的外围。在那里，工作相对比较多并容易获得，比如说像欧文和奥兰治县的米申维耶霍，以及靠近洛杉矶和文图拉县边界的千橡以及西米谷（Simi Valley），繁荣的中产阶级社区形成了。在工业化和当地就业增长停滞不前的其他地区，整个城市好像搁浅了一样，造成了前所未有的社会空间危机。

莫雷诺谷，大约距离洛杉矶市中心 60 英里，距离欧文几乎同样远，在 20 世纪的最后 20 年里，工作与房屋不平衡已经到了非常严重的程度。 1990 年，此地是美国超过 10 万人的城市当中发展最快的地方，人口从 1970 年的 18 900 人增加到 1984 年（也就是它立城的那一年）的 49 000 人，到 1990 年达 12 万人，然后在 20 世纪 90 年代趋于平稳，但在 2010 年再次激增到 19.3 万人。 由于被可以支付得起的住房和开发商承诺即将增长的就业机会所吸引，并与内城感知到的问题保持距离，以年轻的中下层工薪阶层家庭为主，包括很高比例的少数族裔，蜂拥至该地区。 今天 20% 的居民是非洲裔美国人，54% 的居民是拉丁裔（主要是墨西哥人），8% 来自亚洲和太平洋的群岛，还有来自中美洲、东南亚、古巴、波多黎各、索马里、巴尔干地区以及其他地区的居民，让莫雷诺谷变成了一个最大、最典范的"种族容纳之地"（ethnoburbs），这是一个新造的术语，用来描述不断变化的后大都市时代的城市地理学。

当就业机会来得不够快时（例如，曾经位于马奇空军基地附近的希望中的就业扩张从未发生），很多人被迫到他们原来受雇的场所去，这在 50 英里以外。 成千上万的劳工居民必须很早起来驾车，或者由面包车或者由巴士，把他们送到遥远的工作地点，深夜才回到家，几乎没有多少时间和配偶与孩子在一起。 日托中心不得不从早上 4 点到晚上 9 点开放，没有大的工商业税基，公共服务下降，学校人满为患，高速公路拥堵，家庭生活压力越来越大。 很长时间以来，离婚、自杀、虐待配偶和孩子比例非常高，这个富有吸引力的多种族的地方，至少在一定程度上，变成了病态的后郊区贫民窟。[15]

同样的事情发生在洛杉矶县北部高地沙漠地区，但规模更大。 由于修建新国际机场的可能性，以及与爱德华兹空军基地相关的小技术中心的存在，帕姆代尔和兰开斯特一起蓬勃发展，在羚羊谷形成了近 50 万人的城市化地区。 羚羊谷（在 19 世纪后期土生的叉角羚就消失了）被

153

桃色和米色灰泥粉刷房屋的海洋所覆盖，红色瓷砖屋顶的房子卖得很便宜，至少与远方的南部城市相比是这样。帕姆代尔的人口从1980年1.2万人增长到2010年的15.2万人。在同样的时间段内，兰开斯特人口增长数量稍微大一点，从1977年立城时的3.7万人增加到2010年的15.7万人。帕姆代尔的种族构成几乎和莫雷诺谷一模一样。同时兰开斯特的盎格鲁和非洲裔美国人数量较多而拉丁裔数量较少。两者今天都是"种族容纳之地"的典范，虽然它们早期都有"红脖"和种族主义的恶名声。

在很多方面，羚羊谷的发展模仿了早期奥兰治县的发展，生动地展示了外城扩张和人口密度上升的故事。和奥兰治县相似（欧文公司在那里拥有六分之一的土地，是主要规划者），羚羊谷的大部分是特洪公司（Tejon Company）开发的，它是一个私人公司，控制着特洪牧场，提供一些与主要规划者相同的功能。不仅这个人口稀少的高地沙漠地区被近50万新移民填满，而且预计到2020年，这里的人口将翻一番，大部分增长集中在高度规划的新城镇，比如说在百年（Centennial），某种意义上来讲是欧文一个较小的版本，预计在未来二三十年内人口将达到7万人。在《纽约时报》房地产栏目（2007年3月18日）有一篇很长的文章，作者乔恩·格特纳（Jon Gertner）以"为现实玩模拟城市游戏"（Play SimCity For Real）为题，报道了百年的发展规划。按照特洪牧场首席执行官的说法，百年项目不是拥挤的后郊区的最终类型，而是"21世纪第一个伟大的美国社区"，这引发了许多人将其与第三章中描述的奥兰治县的经历进行比较。

随着冷战的结束和该地区航空航天工业的急剧衰退，以及随之而来的房地产危机和1990年代初的经济衰退，繁荣的羚羊谷，成了有人报道的"中产阶级的内爆"的地方，充满了不能实现的梦想和新"阶级斗争"，因为过于漫长的上班路程，开始对家庭生活和个人健康形成病理性影响。[16]在1990年代，虐待孩子和配偶的比例猛然升高，导致了美国最大的专门针对家庭暴力的心理支持中心的成立。洛杉矶县的凶杀率是最高的，其至在 2008 年的经济危机前，抵押止赎率就达到了异乎寻常高的水平，还有数字不断上升的自杀、离婚和青少年犯罪（尤其是在购物中心）。 抵押止赎率的成倍增加，使得很多新建的空置房在短时间内被来自市中心的下层棚户区居民填满，而其他房屋则变成了破房和服装血汗工厂，进一步表明这座城市的天翻地覆。

这些边缘的城市对外面那些驾车经过的人显得很新，富有吸引力，如果大多数居民说他们很喜欢住在那里的话，我也不会感到惊讶，他们将发现在其他地方很难找到一个舒适和负担得起的家。 也有人认为病态的条件是暂时的成长痛苦，是最终将导致稳定繁荣的周期的一部分。如果说这只是一个郊区城市化的阶段，那么，它就承担了太多的代价，需要更多的公共关注，尤其是在问题不可能全部消失的情况下。

"看不见的"中产阶级悲惨的飞地是重组后的城市形态的特征，就像人们更熟悉的集中于内城的穷苦工作的移民，以及在迅速发展的外城技术中心的工程师和计算机专家一样。 伴随着城市形态的重组，反对增税和要求小政府的运动加剧了新一轮的财政危机，地方政府面临破产，以其他的方式模仿着奥兰治县的例子。[17]

与这里提出的一些论点相反的是，在过去的十年里，内陆帝国的专业物流仓库异常激增，将这片边缘城市地区变成了全国最具吸引力和增长最快的工业房地产市场。 巨大的仓库，有些比 30 个足球场还大，是美国和东亚市场的巨大配送中心。 圣贝纳迪诺附近的旧诺顿空军基地现在是桂格燕麦（Quaker Oats）48 万平方英尺设施的所在地，亚马逊也在基地曾经的高尔夫球场和俱乐部所在地建立了自己的仓储。 Pep Boys 公司占据了旧的阅兵场。 位于老诺顿基地的这个庞大的配送中心集群，是由希尔伍德投资地产公司（Hillwood Investment Properties）开发的，它由得克萨斯州的罗斯·佩罗（the Ross Perot）家族所拥有。[18]

值得注意的是，在这个曾经工业化的内陆帝国外城，几乎没有制造业活动，虽然工作岗位有了明显的增加，但工资不高，可能比餐馆的工作工资要稍微多一点。 物流集群在世界上许多城市地区一直在增长，

155

但人们对其溢出效应的性质和强度知之甚少。 然而，它们很可能是未来城市和区域规划的主要焦点。

郊区的堡垒：抵抗郊区的城市化

几乎与边缘城市对立的是帕罗斯·弗迪斯私托邦天堂，它也许是美国（如果不是世界上最大的）封闭式、戒备森严的社区最集中的地区，积极充当私人住宅政府的角色，防止较贫穷阶层的入侵。[19]帕罗斯·弗迪斯半岛就像一个巨大的太平洋岛屿一样延伸出来，漂浮在洛杉矶盆地低矮的地带旁边。 它的东边延伸到了洛杉矶新兴的港口——长滩，但它那郁郁葱葱、绝对与世隔绝的高地作为世界上第一个私人城市脱颖而出，这里聚集着门禁森严的私人乌托邦，它提供了一种沉迷于保安的都市主义的终极表达，这是迈克·戴维斯在《水晶之城》中讨论过的，它也是郊区对区域城市化的有效抵制。 尽管现在世界上几乎每个大城市地区都有封闭式社区，但其他任何地方都不像这里。

地理上交织的四个城市形成了这样一个私托邦综合体（表3）。 最小的是最纯净的，罗灵山（Rolling Hills）始建于1935年，据说是美国第一个总体规划和封闭式的新城镇。 它首次设置了门房，今天成为戒备森严的私人住宅社区的主要入口。 30年来，门房也充当了市政厅和社区中心的角色，将公共和私人治理混冶一炉。 为了提供和维护一个"牧场式的骑马环境"，作为一块单独的有门禁和守卫的飞地，罗灵山于1957年建市。 有些人说选举出的市议会除了收集马粪之外，几乎没有什么事情可做。 对于购物、学校、警察和其他重要服务，居民依赖——有人说是剥削——外面的资源。 该开发项目没有公共基础设施，没有红绿灯，没有城市拥有的道路、下水道或其他服务。 罗灵山社区协会——一个私有化的、主导性的二级治理组织，控制着城市的出入口，监督建筑设计，并保持广告中所宣传的"只有在大门后面才能找到的独特生活方式"。

表3 帕罗斯·弗迪斯私托邦

城　　市	加入年份	2010 年人口	%盎格鲁 + %亚洲 = % "精英" 人口	%拉丁裔人口
兰乔·帕罗斯·弗迪斯	1973	41 600	62 + 29 = 91	8.5
罗灵山庄园	1957	8 000	68 + 25 = 93	6.2
罗灵山	1957	2 000	77 + 16 = 91	5.5
帕罗斯·弗迪斯庄园	1939	13 000	77 + 17 = 94	4.7

罗灵山庄园是一个更大和更多样化的罗灵山的版本。 它由 30 个不同的封闭式或围墙式的"社区"组成,每一个都有自己的业主协会和独特的建筑,就像大多数封闭式社区一样,通过厚厚的合同来维持,这些合同规定了房屋可以粉刷的颜色,汽车必须停放的地方,以及其他详细的禁令。 律师们称这些协议为"协会管理的奴役制度",无论它们叫什么,这些合同义务以及充当他们的法官和陪审团的业主协会是住宅生活日益私有化的前沿,不仅仅在这个地方,而且在全国各地的主题住房开发和专门的共同利益开发项目中,都是如此。

帕罗斯·弗迪斯庄园在第二次世界大战以前就建立了,它是奥姆斯特德兄弟(Olmsted Brothers)总体规划的(还有罗灵山、附近的托伦斯),他们是曼哈顿中央公园设计者的后代,帕罗斯·弗迪斯庄园反映了与纽约银行利益一直存在的联系。 它不仅是一个小城,也是四个城市中唯一一个有警察局的。

这个集群中最大的(人口几乎是其他三个城市总和的两倍)和最近才建成的是兰乔·帕罗斯·弗迪斯(Rancho Palos Verdes),大致位于葡萄牙弯(Portuguese Bend)的山坡上,该地区(在地质上)被认为是北美最不稳定的断裂带。 在 20 世纪,半岛至少发生了 5 次 6 级以上的地震,震感是所有居民都熟悉的。 在这个地方有很多封闭式社区,也非常具有环保意识,在它的界限内也形成了很多生态保护区,这些生态保护区是除了强有力的私人住宅治理之外的另一种手段,以避免洛杉矶地图上到处都是的高密度开发。

这个私托邦集群是美国最富有的城市/郊区地区之一，居住者主要是共和党人，还有一些纽约自由主义人士混杂其中。 从表格上看，整个半岛的居民三分之二以上是盎格鲁或非西班牙裔白人。 与洛杉矶其他的主要以盎格鲁人为主的富裕地区一样，亚裔人口也颇具规模，两者相加，"精英"人口达到90%以上。 不仅是富人的堡垒地区，具有保卫空间意识的人口也是这个地区最活跃的"本土主义者"。 最近的一起民事法庭案件涉及半岛冲浪者，在卢纳达湾（Lunada Bay）暴力攻击来自北部的"入侵者"，这个地区是负有盛名的世界上最好的冲浪海滩之一。冲浪地盘的捍卫者竖起标志牌，上面写着"只限本地人"，他们安装了监视摄像头。 一些人接受了他们被描绘成冲浪纳粹的说法，这是个恰当的标签。

愈演愈烈的地方主义，无论是由私人居民治理组织提出，或者由本土环保主义者战略规划，都使得帕罗斯·弗迪斯作为传统的白人和富裕的低密度郊区的堡垒，在区域城市化过程中脱颖而出。 迈克·戴维斯拒绝接受任何从这场"本乡原产的革命"中产生积极结果的可能性。《水晶之城》有一章就是以此为名字的，章中的小节标题，表达了他最为恶毒的隐喻："阳光地带布尔什维克主义""白人壁垒""郊区的分离主义""捍卫丰肥生活""反抗密度""中产阶级的瓦茨暴动""业主苏维埃""邻避主义与一问三不知主义"。

其他描述封闭式社区现象的方式包括，将其描述为居住治理和家庭生活的企业私有化的桥头堡、极端保守政治的保留地和"富人退出"的产物，这是富人放弃对城市和城市发展的任何承诺的一种方式，其对城市的影响比中产阶级化要糟糕得多，因为中产阶级化至少涉及一些参与城市生活的意愿。 封闭式社区反映了一种新兴的社会监管模式的更坚硬的表面，在一定程度上也是为了转移政治激进主义，避免动乱，不仅仅通过有意地隔绝和孤立，也是通过将政治参与从城市转移到居住地的那些小策略上，这些小策略占据了"协会管理的奴役制度"的大量

158

时间。

那么，是不是说封闭式社区和像休闲世界和阳光城市这样的专门化私托邦的扩展，就没有任何积极的东西呢？它们难道不是通过选择自由（尽管是由相对富裕的人）创造的参与式地方民主的典范吗？我们能对它们做些什么呢？它们的扩展需要被强制停止吗？它们应该被解体吗？也许这些问题会被自己解答，因为日益增长的区域城市化使人们更难逃离被察觉到的城市生活的危险。如果帕罗斯·弗迪斯比其他社区存续更长的时间，那么我一点也不感到惊讶。

大都市两极分化：制造不平等

与全球化后福特主义城市地区混乱的空间性交织在一起的，是社会结构的重建。这个社会结构已经变得相当具有流动性、碎片化、离心化，在复杂的模式中重新排列，这些模式才刚刚开始被认识和有效地研究。从这种复杂性中可以得出一个压倒一切的结论：都市重组和后大都市转型已经明显加速了社会经济不平等和意识形态与政治的两极分化。同样，不平等一直是工业资本主义城市的特性，但在过去30年中，不平等和两极分化比以往任何时候都更加严重，同时也呈现出新的形式。

虽然与过去有重大的延续性，但当代城市社会秩序已经不能再仅仅由传统的社会分层模式来定义，就像资产阶级和无产阶级的阶级划分的二元城市，或者划分成富人、中产阶级和穷人那样层次分明的城市，或者1960年代分裂美国的种族分裂（黑人和白人）的城市。这些旧的两极分化没有完全消失，但一个更加多样和分散的社会秩序，从社会界限的重组与跨界区分的多元化中，已经形成。这不仅仅是建立在阶级、种族和性别基础上，也是建立在与性向、相对位置、文化认同尤其是移民和本地人口差别的新两极分化上面。

　　自从 19 世纪最后几十年到大约 1980 年，在大都市地区，城市社会的镶嵌画保持相对稳定。 在都市和郊区之间有一个非常明显的界限，有时候这种中心特性主要建立在生活圈子（空巢家庭和单身家庭在市中心，年轻夫妇有孩子的家在郊区）之上，富人和穷人不同的居住地方，从中心到边缘展开了，很明显也有隔离的种族区域。 在过去 30 年，这个镶嵌画已经像万花筒一样旋转不停。 这种空间上的重组，交织着都市系统的社会分层重组，两者的标志都是不平等、不公正和我所说的"大都市两极分化"的加剧。

　　随着空间的重组，很多新的术语出现了，反映了两极分化的社会秩序的重组。 雅皮士（yuppies）这个词在 1960 年代之前很少使用，但今天太常见了，以至于它在后大都市转型中的起源经常被遗忘，这个词指的是年轻的城市专业人士，他们已经成为快速向上流动的代名词。 雅皮士的雄心是由加入超级富豪的希望推动的，超级富豪是一个扩张的百万富翁和亿万富翁的范畴，他们构成了收入阶梯上最高的1%。 在比较成功的雅皮士中，有一些不那么年轻的上层专业人士（更好的叫法是"上层人士?"），行政管理阶层的领导者，他们被描述为当代城市的"新的统治阶级"。

　　在很多北美和西欧的城市地区，雅皮士和上层专业人士，在规划和城市政策的公共领域已经变得非常善于窝里斗。 他们可能不构成一个有凝聚力的阶级，也可能控制不了经济和政治权力的最高层，但他们越来越多地影响着城市的日常生活，塑造着城市景观的发展。 他们是中产阶级化的主要推动者，努力奋斗在城市中心建立和维持他们独特的生活方式和生活空间，无论是字面上还是比喻意义上的。 通过中产阶级化和正常的规划过程，许多贫困社区被改造了——许多以前的居民和当地商店流离失所——因为旧空间里现在挤满了潮流食品店、服装精品店、娱乐区域和其他雅皮士生活的匹配之物。

　　新的职业高管阶层更年轻、更关注城市核心地区，这与他们福特主义的前辈并不相同，前辈往往悄悄地搬到郊区，住在远离市中心的私宅

中。　除了那些逃离城市到外围封闭式社区的人以外，当今一代人要求 160
在城市结构中占据中心位置，并拥有公共和私人权力，使城市建设过程
符合自己的形象和需求。　上层专业人士及其家人被认为占了洛杉矶、
纽约和其他大都市地区人口的三分之一，与被归类为贫困就业人口或依
赖福利生活的 30%—40% 的人口一起，构成了后大都市新的多数群体。

收入阶梯的底部有了新的词汇，首先是前述的移民就业穷人和依赖
福利的下层阶级，著名的非洲裔美国社会学家威廉·朱利叶斯·威尔逊
(William Julius Wilson)，将这些下层阶级定义为与超级富豪截然相反的
极端群体——"真正的穷人"，或者在更早的版本中称为"永久的城市
下层阶级"。[20] 不断扩大的穷人规模和多样性比以往任何时候都要
多：无家可归的人和越来越多的"新孤儿"，被子女遗弃的贫穷老人，
或者(仅在美国)没有医疗保险被医院工作人员丢在街上的病人。　一群
群离家出走的无家可归青年也被大城市所吸引，他们在荒凉的"绝望风
景"中争夺空间，而旧形式的家奴和苦工则以新面貌死灰复燃。　在洛
杉矶和其他环太平洋港口，每年有成百上千名来自印度尼西亚、泰国、
中国和中美洲的移民被"输入"。　他们的证明文件被拿走，他们或者被
"卖"给富人作为家庭的仆人，或者被迫完全与世隔绝，在最恶劣的血
汗工厂状况下工作，工资很低，甚至没有工资。

夹在社会分层的这两个极端之间的是一度庞大的中产阶级，现在随
着少数人慢慢流向富人，更多的人沿着收入阶梯下滑，规模显著变小，
中产阶级的"膨胀"曾是战后繁荣年代的特征，现在已经缩小了很多。
在社会流动性和就业增长方面引领世界之后，美国在后大都市转型中落
后于许多其他国家。　就像许多后大都市一样，中产阶级不再是过去的
样子了。

到目前为止，几乎可以肯定的是，后大都市转型和新经济形成的一
个突出特征是财富异常集中在人口中 1% 的上层那里，随之而来的是底
层 50% 的人收入份额减少。　2000 年，在美国，大约 1.3 万个最富有的
家庭，占总人口的 0.1% 收入超过了 2 000 万个最贫穷的家庭。　这些最 161

富有家庭的平均收入是普通家庭收入的 300 倍，是 1970 年人均收入的 70 倍。[21]这就是一些人现在所说的"幸运的五分之一"，即收入阶梯上位 20% 的人，所得（通常是以较低的比例纳税）始终超过其余五分之四的人的收入。没有任何迹象表明这种收入两极分化已经缩小，特别是在 2008 年金融危机以后。然而，更加具有争议性的是，如何解释和说明这种两极分化现象，以及如何应对它。

也许具有讽刺意味的是，极左翼和极右翼对收入不平等的反应有点相似。两者都把这当作资本主义发展的内在组成部分，一种具有生成性的甚至可能是必要的条件。他们说，这里没有什么新鲜事。不断恶化的不平等呈现出连续性，资本主义一如既往，没有激进的变革。即使是针对非常不同的方向，这种（意见）一致的结果就是使问题正常化，平息了积极干预的需求。

同样倾向于将这种情况正常化的还有一些人，相信收入不平等的产生主要是因为洛杉矶和纽约等大城市地区的强大吸引力，大量的穷人和富人满怀希望，流入城市经济之内，形成了在两极分化和不断加深的收入鸿沟方面令人震惊的统计数据。再说一次，一切都是正常的——没有必要激起新的焦虑。

这种解释的变体在学术辩论中很少提及，却为广泛的大众所接受，即不受控制的移民（穷人）是收入差距的主要原因，也是许多其他经济问题的根源。从这个角度看，需要做的事情显而易见。如果真正想要缩小收入差距，政府需要尽其所能减少移民数量。控制超级富人的数量几乎没有进入人们的视野，因为人们通常认为，致富的欲望推动了经济，永远不应该受到限制。这些广泛传播的态度，大大加深了本土居民和外来移民人口之间的文化和政治的鸿沟，不仅仅在洛杉矶，在北美和欧洲的很多其他城市地区亦是如此。

让辩论进一步复杂化的是，也有一些人声称收入两极分化并不像看起来那么糟糕。他们说，情况看起来比美国历史上任何时间都糟糕的原因，主要是统计数字失真，这是统计尺度选择所致。毕竟，中等家庭的收入没有在过去 30 年当中下降。 至少在 2008 年以前，人们可以使用不同的数据来表明，不平等和贫困比声称的要少得多。 危机引发的重组对一些人来说（也许是必然的）是痛苦的，但整体而言，成功地避免了重大的经济衰退，即使在过去的十年里出现了一些裂痕。

就像自由派赞扬穷人的生存策略一样，其他人则认为，中产阶级已经制定了保持其经济地位和生活方式的策略，改善了不断扩大的收入差距的影响。 匹配后大都市话语的是，出现了大量的有孩子的妇女进入劳动力市场，反映了受过高等教育的妇女，从传统的郊区住家的无薪家务劳动当中"解放"出来。[22]另一种战略体现在双收入无子女家庭（丁克家庭）以及传统核心家庭以外的其他集体安排上，在过去的 30 年里，核心家庭可能和其他任何社会机构一样发生了巨大的变化，现在成了所有家庭中的少数派。 再一次，信息传达出的是，收入差距并不像一些人声称的那样严重。

考虑到这些不屑一顾的解释，以及新自由主义话语和意识形态炒作的盛行影响，直到最近，人们对于确定无疑的美国历史上最极端的收入两极分化的抗议，投入关注相对较少，也就不足为奇了。 就在 2008 年金融危机的后果之中，那个时候整个体系似乎都崩塌了——尤其是 2011 年开始的持续不断的占领运动——经济不平等才变成了一个重要的公共问题。 不必惊讶，占领运动最初发生在纽约，不久后在加州南部和北部，就是最好的证明。

值得一提的是，正好在洛杉矶 1992 年正义骚乱之后，联合国发布的一份报告当中所做的观察："所有六个有人居住的大洲都正在发生一场城市革命"，报告称："引发这场革命的条件与洛杉矶非常相似：犯罪、种族和民族关系紧张、经济困境、巨大的贫富差距、社会服务短缺和日益恶化的基础设施。"要认识到，发达国家穷富之间的最大差距存在于美国，纽约和洛杉矶的贫富差距最大，在那里现在可以与卡拉奇、孟买和墨西哥城相提并论，联合国报告最后预测，城市贫困将是 21 世纪最具政治爆炸性的问题。[23]

163　**规训的新模式**？

　　最后两种话语来自全球化的社会与空间的影响、新经济和信息技术革命，但也许有另外一个与控制有关系的维度，有些学者称之为规训的模式。危机引发的重组是1960年代以来洛杉矶发展背后的根本动力，一直涉及两个目标。第一个也是最明显的是，在意识到旧的、既定的方式——一切照旧——将不再具有生产力后，找到恢复扩张性经济增长和盈利的方法；第二个，通常没有得到同等重视的是，通过改进手段，保证社会安宁，避免积极的叛乱和抵抗，使这种新的资本主义发展形式得以维持。

　　打造新经济并寻找社会控制和规制的改进形式，特别涉及空间策略。换言之，危机引发的都市重组，涉及戴维·哈维所说的"空间修复"的尝试，即重塑地理和建筑环境，以期满足后福特主义、灵活、信息密集型和全球化新经济的需求。所有关乎后大都市转型的六种话语，都是以不同的方式，反映了这种空间修复的尝试和它想要的和意想不到的后果。

　　福特主义及其相关的福利提供和刺激需求的凯恩斯主义政策本身就是危机引发的重组和相对成功的空间修复的产物，危机来自大萧条和第二次世界大战的挑战。福特—凯恩斯主义的空间修复所定义的新经济学和地理学，是基于流水线大规模生产、大规模消费、汽车驱动的大规模郊区化，以及随之而来的城市主义的大都市模式的扩张。这些戏剧性的变化不是自己发生的；它们在美国被一些人所称的"社会契约"所巩固，这是大工会、大公司和支持他们的联邦政府之间的一种广泛协议，在这种协议中，蓝领工人和不断扩大的中产阶级在很大程度上避免了重大的社会动荡和叛乱，以换取加薪、有保障的就业和社会福利的扩展。

社会运动围绕着阶级、种族和性别而展开，偶尔与民权运动合流，它们非常激进地挑战现状。 然而，破坏性的社会动荡是罕见的，至少在 1960 年代的城市骚乱和反战抗议之前是这样。 一种最终被描述为后福特主义的新经济学（和新地理学）开始出现，以应对这些城市的及相关危机，并很快达到 1973 年至 1974 年全球经济衰退的转折点。 这场衰退助长了反动的新自由主义和新保守主义意识形态的崛起，在里根和撒切尔执政时期达到顶峰。 这些不断扩张的政治力量随后将经济衰退归咎于早期的社会契约（以新政和伟大社会政策为象征），并想方设法纠正他们认为政府干预过多、工人福利过高的问题，使重组有时成为削减劳动力成本和工会解体的委婉说法。

显然，至少对于新自由主义政权来说，新经济要增长，其社会和空间形式要有效运作，需要发展新的社会和空间规训与控制模式。 这把我们带到最后两种话语，它们集中在都市地理学和一般的都市生活如何越来越多地受到进程、发展和事件的影响，这些过程、发展和事件在很大程度上阻止了重组后的大都市及其所有的不平等、文化紧张和社会病态的爆发。

第一种话语涉及后大都市的堡垒化，以及迈克·戴维斯所称的"沉迷于保安的都市主义"的兴起，其象征是后大都市成为一个"监狱群岛"（carceral archipelago）的概念，其人口被监禁和隔离在现实和虚拟的监狱中：带有围墙的空间、武装警卫的住宅区和带刺铁丝网保护的购物中心，到处都有即时监控摄像头和技术先进的警报系统。 当这种新的社会空间控制形式在世界各地迅速传播时，关于它的最强硬的话语出现在洛杉矶及其周围。

监狱城市话语，与一个作者和一本书最紧密相联：迈克·戴维斯的《水晶之城》（1990 年）。 尽管戴维斯的书启发了对许多其他城市地区类似现象的研究，但比起其他话语，它也更多地被洛杉矶的例子所主导。 戴维斯的突出成就，就是很大程度上影响了整个世界在 1990 年代是如何看待洛杉矶的。 在他精心创作的文章中，由他的新马克思主义

164

的承诺所驱动，戴维斯把洛杉矶解释为典型的监狱城市，在那里，军事化的警察和全副武装的公民民兵守卫着美国最大的城市监狱里的人口。远远超过了实际塞得满满的监狱及其支持性的"监狱—工业综合体"，这是一种监狱景观，居民们不断增长，绝大多数自愿封闭在监狱一样的堡垒里面，用墙隔开威胁和令人困惑的新都市状况。洛杉矶被视为被困在由防御和封闭空间组成的密集网络中，这暗含着如果没有直接发出警告，侵入者也可能被射杀。

在大约十年的时间段里，戴维斯就是洛杉矶之声，他写了这样一些富有争议的标题的文章，比如"洛杉矶只是开始：美国的城市叛乱"（1992 年）、"超越银翼杀手：城市控制与恐惧生态学"（1992 年）、"谁杀了洛杉矶"（1993 年）、"食人城：洛杉矶与自然的毁灭"（1994 年），还有长篇著作《恐惧生态学：洛杉矶与灾难的想象》（1998 年）。虽然令人惊讶的是，有这么多狂热的读者接受了戴维斯对洛杉矶的世界末日般的黑色愿景，但并不奇怪的是，（也许有些嫉妒的）本地的历史学家、学院派和新闻记者，开始了一场咄咄逼人的运动，攻击戴维斯夸大事实、胡做脚注、政治危险、装模作样反城市。一直以来规模庞大的洛杉矶支持者大军，只把戴维斯视为一个单调的消极主义声音，将他赶出洛杉矶好几年。他会回到他今天居住的南加州，尽管再也不会像 1990 年代那样有影响力了。

以下是一些来自《水晶之城》的片段，主要集中在监狱城市景观上。

欢迎来到后自由主义的洛杉矶，在这里，对奢侈生活方式的捍卫转化为空间和运动中新的压抑的扩散，并以无处不在的"武装回应"为支撑。对物理安全系统的痴迷，以及对社会边界建筑治安的痴迷，已经成为都市重组的时代精神，这是 1990 年代新兴建筑环境中的一种主要叙事。

我们生活在堡垒城市，这里可以做一个粗暴的划分：一个是富裕社会的碉堡化牢房；另一个是恐怖的地方，警察在那里与被当作罪犯看待的穷人作战。始于 1960 年代炎热长夏的第二次内战，已经被制度化到城市空间结构中……在洛杉矶这样的城市里，站在后现代性的糟糕边缘，人们可以观察到一种前所未有的倾向，即将城市设计、建筑和警察整合到一个单一的综合安全的努力中。

洛杉矶警察局突破性地用技术资本替代巡逻人力……这是对一个城市离散形式的必要适应……技术监控和回应，取代了传统的巡警对于特定社区的亲密的"本土"知识……洛杉矶警察局为系统的空中监视引入了第一架警用直升机。在 1965 年瓦茨骚乱以后，这种空中努力变成了整个城市治安策略的基石……为了促进地面和空中的同步，数以千计的住宅屋顶被涂上了识别街道号码的油漆，将鸟瞰变成了一个巨大的警察网格。

166

对于 1990 年代洛杉矶的阴暗面，没有什么比《水晶之城》描述得更好了，尽管危机引发的重组几乎没有被提及，后现代性只在"糟糕的边缘"被讨论，全球化几乎作为一种解释性的因素被回避了，信息技术革命看来局限于洛杉矶警察局，本地社区的斗争也显得令人绝望。 没有任何一个话语与所有其他话语如此脱节，如此苛刻，以至于只能按照自己的条件来看待它，脱离对当代城市的任何另类解释。

洛杉矶的堡垒化和"沉迷于保安的都市主义"，表明了一种控制城市动荡的强硬方法，但另外一种话语已经形成，它提供了一种平息政治激进主义和社会动荡的较为柔软的方式。 它更多地与城市在精神上或心理上如何被感知和想象有关，而不是与塑造城市建筑环境的物理力量有关。 最直白地说，在文献当中描述的比如像迪士尼一样的主题公园风格的城市，模仿先行，政治和文化舆论导向的力量崛起，对虚拟现实的广泛吸收，公众越来越丧失区分真实和想象的能力，这些都有助于麻醉政治意识，阻止反抗和骚动。 这里的一个关键词是移情（diversion），意思是"偏转或者转移注意力"以及"消遣和娱乐"。 在"模拟城市"话语中，像我所描述的那样，社会控制与移情化的陶醉和娱乐混合在一起。

值得一提的是，小布什总统的顾问们与聚集在一起批评他的政权的人之间的交锋（在第三章中讨论过）。批评者被定义为来自"以现实为基础的社区"，而布什团队创造了自己的（模拟）现实，这才是最重要的现实。这种模拟的现实现在不仅仅影响了政治观点和判断，同时也严重影响了我们如何吃、穿，以及我们如何娱乐自己，我们和谁配对，还有很多其他的日常生活的行为。随着幻想先行或者优先考虑——可能不存在的现象的精确副本——普通人发现越来越难区分事实和虚构。真实的城市变成了模拟城市，充斥着出演真实生活的模拟市民，几乎就像他们在玩电脑游戏《模拟城市》一样……在模拟的美国。

167　　　　与这些发展一起进化的还有与之同名的电脑游戏《模拟城市》。它的所有版本都是有史以来最受欢迎、也可能是最具影响力的电脑游戏。《模拟城市》的经典版本发行于1989年，并将自己描述为"原生的城市模拟器"。它附带的用户手册包含一篇关于城市历史和城市规划的严肃文章，鼓励玩家——模拟者们——变成城市建设当局，决定税率、规划分区、为模拟市民救灾。一种更具实效性和道德化的基调在后来的版本中出现了，《模拟城市2000》，它于1993年发行，标榜自己是"终极城市模仿者"，阻止了任何建造"理想"城市的尝试。《模拟城市》不断地更新，有《模拟城市3000》（1999），《模拟城市4》（2003），《模拟城市》（DS版）和《模拟城市：梦想之都》（SC-Society）（2007）。《模拟人生》于2000年发行，而"模拟"前缀多次与地球、农场、城镇、直升机、生活、小岛、塔楼、公园、蚂蚁和火星等名称一起使用。范围和规模进一步扩大的是另一款游戏《第二人生》（Second Life），它已经超越了城市建设而在所有细节上模仿日常生活。

也许《模拟城市》系列最令人惊讶的发展，至少对这里的讨论来说，就是《模拟城市2013》的发布，它在一种特定的区域化语境中操作，有一个多中心的城市网络，它看起来非常怪异地反映了区域城市化的最新思考。

注释：

　　［1］我上一次试图捍卫批判性后现代主义和后现代都市主义的概念，是 1993 年在澳大利亚悉尼举行的一个异常开放和富有支持性的国际会议上，会议由凯西·吉布森（Kathy Gibson）和索菲·沃森（Sophie Watson）组织。 Gibson 和 Watson 编辑了一本书，*Postmodern Cities and Spaces*（1995），它不仅仅收录了我的文章 "Postmodern Urbanization"（附录 1，资料来源 5A），还重刊了我一篇早期文章 "Heterotopologies: A Remembrance of Other Spaces in the Citadel-LA"（资料来源 2D）。 我将在我的著作当中尽可能少用后现代这个词，虽然我愿意继续被当作一位后现代地理学家（也见附录 1，资料来源 5C）。

　　［2］洛杉矶和其他几个主要城市地区正开始从危机引发的重组转向重组引发的危机，这一观点在我与 Allen Scott 联合编辑的一本书的最后一章中进行了讨论，它有一个野心勃勃的名字：The City: Los Angeles and Urban Theory at the End of the Twentieth Century（附录 1，资料来源 5B）.另外一个版本有很多来自洛杉矶的细节，贯穿了那本书的核心章节：*Postmetropolis: Critical Studies of Cities and Regions*（资料来源 5D）。

　　［3］Harvey 的主要著作是 *Social Justice and the City*（Baltimore, MD: Johns Hopkins University Press, 1973）和 *The Limits to Capital*（Oxford: Blackwell, 1982）。 Wallerstein 开始自己世界体系的研究是在下面一本书中进行的：*The Capitalist World-Economy*（Cambridge: Cambridge University Press, 1979）。

　　［4］Manuel Castells, *The Information Age: Economy, Society, and Culture*, vol.1, *The Rise of the Network Society*（1996）; vol. 2, *The Power of Identity*（1997）; and vol.3, *End of Millennium*（1998）（Malden, MA: Blackwell）. See also Castells, *The Informational City: Information, Technology, Economic Restructuring, and the Urban-Regional Process*（Berkeley and Los Angeles: University of California Press, 1989）.

　　［5］对于支持信息技术的非常精彩的讨论，见 Edward E. Leamer and Michael Storper, "The Economic Geography of the Internet Age", *Journal of International Business Studies* 32（2001）: 641—665。

　　［6］如果把金融服务业作为新经济的一个重要因素，并承认近来高技术与媒体工业的增长，那么也许纽约市就应该包括在内，因为它正在经历彻底去工业化和再工业化的形式。

　　［7］Allen Scott 是最早展示产业结构调整的人之一，他展示了通过外包和分包等策略，垂直瓦解、整个生产到消费过程（从原材料采购到最终产品销售）的公司所有权转移以及流水线大规模生产的稳定性是如何启动的。 当这种策略的交易成本变得过高时，就会横向重新融入新的专业集群。

　　［8］各行各业聚集在一起总能找到一些优势。 今天不同的是，福特主义的瓦解以及与之相关的高生产力新工业空间或地区的出现，带来了更新的和强化的优势。

　　［9］Allen J. Scott, *On Hollywood: The Place, the Industry*（Princeton, NJ: Princeton University Press, 2005）; and *Social Economy of the Metropolis: Cognitive-Cultural Capitalism and the Global Resurgence of Cities*（Oxford: Oxford University Press, 2008）. See also his *Cultural Economy of the City: Essays on the Geography of Image-Producing Industries*（London: Sage, 2000）.

　　［10］在一系列出版物中，Scott 通过淡化自然资源禀赋和容易计算的区位因素的重要性，并将主要注意力转移到当地的社会和政治动员以及技术敏感性和技能的地理集中，对区域工业发展和后福特主义工业地理学的形成进行了理论推导。 结合他在垂直瓦解和详细的工业案例研究方面的工作，这种对传统区位理论的创造性扩展使斯科特成为世界领先的地缘政治经济学家之一，吸引了大量外来的学术关注洛杉矶-奥兰治县的经验。

　　［11］洛杉矶种族地理学最好的图景可以在这本书中发现：James P. Allen and Eugene Turner, *The Ethnic Quilt: Population Diversity in Southern California*（Northridge: Center for Geographical Studies, California State University Northridge, 1997）.

　　［12］Le land Saito, *Race and Politics: Asian Americans, Latinos, and Whites in a Los Angeles Suburb*（Champaign: University of Illinois Press, 1980）; Timothy Fong, *The First Suburban Chinatown*（Philadelphia: Temple University Press, 1994）; John Horton, *The Politics of Diversity: Immigration, Resistance, and Change in Monterey Park, California*（Philadelphia: Temple University Press, 1995）.

168

169

[13] Mike Davis, *Planet of Slums*(London: Verso, 2007).

[14] Sonia Nazario, "Suburban Dreams Hit Roadblock", *Los Angeles Times*, June 23, 1996.

[15] Tom Gorman, "Moreno Valley: Boom Town Going Bust Turns to Voters", *Los Angeles Times*, October 28, 1996; and "Bad Times for Boom Town", *Los Angeles Times*, June 24, 1996.

[16] Sonia Nazario, "Class Struggle Unfolds in Antelope Valley Tracts", *Los Angeles Times*, June 24, 1996.

[17] 奥兰治县在加州最成功的抗税中走在了前列, 导致1978年通过了第13号提案, 许多人认为该提案在财政上扼杀了全州的地方政府; 鼓励了导致奥兰治县破产的策略; 助长了教育、基础设施和医疗服务质量的下降; 并对1980年罗纳德·里根的当选做出了重大贡献。

[18] Roger Vincent, "Warehouse Empire: Companies Are Setting Up Massive Distribution Centers in Riverside and San Bernardino Counties", *Los Angeles Times*, April 14, 2013.

[19] 有关封闭式社区蔓延的平衡和洞察力图景, 可以在下面著作中发现: Evan Mackenzie's *Privatopia: Homeowner Associations and the Rise of Residential Private Government*(New Haven, CT: Yale University Press, 1994)。 续作近来出版了: *Beyond Privatopia: Rethinking Residential Private Government* (Washington, DC: Urban Institute Press, 2011)。

[20] William Julius Wilson, *The Truly Disadvantaged: The Inner City, the Underclass, and Public Policy*(Chicago: University of Chicago Press, 1987); and *When Work Disappears: The World of the New Urban Poor*(New York: Vintage, 1996)。

[21] 这里我主要的资料来源是诺贝尔奖获得者经济学家 Paul Krugman 的著作, 开始是他的 "For Richer: How the Permissive Capitalism of the Boom Destroyed American Equality", *New York Times Magazine*, October 20, 2002; 也可以见 *The Great Unraveling: Losing Our Way in the New Century*(New York: W. W. Norton, 2003); 以及 *The Return of Depression Economics and the Crisis of* 2008(New York: W.W. Norton, 2008)。 关于洛杉矶见 Paul Ong and Evelyn Blumenberg, "Income and Racial Inequality in Los Angeles", in *The City*, ed. Scott and Soja, 311—335。

[22] 如果没有同工同酬, 在兼职工作——往往是全职工作——得不到福利的情况下, 受过良好教育的郊区妇女成为一种在许多方面可与非法移民媲美的超级可开发资源。 这两个群体中的数百万人在过去的30年里防止了家庭收入的急剧下降。

[23] 事件之后立即见到报道: Robin Wright, "Riots Called Symptom of Worldwide Urban Trend", *Los Angeles Times*, May 25, 1992, 但没有提到联合国的具体报告。

170

第六章

远眺洛杉矶以外

现在大概有 500 个左右的元城市①区域（megacity region），每个区域人口超过了 100 万。 每一个城市的情况，包括洛杉矶，可以看作两种相互作用力量的结果，一种是影响它们的各个方面的一般性的趋势，另一种反映了多种特定的当地条件和影响力量，使它们彼此不同。 前面一章讨论过的六种话语的目的，都是概括洛杉矶所表达的后大都市转型的特殊性。 在本章，我们将超越洛杉矶案例的解释性细节，聚焦于对当代城市化进程的更一般的理解。

将洛杉矶作为理论建构和实证说明的首要资源，有它的优点，因为很少有元城市区域，在过去 40 年里积累了如此众多的城市变化的地理史文献。[1] 我认为，也可以很安全地说，很少有元城市区域像洛杉矶一样，在这个时间段内"引领潮流"。 然而，这并不意味着，我们可以将洛杉矶的经验直接转译到另一个城市地区，而不需要仔细的限定。我这样说，不仅仅是因为每一个城市是独一无二的，或者因为，就像一些洛杉矶研究小组的批评者所宣称的那样，洛杉矶有如此多与之相关的不同寻常的情况，将其与伦敦、新加坡，或者就这一点而言，与美国城市皮奥里亚（Peoria）、英国城市斯肯索普（Scunthorpe）相提并论，是荒谬

---

① 元城市（megacity）在现在的文献中大多数翻译为特大城市，一般是指人口超过 1 000 万的城市。 但是因为这种城市之特大只是一个特征，更重要的可能有其他的经济、政治和文化意义，甚至大并不是最重要的特征，所以，本书译为元城市。 这种城市可以是一个单一的城市区域，也可以是一个或者多个城市形成的区域。 城市圈（conurbation）、大都市（metropolis）、都市节点（metroplex）也指向多个城市一起形成的城市或者都市区域这种情况。 其他用到词缀 mega-的，如 megaregion 也如此处理。 ——译者注

的鲁莽之举。 趋势和倾向并不是决定性的，它们的适用不能倚赖语境上的相似性。

《我的洛杉矶》探讨的核心之一是，人们可以通过从更全面的、空间信息的角度研究洛杉矶来更多地了解其他城市。 这并不是说其他城市会以某种令人麻木的模仿方式效仿洛杉矶模式。 洛杉矶有很多独一无二的东西，很多东西在其他地方永远不会被重复。 然而，洛杉矶的许多其他方面是可以总结的，在某种程度上适用于世界上每一个城市地区，无论东西南北。 为了支持这一论点，本章分为两个部分。 第一部分是对《我的洛杉矶》的理论基础作简要阐述，第二部分是根据从洛杉矶学到的东西，讨论我所预测的经验趋势，这些趋势将在未来几十年内塑造世界上所有的主要城市地区。

把空间放在第一位

《我的洛杉矶》的一个显著特点是突出了批判性的空间视角，在分析、说明和解释时把空间放在第一位。 空间视角的这种前景化是相对较新的，至少在过去150年里，在社会科学或自由主义和激进（例如马克思主义）社会理论的发展中都没有广泛实践。 为什么这会成为一个在我的研究和写作中用许多不同的方式已经解决了的问题（见附录1，资料来源6A、6B、6C）。 我将简要地概括一下我的理念，以明确我所说的批判性空间视角是什么意思，为什么对于我研究和学习洛杉矶具有核心意义，以及为什么直到最近，西方社会理论和哲学对它的关注相对较少。

为了解释西方知识传统当中，对于空间视角的相对忽视，我对我称之为社会历史主义（social historicism）的东西进行了批判，这是一种本体论和认识论的偏见，赋予社会和历史解释模式、理论建设和实证分析以特权或毫无疑问的优先权。[2]在这种特权中，我认为，社会性和历史性，或者社会和历史的视角，远远超过甚至有时几乎抹杀了空间性和空间解释。虽然它起源于 19 世纪晚期——在西方思想和哲学中并不总是存在——但这种社会历史偏见一直持续到现在，尽管在过去 20 年里，空间视角在整个人文科学中得到了前所未有的与跨学科的传播。

我在一篇文章当中首次确认并探讨了这种社会历史的偏见，这篇文章题目是"社会—空间辩证法"（附录 1，资料来源 6D），发表于 1980 年，那个时候马克思主义的研究方法统治了都市研究，并有力地影响到地理学中的后实证主义的发展。那个时候，作为一名以马克思主义为导向的地理学家，我对即使是最优秀的马克思主义地理学家也忽视社会化空间和空间解释的方式深感失望。他们精辟的分析剖析了社会进程的路径，特别是那些由于资本主义积累的需要而产生的社会进程，更广泛地塑造了空间和人文地理，但对空间进程和现有地理学如何塑造社会生活和社会关系（特别是与阶级有关的）则关注很少。除了少数例外，比如像戴维·哈维的资本主义寻求空间修复的概念（在本书第一章当中进行了探讨），看起来几乎有一个禁忌，避免明确的空间或地理学形式的解释。

在一定程度上，我能够理解，为什么其他的社会科学家和马克思主义者未能应用强有力的空间解释，但为什么地理学家要明确地避免将社会创造的空间看成一个解释因素呢？与其接受社会对空间的固有特权，难道社会与空间力量不应该被视为相互形成的，在解释经验世界时同等重要吗？很容易明白社会如何塑造空间，但我认为，创造的地理学反过来也塑造了社会，因此我提出了平衡的社会—空间辩证法。[3]

1980 年代早期对于这些争论的即时回应，与十年前马克思主义者对同为马克思主义者的亨利·列斐伏尔的著作的反应方式如出一辙，他的著作涉及何为都市空间因果性——都市地理学如何影响了资本主义和阶级斗争的发展（包括空间修复这个刚出现的概念）。他和我都被称为空间崇拜者。"空间很重要"（space matters）已经被广泛承认了，但声称空间塑造了社会阶层，空间关系与社会关系一样重要，这一步走得太远

173

了。 虽然地理学家和许多城市学者，而不仅仅是左派，最终接受了某种版本的社会—空间辩证法，但直到今天，研究社会进程如何塑造空间形式比反过来研究空间进程，如城市化，如何影响社会形式和关系要普遍得多。[4]

1980 年，我也提出，地理学和历史学也同样是相互联系的。 它们相互构成、不可分割，根本而言没有哪一个比另外一个更加重要。 我认为，将历史学凌驾于地理学之上，将历史解释和历史唯物主义凌驾于地理解释和地理唯物主义之上，在哲学上、逻辑上和政治上都是不可接受的。 这比社会—空间辩证法更具争议性和不可接受。 即使是当时思想最开放的马克思主义者也不会轻易同意这种对马克思主义固有的、几乎完全毋庸置疑的社会历史主义的批评。

在《后现代地理学》中（附录 1，资料来源 6A），我批判了社会历史主义的持续存在与现代地理学的胆怯，导致西方社会思想中批判性空间视角的发展和应用乏力，以及地理学学科的相对弱势地位（尤其是在美国）。[5] 现代地理学不能形成一种强有力的空间视角，正如我所说，不仅涉及痴迷于实证主义科学的地理学家，而且现代主义的马克思主义地理学家也是如此。 由于这种强大的社会历史主义，在大部分西方世界，历史学家被认为是比地理学家更受欢迎的知识分子、社会批评家和政治观察家。

主要借鉴了列斐伏尔、米歇尔·福柯和约翰·伯杰，就像我在《社会—空间辩证法》当中所做的那样（包括资料来源 6A 当中的一章），我提出了一个他们以不同的方式进行了探讨的同样的问题：为什么我们认为时间（及其具体的、配置的作为历史的延伸）是动态的和发展的（涉及进程和变化），而空间（及其作为人文地理学的具体配置）倾向于被看作是单纯给定的、固定的和不变的——仅仅是背景、容器、舞台、环境。确实，正如几乎所有物理学家都会同意的那样，时间和空间，是现实的同等参数，根本而言没有哪一个比另外一个更加重要。 自然和社会世界中的一切都是时空的、地理历史的。 然而，毫无疑问，西方社会思想，尤其是马克思主义或者历史唯物主义，自从 19 世纪晚期以来，就偏好批判性的历史分析和解释，而不是批判性空间思维。[6]

那么，什么是批判性空间思维呢？有没有独特的批判性思维和更一般意义的批判理论？对于这些问题，既有非常具体的答案，也有非常笼统的答案。具体而言，批评理论指的是法兰克福批评理论学派，它主要在 20 世纪中叶发展，是由这样一些关键人物马克斯·霍克海默、西奥多·阿多诺以及沃尔特·本雅明领衔的。法兰克福学派是明确的新马克思主义者，专注于马克思主义升级换代，以处理 20 世纪资本主义日益复杂的问题。就像更宽泛的批判理论一样，法兰克福学派的版本——现在在尤尔根·哈贝马斯的著作当中得到延续——围绕着它的实践性、让世界变得更好的有用性来定义理论。

批判性思维和批判理论，无论是空间上或者其他方面，并不像实证主义科学那样，主要着眼于寻求真理或制定人类发展的普遍规律，而是在实践或实际应用（广义上定义为将知识转化为行动）中"验证"知识。这种强调实践和知识在使世界变得更好方面的作用，与城市和区域规划理论的进步形式产生了很好的共鸣。不必惊奇，在过去 30 年里，批判性空间思维受到了马克思主义思想的新形式强烈影响，而且被地理学家-规划师、研究地理知识的实践与政治应用的学者，引领到今天。从曼纽尔·卡斯特和戴维·哈维到艾伦·斯科特、迈克尔·迪尔，从迈克尔·斯托珀到尼尔·布伦纳、穆斯塔法·迪克（Mustafa Dikeç）和马克·普塞尔（Mark Purcell），不一而足。同样值得注意的是，这些地理学家-规划师的绝大多数都在《我的洛杉矶》中扮演着重要角色。

为了更好地理解社会历史主义的起源以及批判性空间思维相对的默默无闻，我最近更深入地挖掘了 19 世纪下半叶的哲学辩论，那个时候社会科学和科学社会主义（或者马克思主义）出现了，而且逐渐主导了自由的和激进的社会主义思想。在这些辩论当中，影响特别大的是德国的历史学派[或者历史学家，来自德文（historismus）]，包括利奥波德·冯·兰克、威廉·狄尔泰、海因里希·李凯尔特、威廉·冯·洪堡、约

175

翰·赫尔德、威廉·文德尔班,以及他们在知识上的后代,比如格奥尔格·齐美尔、马克斯·韦伯、马丁·海德格尔,海德格尔是最强大和最具影响力的历史主义经典著作《存在与时间》的作者。[7]随着社会科学形成,这些历史哲学家开始争论是否有比自然科学中盛行的科学方法更好的手段来研究社会和人类生活。

他们的答案是历史学与历史叙述,并非继续寻求人类发展"规律"的马克思和科学社会主义的思辨和"以法律为依据"的历史,而是建立在对人类经验、地方文化以及时间和地点的"语境"特殊性的客观理解之上的一种新的、经验上更为严谨的、"独特"的历史学科。 人们认为,自由意志和社会意识,而不是外部或自然的限制,必须驱动社会科学中的解释。 在这个意义上,社会科学与马克思主义,都与任何形式的自然地理决定论或对人类行为举止的环境解释是对立的。

176 这种反自然主义将独特的历史学科与当时相当有影响力的地理学学科对立起来,地理学在当时深深地卷入了某种版本的环境决定论或者可能论(possibilism)(人们对其比较弱化的版本的称呼)。 虽然很少有著作涉及这个问题,但社会科学和科学社会主义一开始就坚持一种反地理的(前历史的)偏见。 地理学有它自己的科学版本,内化为自然地理学,因此对德国历史主义的辩论几乎没有吸引力,最终与西方社会理论和哲学的核心争论保持隔膜。[8]

直到最近一二十年,社会历史主义依然流行,对此完全没被质疑也没被认可。 但也有一些相反的声音和例外,比如说两次世界大战期间,"自然主义的"城市生态学芝加哥学派的兴起(也受到 19 世纪晚期德国科学和哲学的影响),在 1960 年代城市危机之后批判空间思想家也出现了(列斐伏尔、福柯、伯杰、哈维和卡斯特),历史主义在西方社会思想和哲学当中占据霸主地位,至少到 1990 年代空间转向的充分发展之前是这样。[9]

空间转向在很大程度上源于对城市空间因果关系的关注,城市空间因果关系是与社会生产的城市空间相关的解释力。 这种对空间思维的兴趣与日俱增，可以看作是从 19 世纪末"历史转向"所造成的扭曲的一种本体论和认识论的再平衡。 在过去大约 15 年间，空间思维的形式已经远远超越了传统的空间学科（地理学、建筑学、城市与区域研究），扩展到几乎所有的人文和社会科学学科，以及批判法律研究、比较宗教研究甚至会计等领域。

在 1985 年提交给布莱克维尔出版社的一份很长的书稿中，我努力建构——提升——这种空间转向。 听从一位富有同情心的编辑的忠告，我把书稿分成了两个部分，第一部分强调我的理论探讨，第二部分的重点就是本书第五章当中讨论过的六种话语和实证例子。 原本设想两卷可以在相隔六个月分别出版，因为在提交时它们几乎完成了。

第一卷出版了，题目是《第三空间》（附录 1，资料来源 6B， 1996 年出版），为了能将原有书稿结合起来，我还给这本书增加了一个副标题："通往洛杉矶或者其他真实与想象之地的旅行"。 第二卷，《后大都市》（资料来源 6C），直到 2000 年才出版，因为我决定让它更像一本教科书，增加了一些关于城市起源的新辩论的导论性章节——这些辩论是由城市学家简·雅各布斯的作品引发的，还有一些从曼彻斯特到芝加哥再到洛杉矶的城市研究的历史发展的讨论。 我还增加了一节关于 1992 年洛杉矶骚乱之后的发展的内容，这是我后面一本书《寻求空间正义》（资料来源 8A）的前奏。

《第三空间》重新定义了我对社会历史主义的批判，围绕一个修正版本的三元论进行，这个三元论在列斐伏尔的著作中相当突出，它代表了三种不同的看待空间的方式：首先是经验定义的感知空间，强调"空间中的事物"，也就是列斐伏尔所说的空间实践；其次是思辨空间或者空间的表征，强调对空间、意识形态和意象的思考；第三是最非传统的、最具创造性的生活空间概念，它结合了前面两种空间，但包含了更多从未完全可知的东西。[10]我的探讨也建立在福柯的异质拓扑学（heterotopology）的概念化上，他将之作为一种看待空间的不同方式。 我使用第一空间、第二空间和第三空间等术语，第三空间代表了我对于批判人文地理学以及理解洛杉矶的方法的核心。

我认为第三空间的视角是批判"作为正在进行的他者之正在进行的第三者"(thirding as othering),它拒绝二元思维的非此即彼的逻辑,在这种思维中,一个人被迫在两个相反的极端之间做出选择,就好像它们是唯一可能一样。 这些二元论充斥着现代主义文献:主体与客体、身体与心灵、男性与女性、黑与白、核心与边缘、社会主义与资本主义、城市与乡村,感知空间与思辨空间。 一个批判性的"正在进行的第三者",目的是打破这些"严重的二元分割",向不同的选择开放,从第三者的可能性起步,一个"他者"而不是简单的另一个。 第三空间,就像福柯的异质拓扑学概念一样,不是一种特定的空间,而是一种以最大的广度和范围看待任何一个人选择的空间的方式。 所有的空间都可以从异质拓扑学的角度,作为第三空间进行看待和解释。

从第三空间的角度看,没有空间是完全可知的;总有一些东西隐藏着,超越了任何一种分析的观点,笼罩在难以破解的神秘之中,就像博尔赫斯的"阿莱夫",或者就这一点而言,像洛杉矶或任何其他"真实和想象"的城市。 这鼓励了城市研究中的知识游牧主义(intellectual nomadism),因为一个人尊重但永远不会满足于自己积累的知识,总是准备进入新的领域,适应新的和不同的环境。 从这一种流动的视角,
178 人类生活(或城市发展)没有永恒的规律,只有一种倾向或者偶然性,最好的理解是至少尝试结合社会、空间和历史的解释模式。 这种对新知识增量的不断追求,而不是顽固地捍卫以前的成就,构成了《我的洛杉矶》所有章节的基础和重点。

《后大都市:城市和地区的批判研究》(资料来源 6C),虽然不像读者和评论者理解得那样,但它是对《第三空间》的刻意致敬,也许更加符合《第三空间》的副标题"通往洛杉矶或者其他真实与想象之地的旅行"。 虽然不是以显而易见的方式,但《后大都市》是围绕着第一空间、第二空间、第三空间的三元视角进行组织的。 第一部分"重新勾画城市空间的地理史",我试图将传统的地理分析核心方法推向一个新

的水平，重点放在简·雅各布斯关于城市起源的激进的修正主义著作上以及城市集群的刺激性（我称之为 synekism）如何作为主要因素首先去解释农业革命的整体规模出现，以及后来所有人类社会历史的重大发展，这给列斐伏尔的理念带来新的曙光，列斐伏尔认为所有的人类社会都是现实的都市社会，从一开始就是如此。多么令人兴奋的思想啊！也许从来没有一个不受城市空间因果性显著影响的人类社会。

跳回到 12 000 年以前，像所有《后大都市》（还有《我的洛杉矶》）的历史文献一样，这意味着给过去 40 年城市发展以更加重要的洞见。如此，它反映了我认为的当代社会科学最重要的突破，一种城市空间因果性的表达，一种即使我在最为意气风发的时刻都不敢提出的主张。现在，有非常严肃的观点认为，城市或城市集群产生的力量是所有经济发展、技术创新和文化创造力的主要原因。按照雅各布斯的说法，这在过去 10 000 年到 12 000 年里都是这样子的。

在西方社会科学文献和西方马克思主义传统中，城市强大的生成力几乎没有被提及，这是对社会历史主义影响最强烈的谴责。现在第一次对这个问题进行了严肃的探讨，这是对空间转向和创新地将空间放在首位的影响的最大致敬，至少在城市空间因果性的形式上是这样。雅各布斯观察到，"没有城市我们都是穷人"，这一个非常精彩的词语转向，指的是狩猎者和采集者在第一批城市定居点定居的革命性时刻。 179 我们将依然是狩猎者和采集者，就像我们已经在智人历史的 99% 以上的时间中所做的那样。

《后大都市》的出版，由于我自己非常痴迷于历史地理考古学的探讨而至少延迟了两年，我追随着雅各布斯回到当代安纳托利亚（Anatolia）的加泰土丘（Catalhoyuk）①以及更久远的地方，以寻根的精神探讨城市起源，品鉴城市集群和聚集的重要性，我在第一部分总结时对南加州行

---

① 加泰土丘（Catalhoyuk），是安纳托利亚南部巨大的新石器时代和红铜时代的人类定居点遗址。该定居点存在于公元前 7500 年到公元前 5700 年，它是已知人类最古老的定居点之一，其遗址被完好地保留至今。2012 年 7 月，被联合国教育、科学及文化组织指定为世界文化遗产。——译者注

政区划（大约它们当中的 190 个）历史演变进行了详细探讨。这里第一个正式的城市是 1850 年建立的"洛杉矶市"，接着是 1878 年安纳海姆，1880 年的里弗赛德，1886 年的圣莫尼卡和圣安娜。据我所知，这是洛杉矶地区第一份也是唯一一份关于市政集聚和建立的地理勾画和历史编年。对其他大都市地区去做这样一个区划形成的历史地理分析也是很有趣的。

第一空间的视角形成了很多新的勾画和重新勾画，第二空间注意力集中在关于（城市）空间的理念、思想和都市重组过程。这些思想或者理念转化成六种话语，每一种都试图从自己的角度对 1965 年瓦茨骚乱以来的城市变化进行理论分析和解释。如前所述，这些论述与其说是关于后大都市发展的坚实理论，不如说是对重组过程的各个方面以及我所说的后大都市转型的试探性而自信的概念化。在这里，有关讨论再一次扩展到洛杉矶以外。

在一定形式上，我感觉到在《后大都市》第三部分被卡住了。我如何才能遇到一个没有限制、几乎是无限复杂的第三空间研究的雄心勃勃的对象呢？我决定努力从一些 1992 年所谓的正义骚乱的非传统看法那里挤出一些新的东西来。我怀疑这样是否赶走很多学院的读者，我写了第十三章，"洛杉矶 1992：表征的空间"，这很明显借助了列斐伏尔的生活空间（的概念），围绕着他人著作的片段，最终结束于一首诗，这是我所写的作为给布莱克维尔出版社原来书稿结尾的长篇自由体诗歌的节版。这样我就将瓦茨骚乱通过很多解释和表征串联呈现出来，这肯定形成了回应意见的涌现，但也让多样的声音被清楚地听到。

在最后一章"后记：对后大都市的批判性反思"中，在非常详细地指出了极其不公平和不公正的地理和社会秩序后，我寻找一些积极的东西来谈论当代洛杉矶。这导致了另一项非凡的发现，这一发现源于对批判性空间视角的应用。在洛杉矶，我发现了劳工—社区联盟异乎寻常地复苏，在应对重组引发的危机的高峰阶段，很多人运用非常明确的空间策略，为社会和空间的正义而斗争。这个话题，我将在本书第八

180

章更进一步探讨。 作为第三空间的第三部分所做的探讨是否成功，我不太好说。 最令人满意的是，《后大都市》三个部分中的每一个，都包含了一些重大的新发现，这些发现来自将批判性空间视角应用于我们对都市重组进程的一般理解。

超越洛杉矶：21 世纪一般的城市发展趋势

就像我以前所说的那样，每一个城市都需要被当作一般的和特殊的集合体。 我们可能从来无法计算出每个城市的确切比例，但在始终尊重其特性的同时，每个城市都会在某种程度上表达出所有城市同时或同步（在同一时间段内）共享的可识别的趋势和倾向。 关注这些大趋势是恰当的城市理论发展的重要一步；这种方法为城市分析家提供了一个丰富的比较研究的概念框架，正如第四章中阿姆斯特丹和洛杉矶的比较所表明的那样。

从洛杉矶学习，主要的指向是为了理解今天存在的单个超过 100 万居民的 500 多个元城市区域。 接下来的讨论我认为是在不久的将来影响世界各地城市发展的最重要的总体趋势。 值得强调的是，这些趋势中，没有一个恰好以同样的方式在今天任何一个大的城市区域中能够体验到。 事实上，收集关于它们表达差异的良好比较数据是未来在关键的城市和区域研究中取得进展的必要基础。

世界的城市化

持续的全球化将日益推动整个世界的城市化。 或者就像有些人所称的星球都市主义（planetary urbanism）。[11]这将导致对全球化的研究朝着两个方向进行，第一个方向将进入对气候变化、环境恶化的动态更有说服力和政策指向的理解；第二个方向将进入对下面这些不断增长的城市化地区的彻底考察，这些地区包括亚马逊雨林、西伯利亚冻原、撒

181

哈拉沙漠、南极与格陵兰岛冰盖，以及所有以前没有城市化的地区，因为城市工业资本主义在某种程度上影响着地球的每一平方英寸的土地。世界的城市化和相关的工业化并不意味着热带雨林将被摩天大楼和工厂覆盖，而是说整个世界将被纳入一个都市的等级制度当中，一个以都市为中心的多层次网络——字面意义来说是一个世界范围的网络——从巨大的元都市延伸到最小的都市居住点。

被创建出来的是第一个真正的全球都市系统，将过去不同的国家都市系统交织在一起。随着世界城市化，通讯、贸易和其他流动日益将元城市地区连接起来，而不分国界。世界城市化涉及这样的讨论，全球化把主权（国家）和自治的民族国家绑在一起，开启了一个有些人所称的（过早的）一个没有边界的世界。同样，也有人声称，全球化预示着——看来是也过早的——威斯特伐利亚民族国家体系的终结。我们能够带着很强的自信说，全球化正在取代国际化，因为它创造了一个日益不受国家控制的全球规模和体系。然而全球化和星球都市主义，永远不会抹去所有的国界，也不会意味着民族国家的终结。

全球城市化的一个后果，就是乡村的逐渐消失——也许更好的表达是城市化。无论何处，在这个地球上的一切都将被纳入一个全球化的城市区域系统，这不仅仅包括熟悉的城市形式，还包括荒野、开放空间和农牧区。这个全球城市系统将包含大小不等的节点，从比旧大都市区大得多的巨大城市区域，到各种小村庄。全球化和全球城市话语将相应地扩展到包括关于新地区主义、可持续发展、绿色产业、气候变化、贫困、不平等、移民、种族主义、文化认同和身份政治的辩论。

全球 500 个元城市区域，或者我怀疑它们将越来越多地被称为元区域（megaregion），将不断聚集世界财富、革新潜力和整体人口的主要部分。根据联合国人居署的最新统计数据，仅占地球陆地面积很小一部分的世界上 40 个最大的元区域，包括了不超过 18% 的世界人口，但今天却占据了几乎所有经济活动的三分之二以及 85% 的科技创新。由于这些数字广为人知，人们将更加重视城市集聚（agglomeration）的理论，

182

城市生成性的影响，以及有些经济教科书现在所称的"简·雅各布斯外部性"的影响。

毫无疑问，500 个元区域在未来的几十年将包揽世界人口的绝大多数。 它们将继续合并到更大的城市圈[1]，几乎可以确定的是，对于它将会出现新的描述性术语。 很难预言，元区域仍将是最好的描述方式，比如珠江三角洲和它的 1.2 亿人口（香港、深圳、东莞和广州每一个城市人口都会增长到 500 万以上），还是几乎相同数量的人生活在（日本）本州南部相互联系的元区域（东京—横滨和名古屋—京都—神户—大阪）。 元区域已经不适合巨大的城市走廊地带，这些在印度的德里和孟买（也可能延伸到班加罗尔、海德拉巴和金奈）之间、在南美互相关联的里约热内卢、圣保罗、布宜诺斯艾利斯和圣地亚哥以及在西部非洲海岸从拉各斯到达喀尔快速形成。

其他几个世界城市化的一般化理解相对容易。 大多数新的城市居民将在我们过去所说的第三世界生活，现在他们坚持将其称为"全球南方"，这在地理上是不准确的。 撒哈拉以南的非洲[如此措辞是为了避免使用"次撒哈拉"（sub-Saharan）一词中不太妥当的前缀]，几乎肯定会经历最快的城市发展速度，可能也是最快的工业化速度，两者都是从相对较低的水平开始的。 所有这些预言，将在与中国即将发生的一切的比较中黯然失色。 全球新一轮城市化浪潮，或者说学者们所说的新城市时代，主要是由于中国在过去二十多年里发生了一场历史上最迅速、最引人注目的社会性城市化和工业化。

目前中国并不是城市占大多数，但城市肯定将很快获得压倒性地位。 在相对不远的未来，城市的比例会上升到 75%。 我们在这里谈论的是至少有 8 亿人居住在城市，绝大多数人有财力至少维持着一种较低

---

[1] 城市圈（conurbations）是一个由多个城市、大的城镇构成的区域，多为人口增长和地域扩张形成，形成一个连续的、工业化的区域。 多数情况下，城市圈是多个核心的城市聚集，交通发达，将各个城市联系起来形成一个相对单一的城市劳动力市场、通勤可达的工作领域。 最早是帕特里克·格迪斯（Patric Geddes）1915 年的著作《都市进化》（*Cities in evolution*）中提出来的。 ——译者注

183　水平的中产阶级的生活方式。 过去出现的前所未有的城市—工业增长
速度不太可能持续下去，不仅仅是因为国际经济危机以及国际贸易的减
少，而且也因为中国政府的政策。 几乎对于绝大多数西方观察家来讲
很难理解的是，中国现在似乎认为，随着国家政策从最大限度地提高增
长速度转向减少社会和空间/地区的不平等，低于 10% 的年经济增长率
是可取的。[12]

　　中国快速的城市工业化和它在全球工业生产方面的领先地位有很多
影响。 中国的发展让后工业化的概念看起来越来越无关紧要和具误导
性，它几乎像一个美国政策制定者耍的诡计，以放弃自己国家的产能。
它还证实了这样一种观点，即当前的全球化浪潮与过去的截然不同，主
要是它的城市工业主义的传播超出了 20 世纪被定义为工业化（和发达）
世界的范围。 浪潮开始于所谓的"亚洲四小龙"——首批新兴工业化
国家和地区——后来在中国其规模和范围都有爆炸式增加，至少在印度
同样的事情也发生了，虽然程度上没有这么强烈，巴西、墨西哥和几个
其他大的国家也是这样。

　　这非常激进地改变了旧的国际分工。 第一和第三世界现在整个要
被重新定义，第二（共产主义）世界几乎消失了，新的权力大国正在出现
并且将在未来继续壮大。 今天，中国和印度合起来作为中印（Chindia）
是世界上超过三分之一人口的地方，同时我们也不断地听到有人谈论金
砖四国——巴西、俄罗斯、印度和中国。 全球化、城市化和工业化比以
往任何时候都是同步和互动的过程。 以这种特殊的方式，全世界已经
变成了伊曼纽尔·沃勒斯坦曾经所说的"半边缘地区"，它们剥削和被
剥削的地位就要发生变化。

　　超国家的区域主义的扩张也反映了世界的城市化和不断变化的国际
分工。 虽然欧洲统一也许继续受到回潮的民族主义的挑战，但几乎可
以肯定的是，超民族国家的组织在世界范围内将会增加。 预言这些组
织超越区域贸易联盟能走多远是一件很困难的事情。 贸易区如南方共
同市场、东盟、北美自由贸易协定，将不断地卷入环境、交通和劳工问

题吗？工会将像公司资本一样迅速全球化吗？这些问题依然是开放的。

都市的全球化

伴随着世界城市化的是都市的全球化，这是由全球范围内持续的大规模移民流动和信息丰富、灵活的资本主义新经济的传播所推动的。也许可以肯定地说，未来几乎每一个元区域的人口将在文化和经济上变得具有异质性。[13]在很多元区域的内城（和一些外城），移民少数群体将在人数上超过本地居民，有关公民的性质、文化认同和城市民主的争论将变得更加突出。

今天最具文化多样性的元城市区域，可能是洛杉矶、纽约和伦敦。至少有两个——如果不是全部三个的话——都在收入差距最大的城市之列，并有可能继续处在这样的位置上。在这三大元城市区域当中，居民使用比其他地区更多的语言，尽管巴黎、阿姆斯特丹和一些其他城市在未来的几十年里可能会迎头赶上。

一种新的文化政治学在发展，这主要涉及差异、身份、代表性和参与的问题，而不是传统的目标比如经济平等。同时，随着移民和本土人口之间紧张、冲突和斗争加剧，限制移民运动有可能继续增加。移民有可能在组建新的劳工—社区联盟，以及围绕特定的城市问题组织社会活动的方面，发挥越来越大的政治作用，这些城市问题包括贫困、无家可归、城市权，以及寻求社会与空间正义（见本书第八章和第九章）。

随着世界城市化的继续进行，我们曾经所称的第一世界和第三世界的城市化与城市之间的差异，以及其他地区化的比较，例如欧洲和北美城市之间，或者欧洲北部和南部（地中海）城市之间，或者阳光地带和霜冻地带城市之间的差异将会显著缩小。这些差异不会完全消失，但与区域之间的差异相比，区域类别内的差异将开始增加。新的思想和认识将从这种契合中产生。例如，要求城市研究仅仅因为贫穷国家的城市居民最多就将注意力转移到那里，这将变得日益空洞和误导；相反，明显的是，由于它们越来越相似，发达国家的城市可以从较贫穷国家的城市中学到许多东西，反之亦然。[14]

很多看来矛盾的特点将继续成为都市全球化的特点。元区域的经济基础将不再叫作后工业，而是被当作同时性和互动性进程的结果（是一种"正在进行的第三者"吗？），这个进程一个方面是去工业化和再工业化的，而另一方面则是去中心化与再中心化的。新经济将传遍每一个地方，并引发关于如何恰当地命名过去 40 年出现的新资本主义模式的更多的辩论。后工业将被拒绝，后福特也是这样，因为世界上有那么多地方从来都不是福特主义的。全球化、信息密集型和灵活性将得到广泛使用，随着金融服务业在 2008 年以后的衰落，高科技向几乎所有的经济部门扩展，文化或创意产业将继续被视为最具推动力和最有利可图的行业，特别是旅游业，它将继续成为世界上最大的产业。

另外一个令人惊讶的矛盾（过去是，将来也将继续如此）是，全球文化经济及其城市表达，其同质化与差异化的同时存在。城市的很多方面将变得越来越相像，将维持着这样的理念比如可口可乐殖民化、美国化，等等；同时更加明显，在其他重要的方面，城市正变得更加异质性，因为时间与空间的特殊性构成了全球化带来的力量。所有这一切都将优先考虑有效的城市比较研究的需要，以打击过度泛化和落入简单化或非此即彼的结论的倾向、过早地鼓吹这样或那样的"终结"。

虽然这并不意味着贫困的终结，但在不久的将来，全球不平等和政治两极分化不太可能大幅增长。现有的不平等程度将具有足够的破坏性，因为这些持续的不平等导致健康水平、寿命、婴儿死亡率以及其他社会和心理病状的差异越来越大。在实际减少社会和空间不平等方面发挥带头作用的可能是中国，它已经降低了经济增长速度，将更多的注意力和资源集中在退化的农村地区和城市中巨大的"流动人口"上。21 世纪重大问题之一将是，中国能否像实现快速的城市工业化一样，在寻求社会和空间正义方面取得同样的成功，将 5 亿人从贫困的边缘带入中产阶级的生活方式。

185

郊区的城市化

世界的城市化在大都市内部的尺度上，表达为郊区的持续城市化（和工业化）。 不仅传统意义上的郊区化几乎在所有地方都会放缓，而且通过城市化进程的变化，郊区将变得越来越差异化与异质化。 虽然一些郊区将能够抵御重大的变革，但大多数将经历人口密度和文化多样性的增加，因为城市和曾经的郊区之间的边界正在被侵蚀，两者以不同的方式混合在一起。 这种情形也将发生在殖民地和一些欧洲城市，在那里富人集中在城市中心附近。 中心城市和以前的郊区一样，在文化和社会阶层方面将变得越来越多样化。

这种倾向可以被描述为现代大都市的"失去界限"。 都市和郊区之间的界限变得日益模糊，中心城市的腹地界限也是如此，因为所有的元区域，在范围和规模上变得全球化了。 腹地，或所谓的城市功能区域，将不得不在多个尺度上进行描述。 失去界限同时，在许多情况下也意味着种族隔离的削弱，包括非洲裔美国人在内的少数族裔居住区，以及同性恋男女严防死守的飞地，比如圣弗朗西斯科的卡斯特罗（Castro）或者洛杉矶的西好莱坞。 随着同性恋者的权利日益受到承认和接受，防御性的"居住区形式"变得不那么有吸引力或必要了。

即使是几乎神圣不可侵犯的行政和政府系统的边界也将在某种程度上发生动摇，因为新的治理和监管理念正在兴起，以适应新的经济地理学。 彻底重组的经济地理学和顽固僵化的政治地理学之间的这种反差存在于许多尺度上，从局部到全球，与这种脱节相关的治理危机将成为新兴的关注焦点。

虽然元区域边缘不断城市化以及它们组织成城市集聚的网络（即形成多核城市区域）是容易预测的，但评估内城将发生什么要困难得多。世界上绝大多数的元区域已经失去了大量内城居民和工作岗位，这冲击了所有那些认为城市地区的"健康"是围绕着其"心脏"状况的人对无法控制的衰落的恐惧。 特别是在福利被中央政府削减的地方，城市和 区域规划者被迫变得更具创业精神，积极参与城市营销和互联网品牌推广，以努力吸引更多的投资和游客的钱。 几乎每个老旧市中心都在寻找自己的复兴"毕尔巴鄂效应"①，虽然很少能够成功。

在新自由主义和其他的保守政策受到挑战和改变之前，超级富人和就业穷人之间的国民收入差距将不断扩大，中产阶级的收入和生活方式也将受到更紧迫的挤压，也许增长速度最快的欠发达国家除外。 在一定程度上，作为对这种巨大的财富集中的反应，非正规经济将在规模和功能上增长，在动员政治活跃的贫民窟人口方面发挥关键作用。 与此同时，"沉迷于保安的都市主义"将以某种形式扩散到所有的城市区域，监视摄像头将变成每个角落日常生活的一部分，而不仅仅在大城市。

尽管住宅生活私有化和封闭式社区发展的阻力会越来越大，但各种形式的住宅区协会和美国称之为共同利益发展（common interest developments）的住房开发模式，将可能在数量上增长，为老年人服务的专业社区将增长最快。 随着互联网接入变得越来越政治化，"数字鸿沟"的重要性愈加突出。 然而，随着所谓的以现实为基础的社区变得更加强大，"欺骗场景"和"篡改"政治学的扩展可能会放缓。 随着"幻想先行"的减慢，许多主题公园将和新建的一样多地关闭，"以现实为基础"的电视节目很可能也是如此。

元区域将在不同的方向上发展。 有些将外城繁荣，市中心严重衰落，底特律就是一个极端的例子。 另一些，比如大阪，在人口大规模从老旧市中心外流到高密度、广阔的外城（这些地方仍将被称为郊区）中安然无恙地生存下来。 一些老旧市中心将被大规模的移民流动重新定义。 新的种族飞地有可能在数量上扩张，但也会有越来越多的种族和文化混杂与混合的地区。 很难说是飞地的形成还是混杂与混合，给城市带来最大的利益，但这两者都是研究和分析的集中区域。

---

① 毕尔巴鄂效应（Bilbao effect），是指旧城市在传统的发展受到限制后，通过建设一些著名的景点，形成对外来者经济、文化等的吸引力，从而形成旅游等方面的优势，能够挣得好的旅游收入，形成本地经济的新发展。 这是规划建筑方面的一个重要的新词汇。 西班牙城市毕尔巴鄂的改造就很成功，后来相关研究便以典型的毕尔巴鄂城市发展来指称这种情况。 ——译者注

郊区城市工业化的标志性成功故事是硅谷，它相当于后大都市时代的亚洲四小龙(在全球经济中崛起为新兴工业化国家和地区)。 这个新的工业空间集中在圣何塞周围，圣何塞现在是加利福尼亚州的第三大城市(仅次于洛杉矶和圣迭戈)，也是美国第八大复合统计区域——圣弗朗西斯科湾区(圣何塞—圣弗朗西斯科—奥克兰)的中心。 它的成功植根于它的区域认同和非正式治理，安娜丽·萨克森(Annalee Saxenian)在她最近的关于硅谷的书当中描写道，"这是全球经济中的区域优势"。[15]随着治理危机和争取区域平等的社会运动以各种规模从全球蔓延到本地，这种区域优势将有助于维持人们对更有效的区域治理的日益高涨的呼声。[16]

这些变化将使得都市生活更加复杂和具有危险性。 这将不仅仅强化城市妄想症和沉迷保安的感觉，还会为世界上几乎所有元区域的城市动荡和骚乱创造条件。 寄予未来的一个希望就是，这些具有威胁性的条件可能会鼓励创造性的联盟建设和更具创新性的以城市为基础的社会运动。

继续空间转向

作为一种学术和知识的趋势，空间转向有可能继续扩展并影响到相关的学科领域，在很多情况下，空间性的话语将从边缘走向争论和探讨的主流。 就像在 19 世纪晚期的历史学那样，当时几乎每一个学科在其学术序列中都有历史学家，几乎所有的人文学科，也许还有自然科学，都会有一位空间专家来探索批判性空间视角的相关性。 成为一名经济、社会或文化地理学家将变得与成为一名经济、社会或文化历史学家一样重要。 这种空间思维的扩散，将在地理学学科内形成很多挑战，地理学学科将被迫重新定义自己，可能是围绕着方法论的重点，或者像历史学一样，围绕着区域专业化和区域研究。

伴随着空间转向的是城市和区域研究领域的其他几个发展。 比如世界的城市化也将涉及西方社会理论和哲学的城市化。 在某种程度上，社会科学和人文领域的每个人都必须成为某种形式的城市学家，尤其随着城市集聚形成的生成性力量变得越来越为人所知和重视的情况下。在经历了一个半世纪的相对忽视之后，突出批判性的空间视角将在许多学科领域带来全新的想法，越来越多的事实表明，我们许多最值得信赖的理论和概念根植于一种对空间没有重视的社会历史主义，如果把空间首先作为一种解释框架。那一切都颠倒过来了。一个极端的例子是简·雅各布斯的著作中产生的一种理念，认为城市化、城市空间的构成，是农业和畜牧业全面发展的必要组成部分，也就是所谓的新石器时代或农业革命。

与简·雅各布斯的理念相联系的，是对城市工业资本主义中的城市的重申。因为在过去，城市空间因果性不断被忽视或拒绝，城市开始从工业资本主义和社会学的讨论中消失。人们很难忽视这样一个事实，即大多数社会行动和社会发展都在城市中发生，但更难想象它们是因为城市而产生的。但是，就像简·雅各布斯颠倒了城市化和农业革命之间的因果关系一样，我们也会理解，例如，工业革命本质上是由城市产生的。

历史学家或者其他人也许会抗议，说第一个工厂无疑就是坐落在乡村地区沿河的一个能源生成的地点，但是，动植物的驯化最初也是在非城市地区发展起来的，可能比苏美尔第一个城邦的建立早了六千多年。然而，全面的农业革命是随着城市化和对食物和住所日益增长的需求而发展起来的，这些需求是随着猎人和采集者在分散在西南亚各地的第一批城市定居而产生的。人们定居下来不是为了变成农夫；他们变成农夫是因为他们定居了下来。同样，也可以认为，工业革命只有在工业资本主义城市与其明显的城市人口——无产阶级和工业资产阶级同时发展的情况下才能充分发展起来。从一开始，工业化作为以工厂为基础的制造业，就是一种都市现象，这主要来自城市集聚的刺激。

与空间转向一起来的，还有一些人所谓的新都市时代，人们对新区域主义的欣赏也在不断增加。我看很少有人怀疑，新区域主义将对21

世纪的都市研究产生越来越大的影响，促进城市和区域的融合，就像城市和郊区相互交织一样。 城市区域和区域城市的概念，是对这种新区域主义的城市反思，元区域和相关术语也是如此。

在新旧区域主义之间也有一些重要的差别。 首先，城市的生成性力量或者城市集聚的刺激性力量的发现，已经为区域分析注入活力，因为这些生成效应植根于有凝聚力的区域经济——在定义为多核城市区域的集聚网络中。 这导致了区域和区域主义重大的再理论化，这就是地理学家、规划师迈克尔·斯托珀在他的开创性著作《区域世界：全球化经济中的领土发展》（*The Regional World：Territorial Development in a Global Economy*， 1997)中提出的。[17]

虽然斯托珀没有用新区域主义这一术语，但他认为，区域是极其重要的社会单位，与社会科学传统关注的基于亲属关系和文化、经济交流和市场以及政治国家和民族认同的社会形态同等重要。 此外，他还宣称，有凝聚力的城市区域经济是经济发展、技术创新和文化创意的传播基础，散发出的力量能够与市场竞争、比较优势和资本主义的社会关系相媲美，甚至更强。

即使在最夸张的说法中，传统的区域发展理论也从未在其坚信的地区主义中走得这么远。 在过去，区域首先被看作事情发生的场所，经济和社会进程的后台储存库。 今天，地区本身被视为强大的驱动力，为地区世界的生产、消费和创造力注入了活力，同时也塑造了资本、劳动力和文化的全球化。

新区域主义与旧区域主义的不同之处还在于其覆盖面更广。 旧区域主义倾向于把注意力集中在亚国家层面的地区，例如阿巴拉契亚（Appalachia)、魁北克和加泰罗尼亚（Catalonia)，偶尔也会涉足大都市区域主义。 新版本的区域主义继续关注亚国家层面的区域主义（近些年来它已经蓬勃发展)，也延伸到超国家的区域主义（比如说欧盟和区域贸易集团的多元化)和本土问题，比如以社区为基础的区域主义新领域，在那里，以社区为基础的组织，动员区域联盟以促进其目标。

190

　　一些左翼批评人士认为，新区域主义只不过是新自由主义政策和意识形态的小小的调整策略，是对城市和区域规划的创业方法的巧妙延伸。　一些自由主义地理学家感觉到了新区域主义的威胁，将它看作仅仅是一种肆意蔓延的、经济主义的区域科学的更新。　一定数量的社会科学家欢迎新区域主义，但把它限制在超国家组织方面，忽视了关于城市聚集的刺激的新理念。　随着新区域主义的定义和认识更加清晰，这些批判和误解将会消失，今天所称的新都市时代，将越来越多地被视为城市区域或区域城市的时代。

191

　　我认为在将来要发生的是：城市和区域研究的日益融合。　城市和区域理论、经验分析、社会行动主义、规划和公共政策的日益融合，在与之密切相关的重大城市化趋势中表现得最为明显。　这种趋势将在未来几十年变得更加突出。　我在这里指的是一种根本转变：从城市发展的大都市模式到我所说的区域城市化（与新区域主义有非常深的联系），这是下一章的主题。

注 释：

　　［1］我想再次强调在过去 40 年的这种积累。　许多历史学家，其中一些没有相关的地理学想象力，批评洛杉矶研究小组和学派，认为他们没有涵盖更多的洛杉矶历史或者没有充分地欣赏历史学家的技艺。　对我来说，这有点像在批评无家可归者的临时避难所，因为这些避难所没有让一个建筑学家进行构思和建造。

　　［2］本体论涉及关于人类的存在或者"存在"（being）的基本陈述。　认识论是指我们如何才能确信我们对世界的认识是充分的和准确的。　例如，科学方法就是一种认识论。

　　［3］社会—空间辩证法的理念可以在 Henri Lefebvre 的著作当中找到，尤其是 *La production de l'espace*（Paris：Anthropos，1974），英译本为 *The Production of Space*（Oxford：Blackwell，1991）。

　　［4］地理学关于环境决定论历史的记忆，加剧了它对任何形式的空间因果性的恐惧。然而，这些恐惧没有认识到人类地理学的社会起源，这个问题在 Lefebvre 的《空间的生产》一书中得到了很好的阐释。　如果我们形成了我们的地理，那么我们也能够改变它们使之变得更好，通过协调一致的社会行动，让它们更彰显社会正义与平等。

　　［5］20 世纪中叶，地理学已经被排除出了美国的教育系统。　地理学很少在 K-12 课程中作为一门单独的学科教授，因为它越来越多地被吸收到社会研究中，并由非地理学家教授。　在大学层面，曾经建立的地理学系从常春藤联盟（今天只剩下达特茅斯学院有一个小小的系）、斯坦福大学，还有最近的芝加哥大学，消失了。　随着在小学、高中和大学学习现代地理学的机会越来越少，地理无知在美国变得非常猖獗，没有一个很强的基础来支

192

撑，剩下最好的地理系的博士生和教员大多是在外国出生和接受培训的，其中来自英国、加拿大、澳大利亚和新西兰的人数特别多。

　　［6］我想强调，这并不等同于反历史或否定历史解释的重要性。　这也不意味着，我们现在应当将空间提升到比时间更重要的地位，除非也许作为一个战略前景，来揭露社会

历史主义的狭隘影响。

　　［7］对更多的德国历史学家和他们的后代，参见 Georg G.Iggers, *The German Conception of History：The National Tradition of Historical Thought from Herder to the Present*（Middletown CT：Wesleyan University Press，1983。

　　［8］不像地理学，历史学实际上在当代排斥了它的"物理的"和"自然的"一面。当说到历史的时候，人们假设它是人类历史或社会历史，而人们总是要区分人文地理和自然地理。事实上，直到 20 世纪才出现了一个不受环境影响的独特的人文地理学领域。

　　［9］见导论的注释 9，更多论及空间转向。

　　［10］生活空间也有"生活时间"的回声，或者可以说是历史决定论对传记的定义。我认为列斐伏尔的意思是，个人或社会或文化的传记是时空的，而不仅仅是时间上的。他对历史主义的批评几乎总是含蓄的。

　　［11］Neil Brenner and Christian Schmid, "Planetary Urbanization", in *Urban Constellations*, ed. Matthew Gandy（Berlin：Jovis，2012），10—13.

　　［12］对中国未来的一种迷人观点见：Zhang Weiwei, *The China Wave：Rise of a Civilizational State*（Hackensack，NJ：World Century，2012）。

　　［13］如果我们只把外国人计算在内，一些中国城市可能会被证明是例外，然而，即使在这里，也可能出现更多样化的移民流动，从归国华侨，到目前据报道在广州等地的大量非洲移民人口——有一些人认为可能要达到 20 万人，他们主要来自西非。参见 Bill Shiller, "Big Troubles in China's Chocolate City", *Toronto Star*，August 1，2009。

　　［14］我考虑这个问题的时候，想起来有一些人把洛杉矶称为"第三世界的首都"，它的移民几乎来自世界上每一个国家。

　　［15］Anna Lee Saxenian, *Regional Advantage：Culture and Competition in the Silicon Valley and Route 128*（Cambridge，MA：Harvard University Press，1994）；and *The New Argonauts：Regional Advantage in a Global Economy*（Cambridge，MA：Harvard University Press，2006）.

　　［16］Manuel Pastor Jr.，Chris Benner，and Martha Matsuoka，*This Could Be the Start of Something Big：How Social Movements for Regional Equity Are Reshaping Metropolitan America*（Ithaca，NY，and London：Cornell University Press，2009）. Pastor 是一位经济学家和地理学教授，也是南加利福尼亚大学环境与区域平等项目主任。Matsuoka 在西方学院教书，在加州大学洛杉矶分校城市规划专业完成了她的论文，论文主题涉及以社区为基础的区域主义。

　　［17］Storper 是加州大学洛杉矶分校城市规划专业的教授，从一开始就是洛杉矶研究　193
小组内部的重要成员。《区域世界》由吉尔福德出版社出版，它的副标题反映了广泛使用"领土"和"领土的"来代替"区域"和"区域的"这两个词的情况，我希望这种做法在将来不再延续，特别是如果它是以牺牲区域概念和思维的重要性为代价的话。

第七章

区域城市化和大都市时代的终结

区域城市化在前面一些章节中已经提到过很多次了。 我想在这里说的是，除了提供更进一步的概念澄清和细化以外，就是尽我所能强调区域城市化呈现出非常重大的变化，一个方面是城市化进程的性质，另外一个是我们如何看待城市和都市变化。 区域城市化被定义为大都市模式的变革性转变，要定义和描述这种工业资本主义城市的最新演变，需要的不仅仅是简单的名称更改。 相反，它标志着一场根本性的结构、行为和分析变革，值得用划时代的术语来描述，这是一场明显的范式转变的开始，一场深刻的蜕变，是对正在创造新型城市的现代大都市的一次深远的解构和重建。 因此，它几乎需要在城市理论和实践的各个方面进行相应的变革。

我意识到，从大都市到区域城市化模式划时代的转变，这是三十多年来观察和研究洛杉矶都市重组的直接结果。 这种密集的经历让我相信，洛杉矶的重组远远不止是不断积累增量变化和零碎的改革。 虽然现代大都市依然存在，但洛杉矶的发展已经与过去发生了深刻的决裂，并随着城市化进程的重新定位，走向一个不再适合我们传统的范畴、模式或理论的城市未来。 在这个新的洛杉矶，生动地呈现出一个全球化的城市与区域，一个多中心的网络城市聚集地。 在它的区域范围内，包含着一个世界上出现过的文化和经济的异质性的集合。 一个新的工业资本主义城市的元区域版本出现了。

大都市到区域的转变没有否定都市重组、后现代城市化以及后大都市转型的概念；而是将它们放大到另外一个重要层面。 都市重组保留了核心概念，但它是一个中性的解释，在人们心目中是没有最终状态的。 每一个后续的"修订"都变得更加具体，但只有承认区域城市化是变化的过程，城市区域或区域城市是其最终产物，都市重组才能获得其适当的结局。

我还想强调，这种转变并不意味着工业资本主义城市和工业资本主义自身的终结。 就像我早些时候所说，前缀"后"（post）经常轻易被使用，但不应该用在三个关联的词语的前面：都市、工业和资本主义。当今并不是后城市的、后工业的或者后资本主义的，这并不意味着它是工业革命以来一直存在的旧的城市工业资本主义。 经济重组也带来我们生产和消费模式方面的激进变革，创造了新经济学和新地理学，它们共同定义了大都市时代的终结以及新城市—区域时代的兴起。

显而易见的都市重组

对于区域城市化日渐兴起的力量及其认可，完善了《我的洛杉矶》中的故事，同时也引发了一个新的叙事，一个在规模和影响上扩大了的区域城市化的概念，远远超出了洛杉矶的范围。 然而，在转向这样一种新的叙述之前，如果仅仅是要设置一个场景的话，值得对已经完成的故事进行一个简单的回顾。

正如你们还记得的，我从 1965 年瓦茨骚乱的余波开始，在这一爆炸性事件和 1960 年代末世界各地的其他城市起义中看到了一个关键的转折点。 这些世界性的城市危机加在一起，标志着发达工业国战后长期经济繁荣的结束，开始了一系列不同尝试，旨在创造一种工业资本主义的新形式，这种资本主义能够恢复可持续的经济增长，同时保持足够的社会控制，以防止新的社会动荡。

我们将发生的事件称为"危机引发的都市重组"。 这是一个开放的

196 概念，它试图描绘全面转型和零碎改革之间的中间地带，因为它肯定不是革命性的，也并不仅仅是微小的调整。 到 1973 年至 1974 年全球经济的深度衰退之时，"重组"这个术语被用来描述许多不同领域的重大结构性变化，而不是完全转型。 第一、第二、第三世界的秩序正在被重组；福特主义和凯恩斯主义国民经济学正在重组；同样有很多的公司、住房和劳动力市场，甚至大学和电视节目也在重组。 将这一概念应用于城市中发生的事情并不是很大的跳跃，但这样做打开了一条一直延续到今天的城市研究的新途径。[1]

从一种明确的空间视角来研究都市重组的政治经济学，激发了本土规划师和地理学家小组，决定要理解 1965 年以后这个地区所发生的戏剧性变化，以扩大他们的研究范围。 起初，他们发现了不同进程的混合，有一些进程反映了美国制造业带或霜冻带正在发生的毁灭性的去工业化，另一些则暗示着工业的重生，一种典型的阳光地带，特别是环太平洋城市的再工业化。 随之而来的是各种不同的重组进程的建立。

至少早些时候的发现是，洛杉矶是当时美国最大的工业都市，其制造业的雇佣人数比底特律、纽约或者芝加哥要多，而且它还是大萧条以来美国领先的工业增长标杆。 然而，工业洛杉矶之所以脱颖而出，不仅是因为它的规模，更是因为它在一个城市地区结合了密集的去工业化和再工业化进程，其规模几乎肯定比其他任何现代大都市都要大。

这些不同寻常的条件正在构成（以及正在被构成）一个新的大都市内部的地理学。 其特征是：它的核心地带，也许是这个世界上最大的移民就业穷人的文化聚集地，而在其曾经无序蔓延的郊区，则是一系列密集的外围城市的发展。 其中最大、最具推动力的是以奥兰治县工业综合体（Orange County Industrial Complex）为中心的，奥兰治县工业综合体是南加州版的硅谷。 危机中的资本主义，努力做它过去曾成功做过的事情：创造新地理学，以适应新兴的新经济。 这种对空间修复的再度尝试，就像戴维·哈维所生动描述的那样，是从大都市向区域城市化转变的主要力量。

在对洛杉矶的区域城市化的早期研究中，出现了几种不同的方法。有一些人坚持对都市重组保持一种很强烈的地缘政治经济学的视角，强调后福特主义的工业化以及一种更灵活的资本主义的兴起。其他的洛杉矶研究者则转向强调洛杉矶的后现代化，以及种族、民族、性别和阶级之间的复杂关系，这些关系正在定义一种新的差异和身份认同的文化政治学。然而，后现代与后福特都市主义不是都市重组的唯一结果，甚至对那些曾经探讨了它们在洛杉矶区域充分表现的人来讲也是如此。人们越来越需要找到研究路径来结合各种方法，以研究这座现代大都市显然正在发生的比任何人预期的更深刻的转变。

为了概括这些有关都市重组的大量文献，我用了相对比较中性的术语"后大都市"和"后大都市转型"，以捕捉发生在现代大都市的许多变化，保持都市研究的视野向多种观点开放。这种开放性体现在六种不同但相互交织的话语和思想流派的认同上，这些流派对洛杉矶和许多其他世界主要城市生动地表现出来的深刻而广泛的转型进行了研究。这些话语交织在一起的是现代大都市在20世纪末所采取的诸多方向的丰富图景，但潜在的最终状态仍然没有被很好地界定。

然而，只是在过去的几年里，我才明白如何最好地定义新兴的城市形态。都市重组进程不仅继续以复杂的新模式展开，相反，它正在导致大都市模式本身的深刻变化，从一种城市类型到另一种城市类型的真正蜕变。现代大都市在城市和郊区世界之间有了明确的划分，正在经历一次解构或瓦解，以及作为一个多中心的区域集聚网络的重建或再造，一些人开始将其称为城市区域或区域城市。[2]眼中只有那些大都市的话，将会错过几乎全部新的动态。

经验的表达

虽然很少有人能够明确认定转型范式的转变，但城市形态和功能发

198 生根本性变化的大量证据正在迅速积累。 外城的增长和郊区的城市
化，在 1970 年代中期已经被讨论过，而最近被谈论的（话题）是大都市
时代的终结、大都市被释放了、无尽的城市、大反转、元区域的美
国。[3]新的词语和概念有如术语大爆发淹没了城市文献，其目的在于
描述城市、郊区和非城市领域之间的特殊融合，这是区域城市化进程中
不可或缺的一部分。[4]

　　例如，就在过去几年时间里，研究者开始确定和探讨"中间地
带"、"城市之间"、"中间景观"、"混合地理学"、"半城半郊"、"边缘
城市化"、"乡村都市发展"（rurban development）和其他看不见的"阴
影之地"（shadowlands），在这些地方，城市、郊区和非城市的生活方式
以非常规的方式混合在一起。[5]虽然没有明显背离大都市模式，但城
市—郊区融合在东亚城市研究中占有突出地位，产生了乡村与城市混合
的"城乡结合部"（desakota，源自印度尼西亚语）和"城中村"（中文）
等概念。 雅加达和新加坡—柔佛—廖内群岛三角区（SIJORI）周围形成
的地区城市的新名称也在涌现。

　　在这场争论中一个很特殊的地方是由这本著作所支撑的：《兴旺之
城：美国偶然之城的兴衰》（*Boomburbs：The Rise and Fall of America's
Accidental Cities*），由罗伯特·朗（Robert Lang）和詹妮弗·勒夫吉（Jen-
nifer Lefurgy）撰写，布鲁金斯学会出版社 2007 年出版。 这本书不仅为
美国郊区发展较大的城市[比如像梅萨（Mesa，在凤凰城之外据称是最
大的）、安纳海姆、普兰诺（Plano，达拉斯—沃斯堡）、内珀维尔（芝加
哥）、北拉斯维加斯以及科勒尔·斯普林斯（Coral Springs，迈阿密）]提
出了一个生动的新术语，而且它暗示与过去的重大决裂已经发生，并将
继续塑造城市的未来发展。 然而，最终这些城市被描述为"偶然
的"——几乎是人为的，当然也是意想不到的。 在今日美国，朗是最具
有区域性思维的城市学者之一（见注释［3］），他非常接近于定义区域城
市化，但不能从大都市的精神状态当中解脱出来。

　　为了进一步对区域城市化的概念进行反思（如果不是字面意义上），

联合国开始按照城市所在区域排列世界上最大的城市而不是按照大都市地区，或者更大的这个或者那个，尽管它从未解决按国家进行多重定义的问题。 沿着类似的路线，美国人口普查局已经使用了"城市化区域"这个词，部分原因是要捕捉这种新的趋势。 这种相对较新的普查范畴，衡量着过去所称的建立起来的区域的整体，首次揭示了一个令人震惊的"发现"，即洛杉矶在 1990 年超过纽约市，成为美国人口最密集的城市化地区。 没有什么比后大都市和后郊区的洛杉矶引人注目的密度更能戏剧化地说明地区城市化的方向了。[6]

199

城市化进程发生重大转变的证据已经从世界各地搜集来了，从洛杉矶、华盛顿特区、湾区（the Bay Area）到德里、圣保罗、上海。 对新趋势做出最早描述之一的，是彼得·穆勒（Peter Muller）的美国地理学家协会的资料论文：《外城：郊区城市化的地理学后果》，发表于 1976 年。 穆勒引证了他人早先的观察，比如玛索蒂（H.L. Masotti）1975 年指出，"郊区变成了 1970 年代的城市"，布莱肯菲尔德（G.Breckenfeld）1972 年指出，"区域中心已经变成了迷你城市"，结果是 "城市地理学微不足道但意义重大的变化……是几个核心而不是一个单一的核心：老的市中心，还有边缘上的卫星城中心地带"。[7]

然而，在几乎所有的案例当中，观察者们都倾向于将他们的所见解读为人们熟悉的大都市模式的延续，而不是决裂，这种模式通常被认为是永恒的。 对新趋势的两个后来也是最著名的描述有点例外：乔尔·加罗（Joel Garreau）的《边缘城市：新前沿的生活》（1991）和迪耶·萨迪奇（Deyan Sudjic）的《一百英里之城》（1993）。 两本书都描述了似乎与过去的重大决裂。 他们推测，正在出现的是城市近代史上最激进的新发展，暗示着我们所知的工业资本主义城市的丧钟可能正在敲响。 他们的观点当然不是区域性的，如果说有什么不同的话，那就是倾向于后工业化主题。

考虑到它特别提到洛杉矶，那么就值得引用加罗的《边缘城市：新前沿的生活》当中极富热情的开场白："美国正在创造我们建设城市百年来最大的变化。 任何一个正在发展的美国城市，都以洛杉矶的时髦形式在发展，都有了多样的都市中心。 这些我们新的'文明炉灶'——美国大都市人的绝大多数在那里工作，在那里生活——看起来一点都不像我们旧的市中心。 建筑物很少肩比肩……它们宽阔而低矮的轮廓像蘑菇一样点缀着这片土地，中间被绿地和停车场隔开。"[8]

让我们用加罗的定义更仔细来看洛杉矶的边缘城市，因为它们是多中心地区城市化进程的关键标志。 资料更新到 2012 年，加罗列出的洛杉矶老市中心周围的边缘城市已经达到 30 个，仍然是世界上所有大都市地区中数量最多的，就像他那本书在 1991 年首次出版时一样。 华盛顿特区次之，有 25 个，纽约和芝加哥各有 23 个，圣弗朗西斯科湾区有 21 个。 除了休斯敦(13 个)没有其他的美国都市地区有超过 10 个的。

洛杉矶的边缘城市 15 个在洛杉矶县，10 个在奥兰治县。 老旧市中心没有单独的名单，但洛杉矶很多原来的边缘城市，包括沿着威尔希尔大道的奇迹一英里(Miracle Mile)，还有律师云集的世纪之城，它们都不在 2012 年的边缘城市名单上。 显然被排除在外的是"洛杉矶市"、长滩、圣莫尼卡和帕萨迪纳那些旧的市中心，所有这些——也许不很典型——从 1991 年以来已经经历了重大的复兴，也许比名单上的一些边缘城市增长要更快、更远。

围绕洛杉矶的多核集聚网络的更好的视角，来自超过 10 万居民的较大区域的城市地图。 1980 年这样的城市有 15 个，在地图 10 中列出和定位。 这个名单更新到 2010 年，数目扩展到 40 个，如表 4 所示。原来的 15 个用星号标记。

除了"边缘城市"和"外部城市"，朗的"兴旺之城"、"无边之城"(edgeless cities)，还有我的"外城"以及"边城"(off-the-edge cities)，边缘的城市化和日益增长的都市与郊区混合，已经产生了不断扩张的新词汇表，似乎每一位城市学家都努力将自己命名用到新的都市现象上。以下仅仅是新词汇表的一部分："郊区市中心"(suburban down-towns)、"迷你城市"(minicities)、信息之城(galactic cities)、城市星系

表 4　2010 年人口超过 10 万的城市

*洛杉矶(4 065 585)	科罗纳(148 597)
*长滩(492 682)	兰开斯特(145 074)
*圣安娜(355 662)	奥兰治(141 634)
*安纳海姆(348 467)	*富勒顿(137 624)
*里弗赛德(300 430)	千橡(128 564)
欧文(212 793)	埃尔蒙特(126 308)
*格伦代尔(207 303)	西米谷(125 814)
*圣贝纳迪诺(204 483)	英格尔伍德(118 868)
*亨廷顿海滩(202 480)	科斯塔梅萨(116 479)
*奥克斯纳德(197 067)	唐尼(113 469)
方塔纳(188 498)	西科维纳(112 648)
莫雷诺谷(186 301)	诺沃克(109 567)
兰乔库卡蒙格(177 736)	维克托维尔(109 441)
圣塔克拉利塔(177 150)	文图拉(108 787)
*加登格罗夫(174 715)	伯班克(108 082)
*安大略(173 188)	南门(102 770)
*波莫纳(162 255)	特曼库拉(102 604)
帕姆代尔(151 346)	穆列塔(100 714)
*帕萨迪纳(150 185)	米申维耶霍(100 242)
*托伦斯(149 111)	里亚托(100 022)

＊为 1980 年 15 个人口超过 10 万的城市。

(urban galaxies)、后郊区(postsuburbia)、技术城市(technoburbs)、技术极地(technopoles)、非城(disurbs)、农村都市(rururbia)、边缘城市(perimeter cities)、边缘中心(peripheral centers)、都市村庄(urban villages)、硅谷景观、核子城(nucleations),甚至还有意式香肠披萨之城(pepperoni-pizza cities),用以描述以前还是郊区的城市。[9]

特别有趣和令人困惑的是"边缘城市化"(periurbanisation),这个词语拼写当中用了一个 S 而不是 Z,表明它的欧洲的尤其是法国的来源。边缘城市化(它是"边缘的城市化"的轻度缩写版),已经被法国国家统计与经济研究所确认为独特的都市范畴,描述(所谓)紧凑的欧洲城市之前的腹地以外日益密集的定居点。 因此，它适合我所称的区域城市化的进程，但在欧洲，它被概念化为一个更隐蔽的蔓延和不可持续的城市增长的例子。 以这种方式使用，通常不考虑密度增加的位置，边缘城市化的概念允许观察者不必承认郊区日益增长的城市化、大型外部城市的发展、城市中心人口密度经常在下降、多中心的都市网络的增长以及其他大都市模式的指标，正在变成另外的东西。

然而，在中国，边缘城市化被广泛用于指扩展城市区域（EURs）中的快速增长地带，在原来被划为农村和农业的地区，人口密度增加，转向制造业或者服务业经济，后来被重新划为都市。 中国的规划者预期，在不远的将来，至少有 2 亿人会迁入这些人口密度快速增长的地区，这是中国版的郊区城市化，但似乎是从零开始规划新的外部城市。比如说，在北京市中心以北 20 英里处，相对靠近国际机场和奥运会举办地，是一个耗资 6 000 万美元的门禁式城市，名字叫作奥兰治县（橘郡），它是由奥兰治县的建筑师、开发商、室内设计师和工业设计师设计、开发和建造的，这是区域城市化（特别是南加州外部城市的全球影响力）的另一个反映。[10]

近来我们的城市区域词汇表增加的一个新词是"城中村"，大致意思就是城市中的村庄，介于贫民窟和新住宅区之间的一种地方。 这些城市村庄坐落在市中心区域或者它的边缘，现在经常塞满了挤作一团的多层建筑。 它们相对不受任何形式的集中城市规划的监管，通常为来自农村地区的贫困移民和城市中的大量流动人口提供廉价的住所，因此，它们通常被称为贫民窟。 即使被密集的城市用地所包围，许多也被归类为农村。 很多土地的所有者（landowners）现在变成了富有的地主，不受外边干扰的任何影响。①政府的干预很困难，特别是考虑到与以贫困和流动人口为主的人口相关的政治敏感性。 毫无疑问，随着中国继续城市化，将会有更多关于城中村的讨论和认可。

---

① 中国的土地制度中，土地是公有制度，所以土地所有者只能是国家或者集体，这里作者所言土地所有者应该是个体的人，有误。——译者注

　　从珠江三角洲到洛杉矶的区域性城市，解读日益增长的城市—郊区融合和外部城市的形成，需要与大都市模式及其根深蒂固的思维方式脱节。　与其将这些地区视为持续不断的郊区蔓延，偶尔会有几个兴旺之城散落其中，不如将整个大都市地区视为被城市密度所填满。　这在很大程度上是由通过在老旧的市中心周围创建多中心的城市网络实现的。

　　在绝大多数元城市区域，不仅仅旧的中心城区之外正在变得日益拥挤。　随着日益增长的移民潮，绝大多数全球化的内城，正在经历着密度的日益增长——而且这样的情况也发生在"近郊"，比如巴黎的郊区。　确实，在很多元城市区域，包括洛杉矶，人口增加和不断增长的密度已经发生，但没有明显地扩张到"农村的"农业土地或荒野。　这些都是大规模郊区化正在被大规模区域城市化所取代的众多迹象之一。

　　郊区城市化不是到处都发生的同质性进程，也不易于被归类。　在不同的城市区域，以及在单个城市边缘的不同部分，它采取了许多不同的形式。　内城也是如此，它呈现出许多不同的变化，包括一些观察家所说的城市郊区化，随着密度的下降，整齐地完成了城市内外同时翻转的图景。　这些新的城市动态引发了许多问题：紧凑的欧洲城市是否变得更加分散？　不再是一个有特点的欧洲城市了吗？　有没有或曾经有过一个典型的北美城市？　用传统的尺度来衡量，人口稠密的洛杉矶现在是不是最紧凑、蔓延最少，因此也是最可持续和最"聪明"的美国城市？　我们如何定义和描述像奥兰治县和硅谷这样的后大都市城市集群？

　　对洛杉矶观察家来说，保持一种大都市心态，特别是继续将当代城市巧妙地划分为市区和郊区，是荒谬的，就像现在宣称城市化是后工业化的说法一样。　在洛杉矶，划分郊区和城市地区几乎是不可能的。　回答洛杉矶如何区分市区和郊区的问题，最容易、最懒散也许最具误导性的答案——也可能在比较研究中使用最多的——是将形状奇特的"洛杉矶市"（约有 400 万人）作为市区，而将洛杉矶县的其余的部分（约有 600 万人）及其超过 85 个的自治市当作郊区，但是市区必须包括长滩和它近乎 50 万的居民。 长滩怎么能被划为洛杉矶的郊区呢？ 同样，你如何能够处理后郊区的奥兰治县呢？ 它是一个城市吗？ 是一个城市集群吗？是一个县城吗？ 我们将它单列，还是与洛杉矶县划作一起？ 我们能够把安纳海姆和圣安娜划为郊区吗？ 它们的人口都超过了 30 万。 美国最大的新城欧文，是郊区吗？ 尽管它的就业机会可能比卧室还多？

那么，环绕洛杉矶市的那些地区怎么处理呢？ 比如贝弗利山、卡尔弗市、圣费尔南多和西好莱坞这些地方，以及东洛杉矶和瓦茨-威洛布鲁克（Watts-Willowbrook）附近人口稠密、未合并的毗邻地区，又如何呢？ 瓦茨-威洛布鲁克曾被叫作南部中心，这是个标志性的内城贫民区，通常被排除在洛杉矶的"市区"之外。 另外一个问题是圣费尔南多谷（这个地区已经变得与区域城市化联系越来越少），它的大部分在行政上属于"洛杉矶市"，但直到最近，它还包含着大片典型的美国郊区。 为了便于比较，它可以被划为都市地区，而居住人口超过 10 万的30 多个边缘城市被归类为郊区。[11]

当洛杉矶出现在比较研究甚至简单的城市规模的比较中——同样的问题也有可能出现在很多其他的（以前的）大都市地区——总人口可能从400 万（只有洛杉矶市）到 1 000 万或 1 100 万（洛杉矶县），到 1 400 万（洛杉矶和奥兰治县），再到近 1 800 万（五县市区域）。 由于如此混乱，有可能有必要完全消除大都市地区可以整齐地划分为市区和郊区的概念——并将这样做的研究结果斥为潜在具有误导性和不准确的。 如果在几十年前有可能这样做，但现在不能再这样了，至少对于最大的城市化地区来说是这样。

这些问题也延伸到更庞大的城市研究文献中，这样的著作在概念上致力于城市主义或郊区主义，就好像它们是独立的、截然不同的生活方式一样。 必须承认郊区的一部分现在已经变成城市，或者至少肯定不再是郊区了。 大部分研究项目都需要研究以前郊区的分化；很多交叉的、混合的居住类型出现了，它们并不符合传统的模式，也不再是郊区化进程的代表。

出于几种原因，这个研究不能建立在内部（旧的）和外部（新的）郊区环状地带的区分上。除了假设可以清楚地区分城市和郊区以界定这个环状地带，多郊区环状地带的使用预设了单一中心的去中心化进程，而不是区域城市化典型的填充式、跨越式、多中心的动态。虽然不是所有的大都市地区已经经历了区域城市化的高级形式，但我们必须放弃这样的观念：旧的单一中心、截然不同的城市和郊区的世界，这些旧模式在今天和过去一样适用。

大都市时代的兴衰

那么，区域城市化最重要的特点是什么呢？首先必须承认，大都市形式的城市化只是工业资本主义城市发展的一个阶段，这个阶段现在已经走向终结。在 19 世纪末期获得明确的形态，现代大都市有非常集中的城市化和蔓延的郊区，作为城市发展的主导模式，这又来自于一个更早的形式，即更加集中和密集聚集（但不是郊区化）的竞争性工业资本主义城市。曼彻斯特是其明显的早期例子，芝加哥学派在 1920 年代将 19 世纪的芝加哥发扬光大为美国的典范。

虽然经常有这样的假设，但城市生态学的芝加哥学派并没有将大都 205 市之城理论化，尽管芝加哥在 1920 年代和 1930 年代已经变成了大都市。在经典的芝加哥学派的模式中，没有广大的郊区，只有一个模糊定义的"通勤区"。有一些关于相对富裕的北部郊区的研究，它们主要被看作内城中沿着密西根湖湖岸的黄金海岸的延伸，而不是大规模郊区化进程的一部分。甚至当芝加哥大学城市地理学家后来定义它为多个核心的时候，这些地方也主要是卫星工业城市，像靠近印第安纳州的加里，或者是城市内部的节点。就我所知，外部城市或者区域城市这些术语从来没有使用过。

虽然有些人可能认为他们是在对当代城市进行理论化，但城市生态学的芝加哥学派在很大程度上是对 19 世纪古老的、缓慢衰落的、高度集中和竞争激烈的工业资本主义城市的残余进行理论化。事实上，早在欧内斯特·伯吉斯著名的同心区模型提出之前，弗里德里希·恩格斯在 1848 年观察曼彻斯特的地理情况时，就首次注意到了城市的同心性。更令人困惑的是，存在于所有城市集聚中的中心性，总是会产生一定程度的同心性，即使其影响微不足道。

这里有一个很有趣的比较，可以和当下时代联系起来，还有当下正在进行的从大都市到区域城市化的转变。今天，大多数城市学者分析 21 世纪的地区性资本主义城市，就好像它是 20 世纪大都市模式的延续。毫不奇怪，今天的城市研究似乎经常处于一种完全混乱的状态，或者自利地宣布一个新城市时代的出现，而不强调它何以新和不同。然而，认识到大都市时代的终结，并不意味着现代大都市已经完全消失，而是它作为现代社会的主要城市形式的优势已经显著减弱，而且这种减弱可能会继续下去。

还值得注意的是，像所有的社会进程一样，区域城市化的发展在地理上是不平衡的，有一些地方发展比另外一些地方更快、更远。即使人们可以找到一个完全没有明确的区域城市化证据的大城市地区——没有边缘城市化、没有本地人从城市中心外迁、没有哪个区域的城市与郊区合起来——考虑到地理上发展不平衡的概念，这也不是必定否认整个论证。

现代大都市形成的时间和原因可能部分与早期工业资本主义城市人口密集的中心地带的工厂、工人和劳动力后备大军更早的集聚有一定关系。就像恩格斯对曼彻斯特的正确预言，密度增加拉近了人们的距离，从而促进了社会交往的强化，这鼓励了工人阶级意识和活跃的劳工运动，产生了市中心不稳定的状况，并刺激了——通常伴随着公共交通的改善——人口和经济活动选择性的和日益增长的离心分散，引发了大规模的郊区化。

这里还有一个当代比较，那就是贫困工人聚集——比如在洛杉矶市中心——变成了一种重要的生成性力量，它促进了新的劳工社区的联合，有助于重塑全国的劳工运动。 洛杉矶已经成为美国劳工运动的领导中心，它也引爆了对全球化和 1992 年新经济导致的不平衡后果的愤怒，这些都表明，作为新资本主义的空间修复，区域城市化并不完全成功。 在下一章我将对这个发展进行更为详细的探讨。 现在，我们将返回大都市模式。

在 20 世纪早期的几十年里，新兴的现代大都市仍然相对高度集中化和人口高密度的内部核心继续增长，吞并了其边缘地带。 在两次世界大战之间的岁月里，至少在美国，对边缘地带的吞并缓慢下来，而行政区域的合并开始在大都市郊区不断增加，这主要是由中产阶级的快速扩张引起的，甚至在那里，工人阶级的郊区化已经开始。 就像我们所见，洛杉矶从来没有经历过 19 世纪城市那种高密度的市中心的集中化；相反，它主要是在大都市时代发展起来的，作为郊区（通常是工业化的）、集结、市政当局的扩展集合体。

20 世纪初，世界上最先进的环城公共交通系统之一"太平洋红色汽车"为这种分散的城市定居点提供了服务，其路线在取代它们的密集高速公路网中重新出现，有助于进一步的扩张和非中心化。[12]在过去的 40 年里，高速公路系统刺激了少数族裔的扩展和郊区的城市化。 根据最近的一份报告（由于其假定的城市和郊区的分离，主题受到一些限制），种族多样化的郊区（定义为 20% 到 60% 的人口不是白人），在美国最大的 50 个城市区域的增长速度，远远快于白人主导的（超过 80%）或者是非白人的郊区。 一位城市专家评论道："在政治学上，过去的划分一般是在城市与郊区之间。 新的划分则在郊区之内。"[13]

区域城市化进程的一个关键的概括性指标就是，它所形成的不断增长的密度趋同。 并不是郊区每一个部分都被城市化。 有些地区稳定地保持着传统的低密度郊区模式（比如说像帕罗斯·弗迪斯），而另一些地区已经发展成为相当大的外部城市，两者之间有许多不同之处。 在接下来的几十年里，这种郊区的分化形成各种各样不同的类型可能会加

207

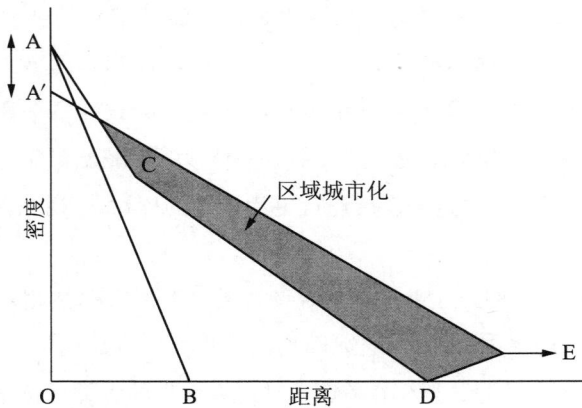

图 7　密度图(肖恩·库姆斯绘制)

速,但城市人口密度改变的总体模型还是可以分辨出来的。

　　图 7 上交叉的部分展示了这种密度趋同。 竖轴衡量人口密度,横轴表示与市中心(在原点)的距离。 早期资本主义城市有一个非常明显的从市中心往外(AB 方向)人口密度的陡降。 超过了这个点无疑就是农村,在那里工业资产阶级(与城市无产阶级和临时工/失业的后备大军一起定义工业资本主义城市的第三批新人口),为了庄园房屋、别墅以及本地的社会经济地位,而与已经有了土地的绅士阶层进行竞争;同时,他们又通勤去往在拥挤的城市中心但给他们创造财富的工厂。 这208 种发展如此没有规划,当物理特征和前工业的都市形式没有受到影响的时候,最早的资本主义工业城市倾向于相当规整的城市形态学,居住土地使用的同心分区,以及社会地位、种族认同以及种族的地理隔离,这正是由芝加哥学派的“生态”模型以及恩格斯在曼彻斯特的第一眼瞥见,揭示出来的。

　　大都市的城市化虽然杂乱无章,但很少会完全抹去早先的空间规律性。 取而代之的,它们围绕着城郊二元主义进行重新排序。 在大都市模式中,中心周围密度的下降不那么剧烈,有一种中断(在线 ACD 上的C 点)标志着低密度的开始,郊区开始蔓延。 随着新的企业总部和政府官僚机构集群在不断扩大的中央商务区和市中心发展起来，一些城市中心也在增长。 那些摩天高楼密布的市中心核心地带，通常需要至少一部分城市穷人从最好的核心地方离开，这一进程作为寻求城市变革的一种方式，在公共政策当中被合理化了。 为市中心和城市更新而斗争，涉及资本、劳动和国家等不同要素，是许多发达工业国最大城市的大都市城市化的特征，洛杉矶和巴黎就提供了非常精彩的例证。[14]

现代大都市通过大规模郊区化和很多经济活动的非中心化向外扩展。 很多自治小城市围绕着大城市发展起来，它们分布在郊区环状地带，至少直到 1970 年，环状地带比中心城市发展更快，不断地影响到政治、文化和国民经济。 美国从战争和大萧条中恢复过来，就是这种大规模郊区化提供的经济刺激推动的。

以汽车为中心的郊区生活如饥似渴地扩大了消费者需求，迫使政府提供巨额公共资金，以维持不断扩大的低密度郊区日益昂贵和庞大的基础设施。 同时，少数族裔和穷人越来越集中于"内城"，对许多人来说，(内城)这个词成了最贫穷的少数族裔犯罪猖獗的社区的代名词。值得注意的是，外部城市这个术语很少被使用。 在都市主义和郊区主义定义了分立与包罗万象的世界之时，这个概念在其最全面的意义上几乎是令人费解的。

一个相对同质化和富裕的郊区，一个不断增长的贫困、文化异质化的内城，它们之间存在着日益加大的鸿沟，还有相关的围绕市中心的控制权而进行的斗争，这一切使得战后大都市内部并不稳定，而容易导致社会动荡。 在城市研究领域，图书馆的大量文献描述了这些对比鲜明、紧密相连的城市和郊区世界。 似乎这是一个永久的状况，都市核心被看作是异质的、令人激动、刺激、危险、充满犯罪、文化上成熟、充斥着博物馆、画廊和时尚精品店，但也有毒品屋、脱衣舞俱乐部、肮脏的酒吧。 与之形成鲜明对比的是郊区：同质的、中产阶级、乏味、单调但健康，是孩子生长的理想地方，有独立的独栋住宅、核心家庭，为养家糊口的人提供的大量住处，双车的车库，还有几英亩的绿色

209

空间。

1960 年代的城市危机之后，从 1965 年的瓦茨到 1968 年的巴黎，以及世界各地的许多其他城市，一切都开始发生变化。回顾过去，可以说，这些城市危机标志着大都市城市化的终结和区域城市化进程的开始。回到密度图，随着密度梯度（A′E）的平缓，区域城市化正在抹去显著的城市—郊区分界线。然而，密度趋同对城市中心和边缘地带影响非常不同。边缘城市化，形成边缘城市和兴旺之城，正在世界上所有的主要城市的外围发生，可以肯定，这将在 21 世纪继续下，填满密度图上的阴影部分。然而，区域城市化将如何影响内城，则难以预测。

在早期阶段，随着大量主要的本地人口（以及有工会组织的工作岗位）迁移出去，大多数旧的市中心人口密度在降低。在洛杉矶，估计有 150 万人，主要是来自南部各州的贫穷白人和黑人，要么搬到外部城市，要么回到自己的家乡。但在 20 世纪下半叶，超过 500 万的移民又迁移进来，这是历史上最大的以单一城市为目标的外国移民潮之一。图上线段 A′A 标志的是高峰期内城人口密度的重大变化。

很多大的城市区域，特别是前欧洲殖民列强的中心，如伦敦、巴黎、阿姆斯特丹，也充满了移民人口，很多经历了高强度的内城人口"空心化"。但是，即使在这种空心化的情况下，也会有截然不同的结果。大阪——曾经是日本密度最大的市中心地区——和底特律这个伟大的汽车制造中心都失去了超过 60 万居民，还有大量居民迁移到繁荣的郊区。底特律市中心仍然是一个灾难性的区域，而大阪的巨大的市中心，则继续是一个繁荣的商业、娱乐、运动和办公中心。[15]

这种不可预测性使得区域城市化时代的市中心规划成为一门具有挑战性和竞争性的学科，特别是规划者继续保有大都市心态而不是区域心态的时候。面对人口密度和人口总量的衰减，很多中心城市规划者感到恐惧，认为如果大都市的中心地带衰落了，整个大都市可能都会消亡。对区域健康的可见威胁的过度反应，已经产生了很多后果。

210

孤注一掷地去重振所谓"垂死"的市中心的努力，加上金融资源的减少，鼓励了对于都市和区域规划明确的创业转向。 过去投入在福利和反贫困项目上的时间和精力，现在集中在城市营销和城市品牌建设上。 这反过来往往会导致铺张和吸引眼球的大型项目，如大型体育赛事和贸易博览会，或者通过弗兰克·盖里和圣地亚哥·卡拉特拉瓦（Santiago Calatrava）等"明星建筑师"的壮观建筑来寻求"毕尔巴鄂效应"。 当所有的其他努力都失败的时候，市中心的规划者可以转向几个"收缩城市"（Shringking Cities)的组织，以帮助使衰落变得更有效率和更容易接受。

洛杉矶市中心的重新开发——建立在将其变得像纽约或者芝加哥的市中心一样的梦想基础上——几乎长达一个世纪的时间中驱动着洛杉矶的政治和规划，这样就不是纯粹的区域城市化的后果了。 然而，区域城市化重新激活了这个梦想。 最近有许多投资和规划周期，旨在创建一个全天候的城市中心，以匹配美国第二大城市和世界上最伟大的全球城市之一。 在每一个周期，都有雄心勃勃的声明说，这一重建进程已经真正开始，并将继续下去。 虽然摩天大楼处处矗立，可以用在明信片和流行影像中，作为洛杉矶的象征，但洛杉矶市中心与充满梦想的规划者和狂热的支持者所希望的相去甚远。

最新的市中心开发项目围绕着斯台普斯中心（Staples Center）篮球与冰球馆，以及被称为洛杉矶活力（LA Live）的项目——一个 25 亿美元的超级娱乐中心——是最成功的之一，扩展了旧市中心南部的居民人口。 但我怀疑它能否打造出一个可与纽约或其他世界主要城市相媲美的城市中心。 洛杉矶市中心仍然是城市区域最大的节点——如果威尔希尔大道沿线的所有集聚区作为市中心通向大海的延伸走廊加入其中，将达到更令人印象深刻的规模——但我确信，随着区域城市化的继续，洛杉矶市中心本身将永远不会达到与其人口规模和密度相称的发展水平。

211

扩展的区域城市化

继续讨论区域城市化将我们带回图 7 和线段 A′E 末端的箭头。 箭头向外表明，区域城市的外部边界已不再是过去的样子和位置。 大都市的腹地通常是围绕通勤模式或报纸读者或某种类似的地区或本土身份指标来定义的。 然而，区域城市化已经"解放"了大都市，模糊了都市和郊区之间的内部界限，但也在区域城市化的延伸过程中将外部边界扩大到更大的范围，导致了我前面所说的世界的城市化。

这些扩张的首位就是集聚的多中心网络形成，它构成了城市区域或者区域城市自身。[16] 前面已经提到，世界上大约有近 500 个人口超过 100 万的城市，中国最少有 100 个。 元城市区域这个术语用来表示这种人口 100 万以上的城市区域，虽然它们更常见的是指那些人口大于 500 万的城市。 几乎所有的案例中，城市区域都要比旧的大都市地区要大，尽管在没有官方政府承认的情况下，这两者的界限很难划定。 即使有一个区域性的政府，就像大伦敦政府（Greater London Authority），一些人也主张建立一个更大的"功能性"边界，其规模可以从 M25 环路到几乎整个英格兰南部。 另外一个尺度的向北延伸是"大大的伦敦"——理查德·佛罗里达和其他人称之为元都市区域，这将包括整个英格兰，以及苏格兰和威尔士的部分地区，人口大约达到 4 000 万。[17]

这种扩展的区域城市化的形式，标志着一种不断增长的压缩或者融合，这以前曾经在大都市和亚国家区域之间发生。 在这个扩大的规模下，大都市和区域融合在一起，形成一种新的区域层次，这些区域尚未有被广泛接受的名称。 有些人把它们称之为城市星系或者星团（constellations）；有些人用的词是城市之国（citistate）。 阿瑟·纳尔逊（Arthur Nelson）和罗伯特·朗在《元都市美国：理解大都市地理学的新视野》（*Megapolitan America：A New Vision for Understanding Metropolitan*

Geography，2011)中，确认了 23 个他们所称的元都市，这些都集中在
10 个紧密相连的元区域。 值得注意的是，作者认为，这些元区域总体
上人口密度比欧洲、印度和日本加起来都要大，总人口也比除中国和印
度以外的任何国家都多。

不必惊奇，南加州是人口密度最高的元都市，尽管把圣贝纳迪诺和
里弗赛德那些非常开阔的区域都包括进来了。 纳尔逊和朗将南加州与
拉斯维加斯、以凤凰城为中心的阳光走廊(Sun Corridor)元都市区域集
中在西南元区域里。 相对而言，让·哥特曼(Jean Gottmann)早先提出
的圣弗朗西斯科—圣迭戈走廊(San-San corridor)的概念令人浮想联翩，
一个人可以将南加州扩展到包括提华纳以及圣迭戈，加上临近的沿太平
洋地带，更远的还有卡斯基德(Cascade)元都市区域，形成一个西海岸
走廊，几乎可以媲美东海岸扩展的波士顿—华盛顿元都市。 后者今天
可以向南延伸到卡罗来纳州和亚特兰大。

北美的元区域与东亚的"元区域银河系"相比，是比较小的。 如
前所述，联合国确定珠江三角洲(将香港、深圳、东莞和广州合在一起)
是世界上最大的元区域，1.2 亿人口。 环绕上海的长江三角洲紧随其
后，而日本东京—横滨与附近的关西地区(大阪、京都、神户、名古屋)
合在一起，形成了一个本州岛元区域银河系，人口超过 1 亿。

东亚学者对于与新的元区域相关的治理危机特别敏感，但治理已经
变成了全世界重要的问题。 一场广泛的治理危机正在出现，很大程度
上是因为与社会经济边界、界限和流动相比，政治、行政结构和界限一
直保持僵化和不变。 换言之，新经济、网络社会和区域城市化已经在
行政和监管结构中出现，这些结构本质上是不合时宜的，不太适应当代
的需要和趋势。 此外，这种脱节的存在，正在造成从全球到地方的多
个层面的治理危机。

幸运的是，一些新的区域组织的形式已经出现，试图满足扩张和多
中心城市区域的需求。 在南非，约翰内斯堡、比勒陀利亚、弗里尼欣
(Vereeniging)、矿产丰富的威特沃特斯兰德(Witwatersrand)，这些城市

213

已经被合成豪登省（Gauteng），这是世界上第一个官方命名的"全球城市区域"，现在也是南非最大的省份，有大约1 200万人，人口过10万的行政区超过30个。 豪登省已经开始了一些基于区域一体化和认同的潜在创新项目，但现在的政府——并不出人意料——已经强烈地抵制这种努力。 然而，维持原初动力是豪登省城市区域观察室，一个新的思想智库，特别关注城市区域研究。[18]

至少在2008年金融危机之前，欧洲区域项目（EUREGIO）和欧洲空间发展视野（European Spatial Development Perspective）项目（现在是整个欧盟的官方政策）在很多方面更加成功。 首先从成功连接丹麦的哥本哈根和瑞典的马尔默的厄勒海峡大桥开始，在曾经存在对抗力量的欧洲各地创建了许多跨境的区域性组织。 和这些发展相联系，很多空间和区域规划的高级形式，正在孵化"创新区域"和最大的城市区域中主要的相互连结。

一个几乎全新的区域，在理查德·佛罗里达的《新元都市》中称之为欧洲低地的东侧出现，这是欧洲人口最多的元都市区域，没有像伦敦或巴黎这样巨大的元城市。 围绕卢森堡全球金融区的是，以前富有争议的亚区域法国洛林、德国的萨尔盆地和普法尔茨地区（Rheinfalz），还有比利时东部的一部分。 这个地区被叫作大区域或者萨尔—洛林—卢森堡大地区（La Grande Région or SaarLorLux），它提供了对以阿姆斯特丹为中心的荷兰兰斯塔德金融区的金融制衡，兰斯塔德也许是第一个多中心的城市区域。 同样值得一提的是，在没有正式政府结构的情况下，一系列特别的地区性法规成功地维持了北加州硅谷地区相当稳定的增长。

更加灵活的区域治理和规划形式的最有希望的一些迹象来自中国。历史上最快的城市工业发展进程是在区域政策的指导下进行的，这些政策始于沿海港口，促进了沿海地区的快速增长，然后被有意扩展到更内陆的第二地区，延伸到人口稠密的四川，现在正试图进一步向内陆延伸，以促进中国其他地区的发展。 几年前，中国政府将它的政策导向

从快速增长转向更大的公平，集中在重建很多已经退化的农村地区（比 214
如，停止了对大多数农产品的征税），以新的方式处理大城市中庞大的
"流动人口"。 扩展的城市区域，本身就是一个创新的概念，越来越多
的行政权力被赋予，在世界范围内，有关新区域的探讨和理论，也在知
识界和政界似乎有了广泛的认识。

区域城市化进程可以随着元区域星系的合并成大洲规模的"城市
圈"而进一步延伸，此处套用了另一个起源于早期区域思想家帕特里
克·格迪斯（Patrick Geddes）的旧术语。 东北亚会是最大的，至少有3
亿人；其次是西欧，有2.6亿人；北美东部，人口略高于2亿。 世界的
城市化，作为区域城市化的最大延伸，有可能作为全球化进程的前沿而
绵延不止。

和全球化话语并肩的，某种形式的城市工业资本主义现在正覆盖地
球表面的每寸土地，在亚马逊热带森林、西伯利亚冻原、沙漠、冰盖甚
至海洋中，激发了一种新的全球城市化概念，可能在未来几十年内受到
重大关注。

大都市思维的坚持

为什么很多学者还有另外一些人，都没有接受在城市化进程中发生
划时代转变的概念呢？ 尽管有大量对抗的证据，为什么大都市思维依然
持续存在呢？ 一个可能的理由是，很多学者的生涯是建立在旧的模式基
础上的，改变范式是困难的，如果没有受到威胁的话。 有一些人认为
积累的证据太过偏狭，因为它仅仅涉及洛杉矶，也许还有其他一些城
市，或者它是以欧洲为中心的，没有认识到发展中国家今天已经很大程
度上占有了世界都市人口的最大份额，而且毫无疑问，在未来还会增
长。 有人可能会问，在一个濒临环境灾难的"贫民窟星球"，为什么要
为洛杉矶和区域城市化而烦恼呢？ 他们说，不要停留在发达的北方，

到南方去吧,年轻的都市人!

一些怀旧的历史家哀叹近来的城市发展趋势。 他们在这些趋势中看到不一样的断裂点:(据称)充满活力的"历史性"城市的摧毁,通常被理想化为一个半乌托邦。 区域城市(在这里你可以把它当成洛杉矶)相应地被描述为"城市淡啤酒"(city lite),类似于失去原浆啤酒的力度和刺激口味的淡啤酒。 这一批评的分支是越来越多的反后现代主义者,他们乐于将洛杉矶斥为倒退的后现代都市主义的源头。 戏剧性的城市变化已经发生了,但它完全是糟糕的,洛杉矶就是它的典范。 这一群体的一部分,特别是极左翼,只看到了连续性,同样的旧资本主义,现在披着新自由主义的外衣,正在利用区域城市化和新区域主义,而被嵌入其中的,只不过是资本主义开发商在消费市场寻求竞争优势的素材。

除了我在这里写的以外,没有对这种怀疑的合理回应。 我只能重申我的信念,向洛杉矶学习可以帮助我们更好地了解世界各地正在发生的城市化进程。 然而,我必须说清楚,我不认为每一个城市都注定向洛杉矶发展,或者我们能够将洛杉矶所发生的一切应用到其他城市区域。 在洛杉矶这里发现的每一种趋势或倾向,都会注入其他城市区域独特和差异化的本土环境。 在洛杉矶发现的一些东西是独一无二的,本土化的,不太可能扩散到其他地方,但我认为,在前面章节讨论过的一般趋势,将在世界上所有的 500 个左右的元城市区域以极大不同的程度上演。

我愿意进一步指出,维持大都市思维将有负面的规划、政策和政治后果。 这样的思路通常会过分强调旧的市中心的重要性,例如,吸纳本可以用于更紧迫的反贫困项目的资源。 规划者通常也忽视了协调区域规划和政策的迫切需要。 随着新的进程通过顽固的政治和行政结构流动,几乎所有地方的区域城市化都伴随着日益恶化的治理危机。 如果没有从全球到地方新的特定的区域监管形式,本已严重的社会、经济和空间不平等和不公正,还有日益严重的环境恶化,将变得更糟糕。

区域化的思考当然不可能解决所有的问题，但它是一个有效的开端。

我正在完成《我的洛杉矶》的时候，《洛杉矶时报》发表了一篇文章，戏剧性地说明了大都市思维的持久性及其带来的潜在困惑和规划问题。[19]这篇文章报道了布鲁金斯学会（美国城市和郊区的主要评论者）的研究人员伊丽莎白·尼伯恩（Elizabeth Kneebone）和阿兰·波卢波（Alan Berube）写的新书，此文宣称，有史以来第一次，更多的美国穷人生活在郊区而不是市中心。这种说法让我想起了联合国人居署的一项并非无关的判断，即截至 2007 年，世界上居住在城市的人口比居住在农村或非城市地区的人口更多。两者临界值的冲突，完美契合了区域城市化的扩张，存在着关键的术语问题。

《洛杉矶时报》的文章充满令人困惑的大都市词汇。它写道："洛杉矶的贫困转移到郊区的时间比全国都要早"，但是城市和郊区之间的界限非常模糊。康普顿（Compton）、卡森和英格尔伍德，以及东洛杉矶没有合并的地区，能够被划归为郊区吗？欧文被描述为美国发展最快的城市之一，但却被用来证明奥兰治县郊区的贫困。布鲁金斯学会的研究定义的郊区不仅仅在"洛杉矶市"以外，还包括长滩和圣安娜，它使用了大都市统计区域所定义的中心——这比只使用"洛杉矶市"有所改善。然而，作者们并不怀疑这是否会在统计上或解释上有所不同，但他们也注意到，"洛杉矶市"的主要部分由圣费尔南多谷曾经典型的郊区组成。欧文和安纳海姆被当作是圣安娜的郊区，而一些较小的中心，比如德拉诺（Delano）、贝克菲尔德（Bakerfield）则被当作城市，被该州贫困率最高的郊区所包围。

我还没有读过尼伯恩与波卢波写的这本书，但此文报道说，作者们呼吁一种由联邦政府推行的特别区域性项目，以解决新的贫困问题。如果这涉及更好的区域治理和大都市内部规划形式，而不仅仅是针对美国不同地区的不同项目，那么它就值得大力支持。只有在新的区域（而不是大都市）意识的支撑下，一定程度的区域协调与合作才能解决曾经是郊区的那些地方由于地理不平衡发展所导致的严重问题。

注 释：

　　［1］见 "Urban Restructuring: Process and Action"，是 *Critical Planning* 16(2009)一期特辑。 这期杂志包含了一个"都市重组和危机"研讨会上 Neil Brenner、John Friedman、Margit Meyer、Allen Scott 和 Edward Soja 的评论。

217　　［2］"区域城市"虽然没有广泛使用，但是一个古老的术语。 我能够发现的第一次使用是 Benton Mackaye，他是阿帕拉契亚铁路的创始人，也是早期的有机区域主义者之一，他与 Clarence Stein、Lewis Mumford 一起建立了美国区域规划协会。 见 Mackaye，*The New Exploration: A Philosophy of Regional Planning*(Champaign: University of Illinois Press，1991[1928]）。

　　［3］Robert Lang 在创造新词方面是非常多产的。 见 *Edgeless Cities*（Washington，DC: Brookings Institution Press，2003）；Robert E.Lang and P.A. Simmons，"Boomburbs: The Emergence of Fast-Growing Cities inthe U.S."，in *Redefining Cities and Suburbs: Evidence from Census 2000*，ed. B. Katz and R.E. Lang（Washington，DC: Brookings Institution Press，2001），51—62。 也见 Arthur C. Wilson and R.E. Lang，*Megaregions of America: A New Vision for Understanding Motropolitan Geography*（Chicago and Washington，DC: American Planning Association，2011）。

　　［4］这种术语爆炸，在下面的文献中被很好捕捉了：P.J. Taylor and R.E. Lang，"*The Shock of the New*: 100 Concepts Describing Recent Urban Change"，*Environment and Planning A*（2004）: 951—958.还有两份各有 50 个名字的名单，一份"以新大都市形式命名"，另外一份"以城市间关系命名"，每一份都附有参考书目。 对于这种史无前例的扩张，有几种有趣的解释，但缺少一种观点，即它标志着一种全新形式的城市化的出现，这种城市化从根本上是区域性的，不再是大都市的。

　　［5］描绘有关美国城市与郊区融合的最早和最好的一本书是 Paul Knox，*Metroburbia*（New Brunswick, NJ: Rutgers University Press，2008）。

　　［6］还有，记住这一点很重要，这是人口密度的区域性定义。 纽约市人口密度要超过洛杉矶，尽管可能没有达到通常想象的程度。 现在，洛杉矶市有一些地区的人口密度已经和曼哈顿的几个人口普查区相当了。

　　［7］G.Breckenfeld，"Downtown Has Fled to the Suburbs"，*Fortune*（1972）: 80—87，158，162.更早的预感来自著名城市设计师 Kevin Lynch，"The Dispersed Sheet，Urban Galaxy，and the Multinucleated Net"，in *The Changing American Countryside*，ed. E.N. Castle(Lawrence: University Press of Kansas，1961），39—62。

　　［8］Joel Garreau，*Edge City: Life on the New Frontier*（New York: Anchor，1991），3。

　　［9］Taylor and Lang，"*The Shock of the New*"，提供了几乎所有这些词语的最初解释，与此有关的可以参见 Knox，*Metroburbia*。

　　［10］Elizabeth Rosenthal，"North of Beijing，California Dreams Come True"，*New York Times*，February 3，2003.除了外围郊区人口密度的增长以外，中国的中心城市依然占据统治地位。

　　［11］快速城市化的圣费尔南多谷是 2002 年一场不成功的分离运动的所在地。 这场运动目的是将洛杉矶三分之一的地方分割出来，形成一个自治城市。 洛杉矶市的山谷部218 分也是当地社区大量更名的地方，几乎所有的更名都与土地价值和感知到的声望有关。旧的政治一行政结构和边界仍然高度抵制改变，但近年来有所松动。

　　［12］有关洛杉矶交通发展和规划（包括下一章探讨的公交车乘客联盟）的最好和最详细的历史地理学描述，见 Mark Garrett，"The Struggles for Transit Justice: Race，Space，and Social Equity"（PhD diss.，UCLA，2006）。

　　［13］Haya El Nasse，"Suburbanites Live in Diverse Areas"，*USA Today*，July 20. 2012.副标题是 "Such neighborhoods take on political value in this election year"，认为这可能有助于奥巴马总统的连任。

　　［14］这种多变的大都市模式，不太符合现有的自由主义城市理论，这些理论倾向于看到内在的平衡趋势，而不是危机和动荡。 在 1960 年代的城市危机中酝酿的马克思主义城市研究的一个新领域，专注于危机的形成，对战后不稳定的大都市进行了非常有洞察力的分析，那里充满了冲突，日益贫困的内城和支离破碎的郊区世界。 新马克思主义的城

市分析在城市和区域规划等领域产生了短暂的重大影响后，在城市重组进程和大都市向区域转变方面的洞察力要差得多。 近年来，它的影响力有所减弱，但肯定没有消失。

［15］我有幸在長尾谦吉（Kenkichi Nagao）的带领下参观了大阪，他也带领人将我的著作《后现代地理学》翻译成日文。 在过去的几年里，他也作为经济地理学家应邀多次访问了加州大学洛杉矶分校地理学系。

［16］"城市区域"这个术语比"区域城市"用得更加广泛，主要是因为它看来是更纯粹、更含糊的术语组合。"区域"仅仅意味着一个城市的腹地。 然而，把"区域"放在前面，就像"区域城市"，就会给人一种区域因果性的印象——也就是说城市被彻底地区域化了。 我期望"区域城市"在未来几年得到更广泛的使用，因为人们对区域因果性的理解更加广泛。

［17］Richard Florida, "The New Megalopolis", *Newsweek*, July 3—10, 2006.

［18］"豪登"是塞索托语的词汇，也与南非语有关，意思是"黄金之地"。 它是1994年建立的一个特别的全球城市区域，最近成立的豪登省城市区域观察室，已经变成了一个研究中心和思想库，更一般化地将城市区域概念化，并调查它们在规划和治理中的使用。

［19］Emily Alpert, "Poverty's New Address Is in Suburbs", *Los Angeles Times*, May 20, 2013. 标题指出，现在居住在郊区的贫困人口数量高于城市地区，尽管城市地区的百分比更高一些。

第八章

在洛杉矶寻找空间正义

　　随着洛杉矶崛起成为美国人口密度最大的城市化地区，它从白人新教徒(WASP)为主的同质化，走向也许在文化上最具有异质化的世界城市；从现代大都市的典范转变为区域城市化的先行者，洛杉矶已经从臭名昭著的反劳工环境转变为美国劳工运动的前沿。作为都市重组、后现代都市主义、后大都市转型以及区域城市化展开力量的一部分，已经引起相应的政治激进主义。这些塑造了洛杉矶研究的主流，同时也被它所塑造。

　　这并不是巧合，洛杉矶在 1992 年的经济不平等和社会两极分化程度几乎肯定是美国最高的，而当时美国的收入差距是所有工业化国家中最大的。也许不必惊讶，不平等最严重的城市区域产生了最活跃的反对不平等和不公正的社会运动。洛杉矶建立的联盟也是非常突出的，它明确意识到空间和场所政治，以及我在《寻求空间正义》(附录 1，资料来源 8A)当中所探讨的那样，通过批判的空间意识将空间理论转化为积极的政治实践。[1]

　　洛杉矶的正义运动比其他城市区域更早地发生了空间转向，在涉及"城市权利"的"空间斗争"中处于领先地位，并再次与种族主义、其他形式的建立在居住基础上的歧视作斗争，这是环境正义运动的焦点。在《寻求空间正义》一书和本章中，正义在根本上被看作是空间的或者地理学的。在这个意义上，空间正义不是社会正义的替代品，而是它

的一个构成方面——也就是说，社会正义或者不正义表现在特定的地理

学当中，同时它自身也被它从属的地理学所构建。通过这种方式，社会和空间被视为相互构成的，这是新空间意识和我之前描述的社会—空间辩证法的关键组成部分。

寻求空间正义的发展可以采取多种形式。首要的目标是在地理学上公平分配社会资源，特别是在需求水平方面。例如，没有车的穷人比富人更需要公共交通。其他优先事项包括根据选区划分建立公平的政治代表制度，保持公共空间的开放，抵制有目的的地区分割（如种族隔离）或殖民统治，打破建立在性别、种族或者性取向基础上的空间障碍，在更大范围内，减少区域和国际在收入与福祉上的不平等。虽然人们可以从每个社会运动的努力中找到一些空间上的东西，但至少在我看来，也不是全都代表了为特定的空间正义所作的斗争。

洛杉矶正义运动的起源和发展

就像本书第一章讨论的那样，洛杉矶学院派和活动者的发展潮流的起点是一样的。一切都开始于早期劳工—社区联盟之一——阻止工厂关闭联盟（CSPC）的呼吁。尽管在遏制去工业化进程和抵制高流动性资本策略方面并不是特别成功，但阻止工厂倒闭联盟引发了可观地对都市重组的学术研究的扩展，出现了一些非常成功的本地工会联盟、以社区为基础的组织，支持它们的大学活动者在全美随处可见。

劳工—社区联盟建设的复兴根源于社区工会主义的早期发展，这在很大程度上受到了 1960 年代和 1970 年代加州为移民工人实现正义的联合农场工人（UFW）运动的启发。UFW 的活动将劳工运动与更广泛的移民（主要是作为一个整体的拉丁裔社区）更紧密地联系在一起，更直接地与当地邻里和社区团体及其优先事项联系在一起。围绕工资、工作场所状况和工厂关闭威胁的斗争扩大到对更好的住房、学校、社会服务和其他居民正义和平等权利的要求。新的劳工—社区联盟，通常由基

221

于大学的激进主义和研究协助，开始带头推动一场具有非同寻常的力量和毅力的区域正义运动。

工会—社区的联系在两个方向上都卓有成效。社区支持增加了劳工运动的力量，并增加了它对工作和工人生活发生的地方和区域地理的敏感性。与此同时，与本地的工会和劳工问题相结合，加强了社区发展的努力，并促进了实现所谓"公正发展"的新战略。随着以场所为基础的知识和战略行动变得越来越重要，洛杉矶的公民社会发生了重大变化。曾经相对无地可依的城市世界，本土社区很少影响人们的生活，今天变成了以场所为基础的社区组织和具有本土战略意义的草根激进主义的大本营。

考虑到过去40年来困扰美国大部分地区的不断恶化的经济状况、巨量的失业以及工会权力的下降，这些本土和区域的成就更加引人注目。虽然全美的工会会员人数有所下降，但加州的工会会员人数保持增长，洛杉矶的工会会员人数甚至增长更快，在1999年至2002年间出现了大幅跃升，反映出家庭护理人员和其他主要是少数族裔的职业加入了工会，其中的1999年，是美国城市历史上工会会员人数增长幅度最大的年份之一。

这种转变是如何发生的？为什么它发生在洛杉矶所有的地方？新的劳工—社区联盟有什么鲜明的特点？以下四个观点回应了这些问题：

1. 近来洛杉矶劳工—社区联盟建设的复兴，代表了本土对洛杉矶大都市区域全球化和经济重组产生的特别密集和两极分化的影响的反应。

2. 1992年的暴动和骚乱标志着洛杉矶劳工和贫困工人的转折点，促使人们越来越认识到，政府不太可能做出有效的回应。在争取更大的社会和经济正义的斗争中，需要新的以场所为基础的草根方法和战略。

3. 对空间政治的高度认识，以及寻求城市空间正义和民主权利的潜在战略重要性，使这些运动有别于其他大都市区域的对应运动。

4. 本土运动相对较高的空间意识和政治激进主义特定空间策略的出现，在很大程度上源于激进主义团体与卷入城市规划和地理学的大学

222

生和教职员工之间的联系。

1980 年代即里根经济学和撒切尔主义时代发生的事情，不仅巩固了洛杉矶劳工—社区—大学的联系，也是激进分子战略和目标的重大转变。 虽然最初的斗争是防御性的，反对去工业化及其对本土社区的影响，但正在出现新一波的努力，为每个人（特别是为所有工人）寻求正义和基本人权。 这产生了一个更广泛、更具挑衅性的行动方案，将正义斗争推向了教育和卫生、公共服务、移民权利、可负担住房和金融准入等问题。

门卫正义

这些新发展的前沿是门卫正义运动（Justice for Janitors Movement, J4J）。 它 1985 年发端于丹佛，1988 年在洛杉矶开始组织，由服务业雇员国际工会（SEIU）的“本土 399”（Local 399）所领导，后来它继续站在洛杉矶联盟建设的前列。 研究表明，相对于其他主要的美国城市同工种的人来说，洛杉矶市中心的门卫拿到的工资更低，也更少加入工会。大多数人是拉丁裔，是大规模聚集的贫困劳动人口的一部分。 工会成员很少，大多数没有合法身份，几乎所有人都被迫以亚贫困（subpoverty）的工资工作。 罢工看来是合适的，但谁来组织呢？

答案是一个名为“门卫正义”的劳工—社区—大学联盟，将寻求正义带到了当地激进主义政治学的风口浪尖。 正义比自由、解放或平等更多地成为组织选择的隐喻，在阶级、种族、性别和族裔方面比其他选择获得了更多的横向支持。 正义运动的大爆炸发生在 1990 年 6 月 15日，地点是世纪之城，这里曾经是一个电影外景地，但后来成为一个早期的边缘城市，到处都是律师事务所和高楼。 这一天后来在世界各地被当作国际正义日来庆祝。

选择世纪之城意义重大。 1967 年，美国总统林登·约翰逊在世纪广场酒店（Century Plaza Hotel）下榻，当时数千名示威者在外面抗议越南战争，并遭到洛杉矶警察局的暴力镇压。 世纪之城是市中心以外最

223

大的高层建筑群，也是一个老牌的著名战地（后来变成了福克斯公司的总部，是极端保守的福克斯新闻的母公司）。门卫正义联盟从阻止工厂关闭联盟那里学了很多东西，对地点和他们所抗议的任何人的本地承诺特别敏感。在老旧工业区以罢工反对自由放任的福特主义工业是徒劳的。而支持在那里清理大型建筑的人可能会更有成效，因为他们有着异常深厚的根基，无法简单地打包并搬到另一个地点。

1990 年的罢工代表了一种新的激进主义模式，更像一个情景主义的①（Situationist）事件发生，而不是一个非暴力示威或者罢工。400 名或者更多的门卫，穿着红色 T 恤、头戴棒球帽，沿街唱歌跳舞，他们总能觉察到洛杉矶警察的存在，无论警察步行还是骑马，他们也留意与媒体的位置以及街道和人行道上那些看不见的公私违规行为线，如果越过这些线，警方将立即采取行动。在适当的时间和地点，他们跨越界线，警察做出了暴力回应，针对手无寸铁的门卫的暴力行为被拍摄下来并在晚间新闻上播出，民众对门卫的同情和支持越来越多，最终洛杉矶警察局因为引发这场骚乱受到谴责，并向服务业雇员国际工会的"本土399"支付损害赔偿金 350 万美元。

一份新合同被签立了，增加了工资和医疗福利，但在这个全球化的时代，需要再迈出一步。在洛杉矶和世界各地的主要城市提供门卫服务是由一家跨国公司主导的，当时该公司名为国际服务解决方案公司（International Services Solutions），总部设在丹麦的哥本哈根，由于洛杉矶的办公室经理不直接负责这份合同，门卫们不得不去哥本哈根，他们做到了——相当成功。

门卫正义不仅仅是一个本地的事件。在世纪之城的抗议燃起了

---

① 情景主义是 1968 年以后一些自由主义的马克思主义者形成的流派，成员主要来自法国，主要理念来自 1957 年成立的法国国际情景主义组织，持续时间 15 年，是西方激进社会运动的一个组成部分。他们重视现实的生活、现实的活动，追求不断试验和自我修正，反对任何固化的意识形态。他们的理念并不好理解，但有些是容易的，比如重视文化，尤其是对大众文化的服从因素的指正，反对消费主义。但是他们的理念根基还是马克思主义，认为工人在资本主义条件下被系统剥削，他们应该组织起来控制生产资料，在民主的工人议会的基础上组织社会。他们的理念中情景和空间联系紧密。——译者注

火，它将导致美国和世界上各式工人正义运动的开展。[2]门卫正义运动的一个分支，部分由来自洛杉矶的经验丰富的组织者领导，是伦敦金融区的"清洁工正义"（Justice For Cleaners），在那里"门卫"这个词很少使用。 洛杉矶门卫正义运动的经验在电影《面包与玫瑰》（2000 年）得到充分展示，这是一部双语电影，由著名的英国导演肯·洛奇（Ken Loach）导演（见附录 2，视频 4）。

224

这样为正义而斗争就在 1992 年洛杉矶的空气当中爆裂散开。 毫不奇怪，这些事件已经成为众所周知的正义骚乱。 毫无疑问，这是为了寻求正义，它的引领横幅上写着"无正义——无和平"，伴随着破坏性的大火、失控的暴力和广泛的抢劫，但它在许多其他方面超过了瓦茨骚乱。 拉丁裔这个概念现在走到了前台，比墨西哥裔美国人或者奇卡诺人要包含更多的内容。 1992 年以墨西哥裔为主的东洛杉矶西班牙语地区相对平静，洛杉矶警察局特别关注的焦点，转移到了皮科联盟和其他萨尔瓦多人和尼加拉瓜人的邻里地区，那些人更加谙熟社会骚乱和抗议运动。

很明显的是，1992 年更多的拉丁裔而不是非洲裔美国人被逮捕了，尽管警察局承诺不会变成移民部门，但很多人被立即驱逐出境。非常可能的是，大多数抢劫者，涵盖所有种族与阶级，都是中美洲移民，他们利用无政府状态获得食物和婴儿尿布，以及电视机和其他奢侈品。 激进的有色人种女性——拉丁裔、黑人和亚裔——变成了杰出的领袖，因为正义运动从这些事件中受到了强烈刺激。

在一定程度上，激进有色人种女性的出现与许多激进的盎格鲁男性放弃政治有关，他们相信，即使是战后马歇尔计划这样规模的政府努力，也无法解决骚乱后洛杉矶日益加深的贫困、不平等和不公正问题。同时，美国没有哪一个地方的本土激进主义者，如此热衷于回到草根组织和创新的联盟建设。 在这个已经成为世界上文化和经济最异质化的城市之一，联盟的建设必然是多文化、多语言的，并受到占据洛杉矶市中心的巨大的贫困移民工人集聚的强有力影响，这是激进有色人种女性出现在领袖位置的另一个主要因素。

最低生活工资运动

蓬勃的正义运动首先转向组织最低生活工资(活动),这是工人运动
225 以及移民权利的一个关键焦点,尤其是在一个贫困率异常高、生活成本
高昂、对最低工资法律无知的地区,对没有合法身份的工人尤其如此。
参与者从门卫正义运动和阻止工厂关闭联盟那里学来的经验,为最低生
活工资而斗争,首先开始于美国东部城市,在洛杉矶呈现出巨大的力
量,他们很清楚地把焦点凝聚在本土扎根的活动和就业人群上。 第一
个也是主要的目标可能是所有活动中最不自由的地方政府。 在市议会
一位资深活动家的协助下,洛杉矶市于 1987 年通过了一项涵盖所有城
市工人的最低生活工资法案。

从这一点开始,这场运动滚雪球般地发展起来。 两年之后,法案
扩展到整个县的工人。 2001 年,经过了一场由玛丽亚·埃琳娜·杜拉
佐(Maria Elena Durazo)和圣莫尼卡负责任旅游联盟(Santa Monicans
Allied For Responsible Travel)领导的运动之后,圣莫尼卡通过了一项
更强有力的法案,影响到从该市获得拨款的私营企业。 杜拉佐是酒店
员工餐厅雇员工会(Hotel Employees Restaurant Employees Union)"本
土 11"的负责人,而圣莫尼卡负责任旅游联盟是一个更大的联盟——享
有国际声誉的洛杉矶新经济联盟(LAANE)——的分支,由玛德琳·詹
尼斯(Madeline Janis)领导,那时她叫玛德琳·詹尼斯-阿帕利西奥
(Madeline Janis-Aparicio)。 工人正义运动将超越地方政府,影响到所
有植根于本土的部门、公司和雇用大量移民工人的行业:旅游业、写字
楼开发、酒店、餐馆、家庭护理和服装业。

工人正义运动的两个成就值得特别关注。 1999 年,经过十多年的
斗争,服务业雇员国际工会"本土 434B" 赢得了代表洛杉矶县 7.5 万
名家庭护理工作者的权利。 这是自 1941 年以来在一年当中动员的新工
会成员最大的数目,1941 年,密歇根州迪尔伯恩附近的福特汽车公司
红河工厂的工人加入了全美汽车工人联合会,迪尔伯恩是流水线大规模
生产的终极象征,也是当时世界上最大的综合工厂。 从工业工会到服

务业工会的权力转移从未像现在这样明显。

第二个成就涉及门卫正义，这是一场由 10 万多名门卫发起的全国性运动，他们寻求签订新的合同，以增加工资和福利。 2000 年 4 月 7 日，隶属于服务业雇员国际工会的门卫，从洛杉矶市中心开始游行，沿着威尔希尔大道，穿过贝弗利山再次来到世纪之城，这是美国劳工史上最令人惊叹的得到公众支持的示威活动之一。 市检察官和即将成为市长的人领导了游行，紧随其后的是杰西·杰克逊(Jesse Jackson)和数十名民选官员、牧师、神父和拉比；在行进中，人们从窗户里探出身子表达支持，那些街道上的人在欢呼，一些人举起拳头。 贝弗利山的一些旁观者跑到街道上给门卫送上现金。 新合同是在游行之后的几周签署的，庆祝活动包括一张奇怪的照片：在舞蹈和喷水之间，站着一名手持拖把的国家巡视员，当时的州议会领导人和未来的市长挥舞着扫帚，以及一名戴着罢工帽的知名开发商和市中心大楼的业主。[3]

正义运动中的空间转向

1990 年代的某个时候，正义运动发生了明显的空间转向。 虽然门卫正义和其他早期的组织包括阻止工厂关闭联盟，看来都理解空间和场所政治学，以及新的大都市内部地理学中嵌入的不公正，但随着运动的推进，三个联盟开始特别明确地在它们的剧目中增加空间战略。 不是所有这些正义斗争的领导人都会同意我的观点，但我相信，可以说，这种新的空间意识在它们最重大和最具创新性的成就中发挥了重要作用。

公交车乘客联盟和劳动/社区策略中心

1996 年 10 月，美国城市历史上的一个不同寻常的时刻发生在洛杉矶市中心的一个法庭上。 一个草根组织联盟代表那些依赖公共交通满足基本需求的人对洛杉矶大都市交通局（MTA）提起的集体诉讼，因一个前所未有的、重要的和解协议而得到了解决。 协议判定，至少在未来十年内，将纠正过去几十年来对依赖交通的城市穷人——那些买不起车的人——的歧视：让 MTA 把提高公交车服务质量和保证公平使用所有形式的公共大众交通工具作为预算的最高优先事项。

227   根据劳动/社区策略中心诉洛杉矶县大都市交通局一案所宣布的和解协议（也就是著名的公交车乘客联盟裁决），不仅要求 MTA 购买特定数量的新环保公交车，而且它们还必须减少过度拥挤、冻结票价结构、加强公交车安全、减少公交站犯罪，并提供特殊服务，以方便人们前往就业、教育和医疗中心。 如果照单全收，这将几乎耗尽 MTA 的全部运营预算，使其无法继续雄心勃勃的计划——建设一个巨大的固定轨道（交通）网络——这本来是一个优先考虑，因为大家都有这样的看法，即洛杉矶是唯一一个没有地铁系统的世界级大都市。

公交车乘客联盟案件是一次直接地对歧视性做法的回击，在一段时间内，它似乎重振了民权运动，促使人们将其与 1954 年著名的布朗诉教育委员会（Brown v.Board of Education）案相提并论，后者下令取消学校的种族隔离。 在这里，人们也认为，在提供一项重要的公共服务方面，存在着两个独立但不平等的系统，在这种情况下，公共大众交通系统正在践踏特定部分人口的权利。 一个系统，以不成比例的投资和金融份额，服务于富人；而另一个系统，资金少得多，服务于穷人显然更紧迫的需求。

虽然这是一个民权裁决，但和解协议也是环境正义运动激动人心的表达，在洛杉矶，这场运动早就通过洛杉矶市能源回收（Los Angeles City Energy Recovery， LANCER）项目开始了。 这个项目围绕着一项建议展开，该建议要求在洛杉矶中南部建造一座垃圾焚化炉，并将其产生的新工作岗位主要给予非洲裔美国人。 当它被视为在贫困社区设置危险和污染设施的更大计划的一部分时，一个由当地居民、西区自由派环保活动家和大学研究人员组成的不太可能的联盟合力阻止了该项目。[4]公交车乘客联盟案例被当作一个涉及环境(或者交通)正义的案例。 通过打击基于居住地的一切形式的歧视,并且确认居住地可能对日常生活和个人健康等重要方面产生负面影响的观点,该案例也增强了寻求空间正义的努力。

以前在美国任何主要的大都市,从来没有这样的公共交通服务案例产生,虽然另外几个城市也有相似的诉讼,但没有成功。 像这样优先考虑内城和大部分少数族裔贫困工人的需要,使美国城市政府和规划的传统运作方式发生了惊人的逆转,因为以前提供的服务总是偏袒较为富裕的居民,甚至是在舒缓贫困的名义之下。 这个裁决与美国那时的政 228 治是根本对立的,当时新保守主义占据主导地位,实施不利的福利改革,削弱公民权利以及反贫困努力。 在美国的其他地方,草根社会运动以如此规模的财政承诺影响城市规划和治理的成功例子寥寥无几。本质上,和解协议导致了数十亿美元从不成比例地偏袒富人的计划转移到一个更有利于穷人的计划。

成功的集体诉讼背后的两个关键组织是公交车乘客联盟和主要的原告——劳动/社区策略中心,它发起了诉讼而且领导形成了更大的联盟。 公交车乘客联盟[也叫乘客联盟(Sindicato de Pasajeros)]不是传统意义上的工会,而是一个明确的多民族、反种族歧视的大众组织,依赖于公共交通,旨在改善公共交通系统和洛杉矶40多万以少数族裔和女性为主的贫困工人的生活。 它是劳动/社区策略中心的一个分支,劳动/社区策略中心是一个1989年成立的活动者组织,在它的网站上将自己描写为一个"反种族歧视、反企业、反帝国主义的思想智库和行动智库,关注理论应用到实践"。 它的目的是发起"工人阶级和被压迫民族的群众运动,特别是黑人和拉丁裔工人以及社区"。 策略中心经营着一家有关策略组织的公立学校,出版了一份双语政治杂志《哎呀,现在!》(Ahora, Now!),由莉安·赫斯特·曼(Lian Hurst Mann)编辑,她也是建筑批评家、理论家以及策略中心的联合创始人。

和解协议宣布以后,获胜的公交车乘客联盟和策略中心组织者以恰如其分的划时代语言宣布了他们的胜利。 埃里克·曼（Eric Mann），策略中心的联合创始人，他说这是"推动历史的公交车"，在"大众交通、民权和环境的交叉点"为正义而进行的斗争中"为公交车赢得千百万"，创造了"城市交通的新愿景"和"跨国资本主义时代城市反抗的新理论"。[5]好莱坞也注意到这次裁决的重大意义。 活动家、奥斯卡奖获奖摄影师兼导演哈斯克尔·韦克斯勒（Haskell Wexler）与公交车乘客联盟一起花了三年时间，拍摄了一部长片，详细描述了该联盟富有远见的努力，加入了他早先关于劳工问题［怒火战线（Matewan）， 1987］、越南战争、巴西酷刑以及墨西哥恰帕斯（Chiapas）骚乱的作品的行列。虽然植根于本地的社会环境，但由于其领导人的国际野心，这场胜利具有了全球意义。（见附录2，视频资料5）

229　　1996年令人激动的法庭裁决将很多因素都表现出来了。 在一定程度上，这反映了人们认识到，任何一种大众交通（比如说固定轨道系统或者地铁建设）的替代形式的投资，如果损害了至关重要的公交车服务，特别是对内城穷人的服务，都是充满歧视和不公正的。 用具体的法律术语来说，这样的投资违反了1964年民权法案第六章，该法案是定义和推动民权运动的生成性法案。 交通规划者从来没有完全忽视穷人和少数族裔的交通需求，但有人认为，它们在系统上从属于那些生活在贫困线以上的人的需求和期望。 大规模的资源再分配和公共政策的重大转变被认为是纠正数十年来系统性的地理（空间）歧视和种族歧视所必需的。

　　这种在满足穷人公共交通需求方面的根深蒂固的歧视植根于歧视性投资的更大模式，这种模式在整个20世纪塑造了洛杉矶的地理和建筑环境，可能也塑造了所有其他主要大都市地区的地理和建筑环境。 我在这里指的是一个明显的投资差距：一方面是普通道路和高速路的建造和维护，另一方面是所有其他大众公共交通系统的建设。 这个社会和空间歧视进程的结果就是，几乎所有地方都形成了一种不公正的大都市交通地理学。 它对于居住在（城市化）郊区拥有多辆车的比较富裕的人有利，而对在城市区域内核地带、贫穷移民的大规模聚集来说没有好处，他们迫切依赖公共交通。

经济重组加剧了贫穷和社会两极分化。所谓新经济的兴起，已经恶化了在内城较为集中居住的、依赖公交系统的穷人和少数族裔家庭。几乎每个低薪工人都从事多份工作，在大多数情况下，这些工作——如家政、园丁、清洁工、保姆和家庭护理专业人士——是多地点的，需要前往城市中许多分散的地点。拟建和部分建成的固定轨道系统，简单轴辐式空间结构永远不能像灵活公交网络的密集网状结构那样有效地服务于内城贫穷工作人口。

这个法庭案例的特点，就是对公平和正义的看法的大相径庭。MTA 认为它致力于交通正义，但它的公平观念与公交车乘客联盟截然不同。作为一个县的权力机关，它受到普遍保守的、以白人为主的郊区监事会的强烈影响，MTA 主要从行政和严格的地区条款来定义公　230
平。如果每个监管区都有同等效率的大众交通，并在某种程度上服务于穷人的需求，那么这个系统就被认为是公平的。对穷人的特殊交通需求给予额外关注的想法本身就是不可能的。

这种地区的公平和交通正义的观点植根于一种"扁平"的地理视角，忽视了交通需求明显不均衡的地理学。对城市区域的核心地带以及国际机场、洛杉矶—长滩双子港等关键的活跃地点给予特殊关注是可以接受的，但特别关注贫困移民的邻里社区不仅是不可容忍的，而且是违宪的。

宪法的非歧视性原则一定程度上保证了交通正义，但对于美国国会来说，非歧视主要是通过在分配利益时不偏袒一个地区或选区来确保的（除了最有影响力的政客搞出来的肉桶配额①的变相例外）。有人可能会

---

①　Pork-barrel 用作俚语，指受政府资助的地方产品或者工程项目。这往往是代表美国某地区的国会议员为这个地区争取来的福利待遇，而这位国会议员也因此能笼络人心，得到当地选民的拥护和选票。这往往是政界人物得心应手的政治手腕。立法人员会相互帮忙在议院内通过这种带有政治目的的拨款，因为他们心中有数，今天为他人行了方便，日后自己也有类似的提案要他人帮忙通过。那么选民对此看法,常常取决于他们住在什么地区。比方说，这笔拨款是用来修筑一条新的道路，便利他们所居住地点的交通，或者要用这笔款子在他们家附近建造一个邮局，那么他多半会赞成。而不住在当地的选民则很可能会站在对立的立场，反对这笔支出。可想而知，这种政治拨款手段必然会成为竞选中的焦点问题。——译者注

争辩说，公交车乘客联盟要求的特别关注是违宪的，但这将打开争论的可能性，即补贴郊区化也是违宪的，因此合宪性不是公交车乘客联盟案件的核心问题。

MTA 使用堆积如山的数据来辩称，其规划的交通系统的每一部分都将运送大量（如果不是多数的话）少数族裔和穷人。 如果少数路段，如服务于广阔的圣费尔南多谷的轻轨"南加州都会铁路"（Metrolink）系统或连接帕萨迪纳的"蓝线"（Blue Line），主要运载白人郊区乘客，这在这种人人共享的逻辑中才是公平的。 怎么会有种族歧视和空间歧视的说法呢？

联盟以非常不同的战略视角加入了战斗。 他们说，丰富的歧视数据在地图上有极佳展示，通过不成比例的投资和对服务于相对富裕的人的公共交通设施的关注，有一个关于歧视的长期历史记录，同时那些在日常生活中最依赖公交的人，那些密集地集聚在被定义为内城的人，仍然严重地和系统地得不到服务。 这一点上，可以用数字展示出来，乘客乘坐每趟"南加州都会铁路"都得到了超过 21 美元的补贴，相比之下，每次乘坐公交车的补贴只有 1 美元多一点。 他们很清楚地表明，
231 如果以那些依赖公共交通的穷人的需要优先，对正义和歧视的看法就会截然不同，这召唤了对公共政策和规划实践进行重大的改变。

法庭的协商揭示了城市交通规划中根深蒂固的偏见，这些偏见不仅影响了 MTA，而且几乎包括全美所有规划机构的行动。 偏见不仅是过分强调简单化的成本/收益分析，而且本质上是给予非穷人的汽车司机以特权，从而主动歧视那些别无选择，只能使用公共交通去工作、上学、求医、购物和娱乐的居民。

在大多数专业规划者看来，这种以汽车为中心的理念似乎是合理的，其目的在于为人口整体提供尽可能好的服务，将注意力集中在大多数司机和他们的需求上，这看来是一个值得赞赏的策略。 在像洛杉矶这样没有广泛使用轨道/地铁系统服务的世界大都市区域，大多数人的出行是靠汽车完成的。 这通常意味着，无论从绝对水平还是人均水平

来看，个人化交通领域的投资水平都超过了公共或大众交通领域，特别是在计入普通道路和高速公路建设和维护的公共成本，以及汽车价格、保险等因素之后。

当善意的交通规划者在这些条件下处理大众交通问题时，特别是在轨道交通和公交车之间做出选择时，公交车几乎每次都会落败。即使固定轨道系统，如圣弗朗西斯科湾区捷运系统（BART）或任何新建的系统，在取代私人汽车出行方面从未达到其推动者过于乐观的目标，成千上万的汽车出行仍然无法避免。公交车也会将司机从小轿车里拉出来，但除非进行特别投资，否则它们会继续使道路交通陷入拥堵，并向空气中排放更多污染物。当大多数人自己开车时，或者这被交通规划者视为是事实时，投资轨道交通似乎比改善公共交通更具吸引力。在很大程度上，想要变得更像纽约、伦敦或巴黎的冲动加剧了这种偏见，并增加了让轨道交通投资看起来既高效又公平的压力。

然而，一旦明确认识到依赖交通的穷人的具体和直接需求，一切都会改变。一旦考虑到绝大多数城市的郊区，洛杉矶就提供了一个特别明显的交通不公平的表现，1990年代，大量的移民贫穷工人居住在围绕着市中心的人口密度极大的环状地区。由于很多依赖公共交通的人同时有几份工作，每份工作都需要在不同的地方之间移动，灵活的、多节点的、密集网状的公交车网络几乎总是比固定轨道系统更可取，更迫切需要，无论固定轨道系统是轻轨还是重轨，地上还是地下。

正如洛杉矶所展示的，也可能在绝大多数美国城市能够证明的，至少在过去的80年里，或者从福特主义时代开始，交通歧视或交通不公正一直是正常的做法，几乎完全不受限制和质疑。维持这些由汽车驱动的歧视性做法并不需要邪恶的人故意做出带有种族偏见的决定，只需要训练有素的专家按照常规程序做出几乎总是有利于城市社会中更富有、更有权势阶层的决定和规划。这种受意识形态束缚的交通歧视系统，现在非常成功地受到挑战，而且被判决需要立即采取重大的补救行动，这就是**劳动/社区策略中心诉洛杉矶县大都市交通局**一案的最非凡的成就之一。

　　然而，这一裁决的意义不可能被本地和联邦政府机构所忽视。 虽然有地方的根源，公交车乘客联盟的胜利的影响，已经远远超越洛杉矶区域。 如果允许将其作为法律先例扩大到潜在的极限，它可能会导致全美国城市生活的根本性变化。 想想这个可能性。 任何一个由公共部门做出的规划，无论是大众交通或者学校、消防局的位置，还是关闭医院的急诊室，都可能要接受一个社会和空间的"正义测试"，以确定拟议的分配模式对所有受影响的地区和社区是否公正和平等，公正的基础是富人和穷人以及多数人和少数人的不同需求。 类似的法律测试可能适用于税收政策、选区划分、学校建设项目、空气和水污染对健康的影响、毒物处理设施的选址——几乎所有影响城市生活的规划和政策决定。 如果规划未通过测试，法庭应当将它否决。

　　不足为奇的是，和解协议引发了激烈的反应。 MTA和其他主要规划当局，在保守派和一些自由派政治声音的支持下，动员起来，决心推翻或破坏这一裁决。 法律上诉提出来了（并被驳回）。 就像1950年代摧毁洛杉矶公共住房的努力一样，一种"红色恐惧"飘荡在本地媒体当中。 当它们没有发挥作用的时候，有更多直接的人身攻击。 网页成倍增加，集中了愤怒的批评，其中一个网页列出了劳动/社区策略中心主要领导过去几年的工资，媒体哀叹他们因为有较高的收入而失去了"真正的"进步性资格。

　　人们的反应没有局限于洛杉矶。 华盛顿和布什政府并没有忽视公交车乘客联盟裁决与和解协议的激进潜力，特别是在布什-切尼政权在2000年总统竞选期间将总统权力注入司法系统之后。 联邦努力阻止这个案件作为法律判例，其潜在的传播在2001年到达尽头。 在亚历山大诉桑多瓦尔（Alexander v. Sandobval）一案中，基于阿拉巴马州对联邦交通部（DOT）提出的关于只用英语举行驾照考试的质疑，美国最高法院有效地阻止了公交车乘客联盟判例的进一步法律应用。 在5票赞成、4票反对的裁定中，它判定必须证明有歧视的意图，借鉴了早先严重削弱了整个民权运动的裁定，然后进一步宣布，私人当事人不能基于不同的诉讼要求——即基于所谓的歧视性做法——起诉交通部或任何其他联邦机构。 也有其他的努力来阻止公交车乘客联盟这样基于表明意图的需要的案例的影响，但在保护公共当局免受反歧视诉讼方面，没有一项努力能像亚历山大诉桑多瓦尔一案那样走得那么远。

虽然有人继续努力将公交车乘客联盟的组织和策略模式推广到其他城市，但对于试图将公交车乘客联盟的胜利扩展到超越它直接的本地冲击的范围，桑多瓦尔裁决建立了厚厚的法律壁垒。 然而，本地冲击还是令人印象深刻。 根据公交车乘客联盟网站的数据，在 1996 年至 2006 年的十年间，超过 25 亿美元被重新分配给了公交车乘客。 美国最大的清洁能源车队出现了，替代了 1 800 多辆柴油公交车。 每年至少增加 100 万个公交服务小时，创造了超过 800 个"绿色的"、参加工会的工作岗位，公交客运量增长 12%，在主要地面道路上增加许多快速公交专用道。 在过去的 15 年里，这个国家可能没有其他大都市的公交车服务有如此显著的改善。

面对如此多的反对势力，和解协议在 2006 年终止后，延长它几乎是不可能的。 然而，公交车乘客联盟和策略中心依然保持其在环境、交通和空间正义运动中的活力。 2006 年 5 月 1 日，他们在组织"美国大抵制"（Great American Boycot，西班牙语 El Gran Paro Estadounidense，美国大罢工）中发挥了重要作用，当时可能有多达 200 万人为争取移民权利和反对日益高涨的反移民情绪而和平游行。 如果说有什么不同的话，那就是战略联盟扩大并加强了抗议环境种族主义、警察虐待少数族裔、新的轨道交通建设计划、拟议的公交车票价上涨以及伊拉克战争等更大问题的努力。

正如现在它的网站所示，策略中心和它盟友团体，已经将公交车乘客联盟的模式扩展到其他城市，比如亚特兰大，强烈抗议最近 MTA 政策的退步转变，并扩展了它的出版物和多媒体项目。 2009 年，它出版了《清洁空气经济正义计划》（*Clean Air Economic Justice Plan*），该计

234

划提出了一种以公交车为中心的城市交通、环境正义和经济发展的新模式，该模式将建立在奥巴马政府经济刺激一揽子计划的联邦资金基础上。 在创建了全国公共交通乘客联盟后，策略中心和公交车乘客联盟于 2012 年 7 月 25 日举行了一场大规模集会，继续抗议 MTA 削减数千英里的公交服务，并呼吁奥巴马总统撤销新的联邦地面运输法案，该法案违反了他对环境正义的承诺，保持了高速公路和公共交通投资的 80：20 的比例。 它还要求对联邦运输管理局的调查结果采取行动，该调查结果显示，洛杉矶 MTA 在侵犯公民权利方面的记录是全国最差的。 也许今天在美国，没有比洛杉矶正在进行的有关环境和交通正义的斗争更加重要的事了。

洛杉矶新经济联盟

　　洛杉矶新经济联盟（Los Angeles Alliance for a New Economy，LAANE）是一个由 100 多个组织组成的灵活联合体，已经成为洛杉矶的一种区域性监督机构，将其积极影响和支持扩展到洛杉矶县和周边的数十个地方。 在讨论劳工-社区-大学联盟建设的主要成就，特别是关于社会行动的具体空间战略的发展时，LAANE 值得关注。 它在最低工资运动中发挥了关键作用，自 1990 年以来一直是草根组织网络运作的主要力量。 与其他联盟相比，它从战略上利用了基于大学的研究和
235　研究人员，并将关于都市重组、新经济、区域发展动力学、不断扩大的贫富差距和不公正的空间性等创新想法带入了公共领域。

　　LAANE 成立于 1993 年，领导人是玛德琳·詹尼斯-阿帕利西奥（现在的名字是玛德琳·詹尼斯），她是一名律师，也是中美洲资源中心（CARECEN，the Central American Resource Center）前执行主任。 它最初是旅游业发展委员会，一个直接从新成立的加州大学洛杉矶分校社区学者项目（CSP）组织的第一个项目发展而来的组织。 CSP，是由来自城市规划系的吉尔达·哈斯（Gilda Haas）、阿伦·赫斯基（Allan Heskin）和杰奎琳·里维特（Jacqueline Leavitt）以及来自劳工中心的肯特·王

(Kent Wong)领导，汇集了来自不同社区团体和工会的经验丰富的积极分子来上课，与学生见面，并在联合项目中与他们合作。 这些项目中的第一个是在1991至1992学术年度进行的，目标是当地的旅游业，当时正计划投入巨资扩建市中心的会议中心和相关设施。

CSP团队寻求策略，在一个以微弱的积极溢出效应和剥削性工作条件而臭名昭著的行业中，促进低薪工人及其社区获得更大的经济利益。项目最终报告《偶然的旅行》指出，在没有特殊干预的情况下，公共和私人决策的正常运作倾向于歧视穷人和少数族裔的结果，如果市中心的旅游开发按最初计划进行，这种结果很可能会再次发生。

与许多旨在工人和社区正义的运动一样，CSP研究的主要目的和效果之一是提高公众对投资地点及其对周围社区的正面和负面影响的认识。 就像MTA建设"世界级"固定轨道系统的计划和LANCER垃圾焚烧炉项目背后的主要动机一样，政府官员认为，仅仅是增加就业机会和改善社会服务就足以满足城市居民的需求。 利益的特殊社会和空间分布仍然看不见，也想象不到。 虽然《偶然的旅行》的语言没有明显的空间性，但其背后的信息以及社区学者和城市规划专业学生之间的互动都是由对正义和非正义的空间性的敏感所传递的，尤其对那些在新经济当中力图幸存下来的贫困工人来说。

工人的一些重要利益能够纳入会议中心的新合同之中，启动了后来发展成为LAANE标志性成就的东西：社区利益协议（community benefits agreements， CBAs)的形成和谈判的扩展使用。 LAANE的一个分支"与正义一起成长"，后来成功地促成了与本地政府和私人开发商的协议，将工人和少数族裔社区的利益附加到所有本地经济部门的新发展计划中。 另一个重要的突破就是，协议的达成，使得新的开发项目产生社区影响评估，检查了它对就业、交通和本地生活质量的潜在溢出效应。

值得注意的是，具有里程碑意义的"洛杉矶活力"的社区利益协议，是由LAANE和"战略行动促进公正经济"（Strategic Actions for a

236

Just Economy, SAJE)在 2001 年联合谈判达成的，玛德琳·詹尼斯与"反叛策划者"、SAJE 创始人和前主任吉尔达·哈斯一起参与。 这个协议是 SAJE 的菲格罗亚(Figueroa)走廊经济正义联盟运动的一部分，而且是与市中心区域的庞大的斯台普斯中心发展项目合起来制订的。 它包括了提供最低生活工资的工作、可负担住房、本地雇用和绿色空间的条款。

像任何其他组织一样，LAANE 和 SAJE 为大学和更广泛的社区之间不同寻常而富有成效的互动做出了贡献，并将战略性的空间和区域思维渗透到当地的活动中。 LAANE 对工人不公正的地理学以及在区域范围内组织的必要性表现出了敏锐的意识。 为了避免 1980 年代早期工厂关闭联盟的错误和失败的策略，LAANE 将注意力集中在那些植根于该区域、在社区或劳工团体的压力下不能轻易搬迁的雇主身上。 与最低工资运动一样，本地政府也是显而易见的起点。

选择抗议和示威的战略地点至关重要。 一旦确保了当地政府大本营，战略行动就要扩展到洛杉矶的主要工业集群，如娱乐业和服装工业，以及根据定义几乎植根于本地的区域旅游经济基本的基础设施。小东京、市中心和世纪之城的主要写字楼，国际机场，好莱坞再开发项目，清水墙(dry wall)建筑工人和墨西哥玉米饼制作者，大型连锁酒店（尤其是海滨附近），普拉亚·维斯塔(Playa Vista)和环球影城(Universal Studios)蓬勃发展的新开发项目，家庭护理工和临时工，保姆和园丁——这些都变成目标。 无论何时何地，服务贫困移民的需要都是中心任务。

237　　接受任何公共补贴的企业对其活动所影响的社区负有义务的概念，深入公众意识和公共政策的程度，（洛杉矶)可能比美国其他任何地方都要高。 目标不是要停止发展，而是保障工人和社区公正地发展，日托和本地招聘、公园和工人中心、医疗福利和最低工资——简言之，确保对城市以及城市和区域产生的资源的民主权利。 虽然在 LAANE 的所有项目中并不明显，但批判性的空间意识影响了它的许多实践。 加州大学洛杉矶分校城市规划系雇用的一批非凡的学生研究人员和活动家，推动和支持了这种实践——在过去15年当中多达40人参与了，其中一些人已经升到行政与管理职位。

LAANE工作的核心是促进更有效的社区利益协议，这是LAANE坚持正义发展运动的标志，或者正如LAANE在当下的网站上所宣称的，"建设正义之城"。 凭借成功的最低工资运动和其他与公平就业相关的胜利，LAANE在1990年代末通过与好莱坞大道重新开发相关的创新协议，在社区利益协议策略方面居于领先地位。 从那时起，社区利益协议已经在整个洛杉矶县和洛杉矶市遍地开花，并扩展到很多其他的美国城市，包括丹佛、密尔沃基、西雅图、匹兹堡、纽黑文、凤凰城和亚特兰大。

虽然社区利益协议的基本理念相对是比较直白的，但它的传播代表着地方经济发展规划、参与式治理、工人运动和城市资源居住权斗争的根本性创新。 社区利益协议是一份具有法律约束力的文件，由一个明确的劳工-社区联盟和开发商谈判达成，通常但不是必然得到当地政府或再开发机构的财政支持。 为了换取公共补贴，在满足土地利用和其他本土规制方面更加顺利，以及获得与正式定义和政府认可的社区联盟打交道的额外优势，开发商商讨了一项协议，以提供通常包括高质量的工作、本地雇用、可负担住房、减少环境灾害以及各种社区服务在内的福利。

在另外一个激进主义的舞台上，LAANE的影响力远远超出了洛杉矶的界限，它俨然是后来被称为"英格尔伍德之战"（Battle For Inglewood）的领导者，这场斗争是与世界上最大的零售公司和著名的工人不公正之源沃尔玛（Wal-Mart）的斗争。 零售巨头沃尔玛已经成为本地、238 全美国和世界各地许多不同类型正义斗争的突出目标，书架上满是像"沃尔玛是如何摧毁美国（和世界）的"这样赤裸裸的书名。

也许不用奇怪，这个洛杉矶故事在一部电影/DVD里面得到了充分的证明，它有一个很惹眼的片名：《沃尔玛：低价的高成本》（见附录2，视频6）。 这部电影讲述了全美各地的人们和社区受到世界上最大的零售公司阴险的劳工政策和破坏工会的策略的影响的故事，该公司在世界各地拥有5 000家门店和150万名员工。 这部电影以"英格尔伍德之战"的故事达至释放乐观情绪的高潮，这是一次反对沃尔玛"入侵美国城市"的成功努力，将激发更多类似的胜利。 在英格尔伍德的故事之后，在电影的结尾，一个长长的名单在银幕上滚动，上面是反对沃尔玛并获得胜利的小镇和大城市的名字。

除了作为更大的反抗沃尔玛斗争的一个重要组成部分之外，英格尔伍德之战还表明，洛杉矶劳工—社区—大学联盟的建设在继续不断地扩展。 英格尔伍德是一个独立的自治城市，位于洛杉矶国际机场附近，据说是美国最大的非裔美国人占多数的城市之一。 它的人口略高于11.5万人，现今拉丁裔居民的数量与非裔美国人大致相当，超过20%的人口生活在贫困线以下。 在它的边界内，有好莱坞公园赛道和论坛（体育馆），在洛杉矶湖人职业篮球队搬迁到洛杉矶中心区核心地带的斯台普斯中心之前，它的主场就在这里。

在21世纪初，以传统的美国小镇为基地的沃尔玛，正在制定一项城市战略，目标是相对贫困但人口密度较大的城市社区，重点放在加州，在那里，开市客（Costco）等其他大型零售连锁店已经占据了最大的市场份额。 由于许多原因，英格尔伍德是进入美国第二大城市市场的一个特别有吸引力的目标。

2002年3月，LAANE通过其发展监测项目以及与联合食品和商业工人工会的合作，发现沃尔玛通过一个中间商已经购买了论坛体育馆附近一块60英亩的地皮的期权，这是全县没有开发的最大一块地。239 LAANE几乎立即开始组织抵抗对付这种"入侵"，一个月后，沃尔玛宣布了更为刺激的计划，在加州建立40个大型超市中心，其中包括在英格尔伍德的一家旗舰店。 LAANE早期组织的成果主要是让市议会通过一项法令，禁止大卖场。 作为回应，沃尔玛拿出最有力的武器威胁对这座城市采取法律行动，同时收集全民公投的签名，在他们看来，

(应该)让人民来决定。12月，市议会废除了这项法令，英格尔伍德之战全面展开。

这场战役的第一次重大攻势发生在 2003 年 8 月，那时，由（听话的）"欢迎沃尔玛莅临英格尔伍德市民委员会"支持的一个不同寻常的投票倡议被提出。如果通过，这项倡议将不仅允许沃尔玛在这块 60 英亩的土地上建一家超市，还将给它相当于在这块土地上拥有虚拟领地的治外法权。沃尔玛被容许，实际上是被邀请，在没有政府、司法或社区监督的情况下，在这个地方为所欲为。被这种假定的打击震惊了，LAANE 从经济正义僧俗联合会（Clergy and Laity United for Economic Justice， CLUE）、本地宗教领袖以及杂货店工人那里获得支持，严肃认真地开始了战略联盟建设工作，导致一个新的组织"为了更好的英格尔伍德联盟"（Coalition for a Better Inglewood， CBI）创立了。

除了组织上的帮助，LAANE 还在其他两个重要领域做出了贡献，促进了广泛的分析研究以及有效的公共关系和媒体联系。[6]这项倡议定于 2004 年 4 月进行投票。早期的民调显示大约有 60% 的人赞成，因为沃尔玛对英格尔伍德的居民发动了媒体闪电战。一场针对洛杉矶区域两大零售巨头的长时间全县罢工削弱了 CBI 的努力，部分原因是面对沃尔玛超市潜在的竞争，CBI 试图控制甚至降低工资。沃尔玛的宣传活动强调了它的传统观点，即沃尔玛的低价是为了满足相对贫穷人口的迫切需求，通过保持劳动力和其他成本的低水平实现了这些低价，而且它的门店创造了急需的就业机会，并增加了当地的税收。让人们决定他们是否需要建立这样一个商店，难道不是民主的方式吗？

沃尔玛显然低估了洛杉矶联盟复兴的力量。通过有针对性的大学研究，反驳论点得以提出，表明沃尔玛的工资如此之低，以至于其工人不得不依靠食品券等国家福利来生存。由（加州民主党）众议员乔治·米勒（George Miller）主持的一份报告估计，加州纳税人对（沃尔玛）低工资的补贴接近 5 000 万美元。研究人员对沃尔玛估计其对就业和税收的净影响的方式提出了质疑，称其没有充分关注就业和收入流失对周边

240

地区的溢出效应，尤其是在由于不可克服的竞争而被迫关闭的较小零售
店方面。 针对该公司的劳工不满和诉讼也被整理成了一份长长的清
单，还有沃尔玛在补贴用完后不久就关闭门店的故事以及它还创建了一
支破坏工会的专业管理骨干队伍。

2004 年 4 月 6 日，杂货商罢工结束一个月后，英格尔伍德居民以
61% 对 39% 的比例否决了这一倡议，但这不是斗争的结束。 2006 年 7
月，英格尔伍德市议会通过了一项与洛杉矶市两年前颁布的超级市场条
例类似的条例，要求在考虑批准之前，必须完成一份完整的经济影响报
告。 沃尔玛并没有完全停止它在加州的扩展计划，但毫无疑问，其雄
心壮志受到当地草根联盟令人惊讶的力量的严重阻击。 英格尔伍德之
战在洛杉矶所发生的全球化进程中发挥了重要作用，并在当地范围内汇
聚了许多不同的联盟建设的潮流和战略。 人们没有公开提到空间和区
域正义，也没有任何关于城市权利的明确主张，但我认为说这些概念及
其相关战略涉及重大问题并不过分。

建立关于城市权利的全国联盟

洛杉矶成功的联盟建设的最新制度延伸是创建了一个新的全国联
盟，建立在 40 多年前由著名城市理论家和空间哲学家亨利·列斐伏尔
在巴黎提出的理念之上。 列斐伏尔观察到法国工人阶级在巴黎市中心
的密集聚集是如何被政治和政策驱散的，这些政治和政策将他们中的大
多数人转移到了"内郊"[inner suburbs, 他称之为 banlieues（郊区）]的
高楼。 列斐伏尔认为，工人阶级人口必须站起来，更好地控制城市空
间的生产。 随着他们日益意识到他们所居位置的地理学是由强大的企
业和国家力量塑造的，他们必然要求城市权利（le droit à la ville）。

241　　　这个理念成为 1968 年 5 月巴黎起义的集会口号，并被用来动员学
生和工人的支持。 当起义未能达到其目标时，列斐伏尔的理念被埋葬
了，几十年里基本被遗忘了。 只是在过去的 20 年中才获得新生，尤其
是在 1991 年，他公认的最重要的著作《空间的生产》（原版于 1974 年）

第一个英文译本出版之后。　近年来，作为对列斐伏尔以及城市和空间问题普遍恢复兴趣的一部分，对城市权利这个概念的组织已经吸引了世界各地的广泛关注。

有一些迹象随着 1998 年的《欧洲保护城市人权宪章》出现了，到 2012 年，已有 350 多个欧洲城市批准了一项相关宪章，专门将"城市权利"作为普遍人权的具体版本。　第一个和唯一认真对待这个理念的北美城市是蒙特利尔，这相当合适。　加拿大国家电影局 1972 年制作了一部名字叫《城市的权利》（*Le droit à la ville*）的电影，其中列斐伏尔（用法语）引领了整个讨论。　2006 年，作为"对公民身份和城市的新理解的基础"，蒙特利尔市颁布了《蒙特利尔权利与责任宪章》。　今天，使用"城市权利"这一名称的活动家团体，以协和大学和麦吉尔大学为基地。[7]

在另外一个层面的发展中，2007 年 1 月，随着一个名为"城市权利联盟"（Right to the City Alliance，RTTC）的全国联盟的成立大会的召开，作为美国战略激进主义的组织原则和焦点的城市权利的复兴，达到了一个重大的政治节点。　这个会议在洛杉矶市中心"小东京"的日美文化中心举行，明确了三个目标：第一，开始培养地方城市斗争的集体能力，以便使之成为围绕城市权利的全国性运动；第二，提供一个框架和结构，为地区组织化和将知识分子与所做工作联系起来奠定基础；第三，建立全国性网络/联盟，使各组织能够相互学习，就影响城市社区的问题开展全国性辩论，并帮助协调不断扩展的全国性项目。　形成讨论的框架更有勃勃的野心，它主张一种新的民主愿景，建立对城市与区域发展和变化动态学的当代理解的基础上。

处理中产阶级化和错置（dislocation）问题成为行动项目讨论的核心。　有来自"迈阿密工人中心"的代表主持的讨论，发现过去 30 年来，一系列的都市重组进程加剧了与中产阶级化相关的问题，包括联邦政府对城市项目的支持减少、私有化和大规模外包公共服务、去工业化、膨胀的地产和住房市场、日益扩大的贫富差距，以及将贫困定为刑

242

事犯罪。 这种"新中产阶级化",被视为城市权利运动的战略动员焦点,至少在其早期阶段是这样。 它也与不断增长的关于都市重组的学术文献很好地结合在一起。

新的理论方法也被讨论了,特别是关于新自由主义的兴起以及全球化和新经济的不均衡影响。 对区域组织化的必要性给予了特别关注,尤其是创建了区域网络,这些网络将从核心城市地区延伸到边缘地带,形成类似于扩展到城市区域的权利。 亨利·列斐伏尔原创的理念——都市空间被资本殖民化、文化消费——也被介绍过来,这反映在来自纽约大学的勒内·普瓦特万(René Poitevin)令人信服的话语当中:"城市权利是被压迫的社区对市场力量试图重塑城市的回应,就好像这些社区无关紧要,好像他们没有充分的权利留在这里,以满足他们的需求和愿景的方式塑造城市。"[8]

联盟所勾画的方法的核心是一个战略目标,即在不同的社会运动和活动家斗争之间建立持久和有效的联系,其基础是对城市空间的社会生产所固有的不公正和压迫的共同经验。 围绕城市权利概念形成的区域网络,为打击一切形式的歧视,提供了一种新的、可能更有效的动员和团结力量。

城市权利联盟已经成为一个迅猛发展、非同寻常的全球运动的重要组成部分。 推动这一全球化的是《世界城市权利宪章》,它是由2004年在基多举行的美洲社会论坛和在巴塞罗那举行的世界城市论坛联合出版的,同时还有联合国教科文组织的一系列会议和出版物,这些会议和出版物激励了数百个欧洲城市加入城市权利联盟运动。 为了将全球正义、环境正义和人权运动结合在一起,宪章首先承认城市是"一个丰富、多样化的文化空间,属于所有的居民",每一个人"有城市权利而免受建立在以下因素上的歧视:性别、年龄、健康状况、收入、国籍、种族、移民状况,以及政治的、宗教的或者性的取向,并能保留文化记忆和认同"。[9]

公民的定义不仅包括永久居民,还包括那些"过境"的人。"城市权利原则"包括民主管理、充分行使公民身份和利用经济和文化资源、平等和不歧视、对弱势个人和群体的特殊保护以及经济团结和进步政策。《宪章》也承认，城市权利不局限于正式的城市，因此将其与区域城市化及其全球扩展联系在一起："城市领土及其农村环境也是行使和履行集体权利的空间和地点，以确保公平、普遍、公正、民主和可持续地分配和享受城市提供的资源、财富、服务、货物和机会。"[10]

《宪章》和大多数关于城市权利联盟的不断增长的文献都提到了列斐伏尔的原始理念，但通常很少有人对这个概念进行批判性评估。在许多情况下，这一概念似乎只是一种略微不同的方式来谈论一般的人权，或者仅仅是对需要更民主形式的规划和公共政策的一般性提及。在很大程度上，列斐伏尔对城市空间因果关系的激进探讨被归结为更温和的自由平等主义或关于城市正义的规范性陈词滥调。一个重要的例外是地理学家/规划师马克·普塞尔，他是加州大学洛杉矶分校的毕业生。

在《重获民主》一书中，普塞尔对列斐伏尔的理念进行了富有洞察力的重新评估，他考察了近来的文献，并针对呼吁激进的城市蜕变的简化主义解释提出警告，包括列斐伏尔经常含蓄表达的将斗争狭义理解为仅仅由工人阶级作为变革的代理人。城市权利不仅仅被看作是占有、参与和差异化的权利，而且更广泛地被视为一种**空间权利**——居住空间的权利，任何人都可以选择在哪里居住。在将这一概念延伸到更大的区域和全球范围时，普塞尔引用了布伦纳的话："城市社会运动……不仅仅发生在城市空间内，而且努力在多个地理学尺度上改变资本主义本身的社会地域组织。'城市权利'……由此扩展到城市内外尺度上一个更加广泛的'空间权利'。就在全球资本主义重组进程从根本上重组城市所嵌入的超城市等级制度时，城市仍然是社会政治斗争的策略领域，而这反过来又对资本主义的超城市地理学产生了重大后果。"[11]

普塞尔也对马克思主义的正统观点提出了批评，坚持城市权联盟概念对于多个层次的代理人和目标都是开放的，这样就扩大了政治行动的

244

范围，包括歧视和不正义的各类地理学，这些与性别、种族、性取向、环境状况和其他形式的压迫有关。 这可以与政治哲学家艾丽斯·马丽昂·杨(Iris Marion Young)将不公正视为压迫的更多元化的五方面概念联系在一起，在其中阶级斗争本质上主要围绕工作场所和居住地的经济剥削展开，而其他社会优势和等级权力结构则定义了更加广泛的社会行动领域，这些社会行动与文化和政治统治以及其他的歧视轴心相联系，而歧视轴心并非直地接或者单独地与阶级联系在一起。[12]

把普塞尔和杨结合起来，为争取空间正义和城市空间民主权利的合流运动开辟了新的可能性。 列斐伏尔和哈维的方法中固有的整体的和集中的阶级斗争形式被扩展和开放，以满足当代世界对正义的多方面和多尺度的要求。 对于寻求特定的空间正义的挑战来说，最为重要的是，建立各种联盟和网络社会运动的隐含必要性，这将超越过去狭隘的、往往是本质主义的通道。 在今天的世界上，支持劳工，反抗歧视、父权制或者文化统治，或者实现和平、应对全球变暖，或者促进本土社区发展等单独的运动，比以往任何时候都不太可能取得成功。 横向的联盟与合作是必不可少的。

在一个富有洞见的措辞转向中，普塞尔将城市权利，尤其是在占领和居住在空间的意义上，称为组织和动员的"关键"(linchpin)，认为它构成了一个合作建设的完整的保护伞形式，一种连接的组织或者"胶水"(glue)，有助于**将多样化和具体化的斗争团结成更大、更强大的运动**。 这种新的空间意识和它在寻求空间正义当中的表现，正是提供了这样一把完整的保护伞。 我们都以这样或那样的方式经历了不公正地理学的负面影响。 这使得围绕空间和城市权利的斗争成为让世界变得更好的共同身份、决心和有效性的潜在强大来源。

现在还不可能评估城市权利联盟运动的全面影响，但很确定的是，人们试图把它的形成与阿拉伯之春和占领运动的发展联系起来，从中可以找到学术理论如何被活动人士采纳并用来推进他们的目标的范例。

注 释：

［1］感谢 *City* 杂志的编辑 Bob Caterrall，用了两期杂志中的很大的篇幅来讨论《寻求空间正义》，有 15 篇简短的评论，从学者到活动家，也有我的回应。*CITY* 14，no.6 (2010)：597—635；and *CITY* 15，no.1(2011)：64—102.所有评论的名单见附录 1，资料来源 8A。

［2］Harold Meyerson，"The Red Sea：How the Janitors Won Their Strike"，*L.A.Weekly*，April 28，2000.更多有关门卫正义的内容见 C. Erickson，C. Fisk，R. Milkman，D. Mitchell，and K. Wong，"Justice for Janitors in Los Angeles：Lessons from Three Rounds of Negotiation"，*British Journal of Industrial Relations* 40 (2002)：543—567；and Lydia Savage，"Justice for Janitors：Scales of Organizing and Representing Workers"，*Antipode* 38(2006)：648—667。

［3］Nancy Cleeland，"Justice for Janitors：Janitors Victory Galvanizes Workers across the Nation"，*Los Angeles Times*，April 25，2000.

［4］更多的有关洛杉矶市能源回收(LANCER)项目和其他与环境相关的运动在洛杉矶的发展情况，见 Robert Gottlieb，*Reinventing Los Angeles：Nature and Community in the Global City* (Cambridge，MA：MIT Press，2007)；和 R. Gottlieb，M. Villianatos，R. Freer，and P. Dreir，*The Next Los Angeles：The Struggle for a Livable City*(Berkeley and Los Angeles：University of California Press，2005)。Gottlieb 曾是一名新特记者，转而做学术工作，在加州大学洛杉矶分校城市规划系任教多年，后来成为西方学院的讲席教授。

［5］Eric Mann(with the Planning Committee of the Bus Riders Union)，*A New Vision for Urban Transportation：The Bus Riders Union Makes History at the Intersection of Mass Transit，Civil Rights，and the Environment* (Los Angeles：Labor/Community Strategy Center，1966)。

［6］加州大学洛杉矶分校城市规划系举办了一系列课程，从本科生荣誉研讨会到社区学者项目，产生了各种报告，比如：*Researching Wal-Mart：A Guide to an Annotated Bibliography* 和 *Wal-Mart and Wal-Martization：Challenges for Labor and Urban Planning*，这两份报告是 Jackie Leavitt 指导的，还有 *The Price We Pay for Wal-Mart*，由 ILWU Educational Committee 在 Goetz Wolff 和三个城市规划系的研究生的帮助下出版。后一份报告包括了沃尔玛和开市客(一家更进步、更高效的大型零售商)的详细比较。

［7］很有趣的是，蒙特利尔城市宪章的出现在一定程度上是为了指导一个新的大都市区域组织的形成，该组织后来由于语言和其他方面的差异而分崩离析。除了这两个以大学为基础的活动团体的推动外，城市权利的理念已经成为一场日益壮大的公民运动的一部分，该运动与 2012 年的一个引领蒙特利尔运动有关(并部分吸收了该团体)。我感谢蒙特利尔的加拿大建筑中心的 Catherine Bella 和 Alexis Sornin，在那里我度过了非常有成效的 6 周，2012 年 7 月和 8 月我完成了本书的初稿。

［8］引自 *Right to the City：Notes from the Inaugural Convening*，2007，可以在如下地方得到：Right to the City，152 W. Thirty-Second Street，Los Angeles，CA 9007。也见 www.righttothecity.org。有些东部的声音忽视了这次最初的会议。例如，David Harvey 在他的近著 *Rebel Cities：From the Right to the City to the Urban Revolution*(New York：Verso，2012)中提出联盟开始于 2007 年 7 月的亚特兰大，那个时候"所有形式的社会运动都聚集在美国社会论坛"(US Social Forum)……并决定组成一个全国性的城市权利联盟，并错误地补充说："他们这样做大多数情况下都不知道列斐伏尔的名字。"

［9］Habitat International Coalition，*World Charter for the Right to the City* (Paris：UNESCO，2005)。

［10］同上。

［11］Mark Purcell，*Recapturing Democracy：Neoliberalization and the Struggle for Alternative Urban Futures*(New York：Routledge，2008)，102. 也见 Purcell，"Excavating Lefebvre：The Right to the City and Its Urban Politics of the Inhabitant"，*Geojournal* 58 (2002)：99—108。

［12］Iris Marion Young，*Justice and the Politics of Difference*(Princeton，NJ，Princeton University Press，1990)。Young 对"民主的区域主义"也有重要观察，见 *Inclusion and Democracy*(New York：Oxford University Press，2000)。

246

第九章

占领洛杉矶：一个真正的当代结论

　　《我的洛杉矶》每一章都贯穿着一种自信的空间视角，它建立在这样的观念之上：我们生产并在其中居住的自然地理学，对我们的生活和历史有非常重要的影响。　其中尤其有力量的地理学影响，可以简单地描述为都市空间因果性。　这种解释性力量来自都市聚集的刺激，来自都市生活的空间组织方式。

　　来自都市聚集的力量的例子，对于理解洛杉矶都市重组进程和区域城市化的兴起具有核心价值。　工业企业的集中——航空航天和娱乐业，以及珠宝、家具制造业——在区域经济发展方面是最基本的动力，同时，洛杉矶中心地区的贫困工人大规模聚集，则是成功和多样化的劳工—社区联盟复兴以及维持不断扩大的新经济的重要的生成性力量。城市空间的社会生产，不仅为社会进程的展开创造了物质背景或者环境，而且本身也是一种积极的、有影响力的力量，塑造着社会生活和社会发展。[1]

　　在这个简洁的结论部分，我将都市空间因果性的理念和聚集效应，进一步推向当下和不远的将来，探索与"阿拉伯之春"和"占领华尔街运动"相关的当代运动是如何从城市聚集的积极刺激和与之相关的地缘政治意识中获益的。　从这个意义上说，城市区域的空间组织既是新自由主义全球化和"灵活资本主义"新经济的不公正效应的表现，也是新的空间上有见识的社会运动的推动力，旨在（尽管并不总是成功地）让世界变得更好。

　　虽然对于所谓的"阿拉伯之春"人们可以找到更早的根源，现在评价它的实际成就可能还为时过早，但开罗解放广场有组织的"起义"及其在世界各地的扩散可以被视为一个具有代表性的新政治学起点，它由聚集效应和为城市权利的斗争所塑造，尽管没有明确表达如斯。 到现在，很多人注意到在诸如开罗的解放广场（现在叫自由广场）、马德里的太阳门广场、雅典的宪法广场等空间上密集的公众聚集在激发战略性解放进程方面不断重复的重大意义。 观察到这些及后续事件的大多数富有同情心的旁观者倾向于强调社交媒体和社交网络的扩大作用，毫无疑问，新技术在动员和通知参与者并传播信息方面发挥了重要作用，但很少有事情能够在没有刺激性理念和策略下发生——那些创造性的嗡嗡声——这是由人民和抗议者在都市公共空间当中高度集中所产生的。

　　这一论点很难找到确凿的证据，如果不是地理经济学家和其他人关于聚集效应和他们现在所说的"简·雅各布斯外部性"①的发现，它可能永远不会被认真地提出。 给予都市空间性这样的解释力是不同寻常的，对大多数不习惯于任何形式的地理因果性的学者来说，感觉并不舒服。 虽然都市聚集的刺激毋庸置疑是存在的，它可能是经济发展、技术创新和文化创造力，甚至也许是都市社会运动的起源和发展的首先因素，但我们仍然对它知之甚少。 比如，大的聚集永远比小的聚集更加具有生产力吗？ 凝聚会不会太大或太小而不会产生任何效应？是什么使一种集聚比另一种集聚更具生产力？考虑到目前的趋势，一个聚集的区域网络比一个大型中心城市，创造性来得多还是少呢？区域城市化（或者，就此而言，互联网）增加或减少了创新性的聚集效应吗？面对面

---

　　① 简·雅各布斯外部性（Jane Jacob's Externalities）是雅各布斯在 1969 年《城市经济》一书中提出的很多值得重视的观点中的一个。 该观点主要是指在聚集状态中，不同产业之间的技术、知识存在彼此外溢效应，距离上的靠近有利于知识的传递、创新的共鸣和推进。 也有人称外部性为外移、外溢（spillover）。 雅各布斯的影响有增加的趋势，因为她的著作对创新与空间的关系很重视。 她认为，多样化的本土经济，对于多种行业之间相互影响是有益的。 一个有特殊结构的区域形成的特殊生产，必然在特殊的工业中形成创新，从而有助于在相同的工厂之间传递这种创新。 知识在不同的行业之间也进行传递，引起分化的生产结构更加具有创新特性。 这里有一个问题是涉及本土竞争性假设。本土过度竞争在行业中会影响创新。 ——译者注

的互动在一个即时电子通信时代有什么作用呢？

依然有很多人不愿意接受任何形式的都市空间因果性，毕竟，文献
中几乎没有确凿的证据支持这样的主张，当然，我们必须避免简单化的
环境或地理决定论。然而，这种不适和恐惧很大程度上源于对城市空
间的传统物理和外部化观点——空间只被视为物质形式和模式。理解
都市因果性背后的空间视角，始于承认都市空间像所有我们居住的地理
空间一样，都是社会生产的。它代表了一种"第二性"，与血缘关系或
政治一样，它也是人类社会不可或缺的一部分。如果这种社会化的地
理学是不正义和不平等的，一些群体在其有利和不利的空间结构中比其
他群体遭受更多的痛苦，那么，我们必须组织起来改变我们在社会上创
造的地理学（或已由强大的其他人为我们创造出来）。这是寻求社会—
空间正义背后的基本原则。

这种改变我们居于其间的不正义地理学的需求，不仅与 1968 年在
巴黎兴起的城市权利的概念有关，而且在相关的呼声中也很明显："为
了改变生活而改变城市"（Changer la ville pour changer la vie）。我看
到了在"阿拉伯之春"的推进力以及几乎关于占领运动的一切的背后的
这种精神，占领运动始于占领华尔街，但已经蔓延到几乎所有大城市的
角角落落。公共空间的密集集会火花四溅，从曼哈顿的祖科蒂公园
（Zuccotti Park）到洛杉矶的市政厅草坪。

由抗议生成的公共空间的名单远远超过了上述地点，包括了伦敦主
祷文广场（Paternoster Square）、圣保罗座堂（以及证券交易所）前的草
坪，爱丁堡的圣安德鲁广场（Saint Andrew Square），卢布尔雅那的国会
广场和证券交易所，柏林的亚历山大广场和勃兰登堡门，斯图加特的王
宫广场（Schlossplatz），赫尔辛基的纳林卡托利广场（Narinkkatori
Square）。这不仅仅在这些发展中的"空间很重要"，而且空间的聚集和
集中——对人与人接近的冲动，就像哈维·莫洛奇和迪尔德里·博登
（Dierdre Boden）描述的那样——自身成为新的理念、策略和潜在的社会
转型行动的生成性力量。[2]

占领华尔街

"占领华尔街"引发的社会运动在一定程度上是爱沙尼亚"神秘无政府主义者"卡勒·拉森(Kalle Lasn)的创意，他是加拿大激进杂志《广 250 告克星》(*Adbuster*)的创刊人和总编。 他在 2011 年 6 月宣称"美国需要它自己的解放广场"。 不久之后，他注册了网站 OcuppyWallStreet.org。 他想到的另外一个可能的名字是 AcampadaWallStreet.org，以纪念马德里的"太阳门广场扎营"运动(Acampadasol，又称 15-M 运动①)，2011 年 5 月 15 日，成千上万的抗议者聚集在马德里市中心著名的太阳门广场，抗议经济紧缩和新经济。 拉森通过新战术持续推进运动以"杀死资本主义"，这有助于占领运动对"横向"民主和无需领导②的承诺。[3]

要理解占领运动，一个人必须对"横向"的意义有一定的了解——要做到这一点，需要回头看 2001 年阿根廷新自由主义政府垮塌以后的发展情况。"横向"是新自由主义危机引发的新社会运动的重要组成部分，其目的是创建一个彻底自治、反等级和高度参与性的民主，不受体制和其他约束。 在 1990 年代末，阿根廷表现出了一种新自由主义政策和政治的极端形式，政府部门不断萎缩，严重依赖全球市场。 阿根廷的新自由主义在 2001 年瓦解，这是一个全国性的缩影，也是 2008 年全球范围(经济)崩盘的先兆。 一些试图革新的大众运动涌入这个缺口，寻求尽可能地摆脱新自由主义国家和市场记忆中的魔爪。

这些运动的先锋是社会无政府主义的复兴，无政府主义建立在早期

---

① 15-M 运动(15-M movement)，西班牙反对紧缩政策的占领广场、争取真民主运动。 这场运动时间很长，最早始于 2011 年 5 月 15 日，故简称 M-15 运动。 ——译者注
② "横向"民主和无需领导("horizontal" democracy and leaderlessness)主要指在新的时代条件下，对传统的领袖主导下的民主的颠覆。 要求所有参与民主制度和活动的人，必须接近同一个水平上介入政治。 有一些彻底民主化的味道。 ——译者注

自我管理(autogestion)和绝对民主概念的基础之上。 引领这条道路的是后新自由主义阿根廷的新运动,它包括了这样的组织,诸如失业工人运动、断路者(Piqueteros,他们采取直接行动中断商品生产和流通)、邻里集会(asambleas barriales),构成了决策的重要基础且无需核心权威。 参与其中的中产阶级也形成了新的运动,比如"拯救企业"(empresas recuperadas),接管破产工厂,促进工人自我管理,并形成一种新的邦联主义意识。 在某种程度上,这些发展反映了左翼自由主义的更新实验,就像后来的美国茶党运动①,以及更为保守的公民社会,从右翼自由的概念中找到了灵感。

251   阿根廷的案例被律师兼新闻记者玛丽娜·西特林(Marina Sitrin)详细记录了下来。[4]虽然许多人忽视了这些阿根廷根源,但横向民主和自治的自我管理精神、普通集会的关键作用、对各种形式的中央集权的深深怀疑,这些都渗透入全世界各地的占领运动当中。 横向民主有助于保持这场运动的目标和任务的开放性,保持所有可能性的存在。 特定的政治或政策目标和议程往往是避免的。

这些理念和倾向从一开始就是占领运动的标志,一些人认为,它们还影响了解放广场和阿拉伯世界其他地方的事件,以及正在进行的西班牙15-M愤怒运动,还有希腊对于强制紧缩(政策)的抵抗。 可以说,就像阿根廷新自由主义的资本主义之毁灭激发了新的社会和空间运动一样,2008年的大危机导致了不同类型的实验性运动。 对我们这里的故事来说,特别重要的是强调运动的社会—空间平等和正义,以1%的超级富豪与其他人之间日益扩大的鸿沟为象征和焦点,以及在具有战略意义定位的公共空间举行社交聚会的战略重要性。

---

①   美国茶党运动(Tea Party Movement):茶党非当代一党,源于波士顿茶党,是一些居民1773年在波士顿抗议英国殖民者收税的事件,在此过程中人们通过将来自英国的茶叶倾倒到波士顿港口海里的方式表达抗议。 现在的美国茶党运动是指从2009年兴起的一种政治活动。 最早契机是反对奥巴马在就职演说中提出的对于一部分人的救济如失去房屋的人的支持。 该运动以保守著称,要求以减少政府支出而削减国家债务、联邦预算赤字,从而降低税率,还反对政府支持的全民健康福利。 茶党并无统一全美组织,有不同小的组织,其目标和要求有冲突者,但整体上有共同的取向。 ——译者注

2008 年，新自由主义的资本主义的局限性被残酷地揭露之后，对发起一场社会运动而言，没有比华尔街更好的地方了。然而，曼哈顿南部令人敬畏的金融围墙后面的空间戒备森严，以至于这场运动不得不转移到另一个战略地点。占领华尔街运动始于 2011 年 11 月 17 日占领祖科蒂公园。公园过去是、现在也是一个特殊的空间，它以现在拥有这个地方的公司的主席命名，近来被重新命名为自由广场〔Liberty Square，它毗邻自由购物中心（Liberty Plaza）〕。它于 1968 年修成，旁边有一幢由美国钢铁公司所有的巨型建筑，当时该公司对 1960 年代福特主义去工业化的反应是将其资产转移到城市房地产。自由购物中心一号的摩天楼高度是基于一项协商好的分区差异（协议），正是这一差异创造了这个公园。

建筑物与公园在"9·11"袭击当中严重损毁，2006 年重新开放。这个地点不仅与世贸中心遗址、纽约证券交易所和纽约联邦储备银行的距离几乎相等，而且它还有一个值得注意的、看似矛盾的新发明"私人所有的公共空间"（privately owned public space, POPS）。作为"私人所有的公共空间"协议的一部分，公园必须 24 小时开放，这样它就能服务于占领者的至关重要的意图。11 月 15 日警察关闭了公园（是非法的吗？），但运动持续发酵。抗议者试图在新年前夕重新占领公园，但被警察暴力驱赶出来，近 70 人被捕。后来，随着运动扩散到其他空间，至少有一万人游行到一个更具中心和象征意义的地点——时代广场。

占领华尔街运动在全世界引发了类似的抗议，几乎所有抗议活动都集中在当地的公共空间，并通过社交网络媒体相互联系。总共有 82 个国家的 951 个城市爆发了示威活动，值得一提的是，从美国奥克兰到智利的圣地亚哥，从西班牙的马德里意大利的罗马，到南非的约翰内斯堡，有一些规模最大和最激烈的抗议行动。不必惊奇，它也深入到了南加州。

252

占领洛杉矶—奥兰治县

正如人们所预期的那样，在洛杉矶城市区域，占领运动既是多中心的，也是明显集中的。 比如说，在今天的长滩、圣费尔南多谷、南门、皮科里韦拉(Pico Rivera)、安大略和里弗赛德都有占领活动，此外还有这样一些引人注目的团体，例如占领胡德(the Hood)、占领贫民窟、占领玫瑰花车游行(Rose Parade)、占领为失去赎回权而斗争(Fights Off Foreclosures)、占领联合学区(LAUSD, United School District)和占领军事工业综合体。 一个充满活力的占领奥兰治县网络已经发展起来，(相继)在圣安娜、欧文、亨廷顿海滩、富勒顿成为运动焦点。 然而，在很大程度上，"占领洛杉矶"运动一直集中在标志性的市政厅前的公共空间，毗邻仅次于华盛顿特区的美国第二大政府雇佣聚集地(见图8)。

以下是一个占领洛杉矶的简要日志：

2011年10月1日——洛杉矶市政厅草坪占领运动开始。 自发的、洛杉矶大型集会开始在帐篷营地里举行。

2011年10月5日——洛杉矶县议会通过决议支持占领目标(见下文)；洛杉矶市长给占领者送雨衣。

2011年10月15日——行动全球日，纪念西班牙事件。 集会在世界各地近千个城市举行。

2011年11月17日——行动日，标志着占领华尔街运动两个月的周年纪念日。 在纽约市，三万人上街游行。 在洛杉矶，工会成员团结一致游行，因对工会的支持感到不安，占领运动成员的一个分裂派别组织了一场反游行，前往美国银行大厦。 30人被捕。

2011年11月19日——加州大学戴维斯分校的学生被警察喷射辣椒水。 抗议者在校园反对针对非暴力学生的行动，获得媒体的关注并引起公众愤怒。

图 8　占领洛杉矶传单(来自占领洛杉矶的网站)。

2011 年 11 月 29 日——1 350 名洛杉矶警局警员袭击并驱赶占领洛杉矶(运动)人员，逮捕了 292 人，这是警方针对占领运动采取的最后也是最不暴力的行动之一。 占领洛杉矶(运动)向多个方向扩展，并与占领奥兰治县(运动)加强联系。

2012 年 5 月 1 日——占领运动重现洛杉矶市中心，组织四方大游行（游行队伍来自北、南、东、西四个方向），在潘兴广场（Pershing Square)举行了大集会，此处是过去传统的五一劳动节游行地点。

2012 年 7 月 12 日到 13 日——与占领有关的粉笔画艺术家，在市中心举行的月度"艺术之步"（Art Walk)遭到警察的粗暴阻止。 占领洛杉矶(运动)对洛杉矶警察局提出投诉，称其伤害了抗议的粉笔画家。

2012 年 7 月 24 日。 占领洛杉矶（运动）加入占领奥兰治县（运动），
联合抗议安纳海姆警方 7 月 21 日开枪射杀手无寸铁的曼努埃尔·安赫
尔·迪亚兹（Manuel Angel Diaz）。 在安纳海姆的斯托达公园（Stoddard
Park），占领洛杉矶（运动）与占领奥兰治县（运动）的成员训练抗议者进
行非暴力抗议。 7 月 28 日，占领运动在迪士尼乐园门前举行了抗议
活动。

自从 2012 年 8 月粉笔画艺术家在市中心举行月度"艺术之步"以
来，几乎没有什么重大活动直接打着占领洛杉矶的大旗。 与占领运动
有关的较小团体继续抗议失去房屋赎回权，2012 年 10 月超级风暴桑迪
（Sandy）过后，也有一些人参与了协助风暴救援。 然而，重要的是，占
领洛杉矶（运动）继续举行大型集会，维持着一个活跃的网站（www.oc-
cuylosangeles.org），并试图与占领运动的其他分支（无论是全国性的还是
本土的）发展和保持活跃的联系。

虽然纽约和奥克兰占领运动的努力（2012 年 7 月 29 日《纽约时报》
杂志文章形容为"激进美国的最后避难所"和"反资本主义之都"）受
到绝大多数媒体的关注，但占领洛杉矶有许多鲜明的特点，帮助我们更
多地理解占领运动在地方和全球的表达方式。 例如，占领洛杉矶有祖
科蒂公园关闭后最大的营地，市政厅公园长期至少有 485 顶帐篷。 占
领的时间也比几乎任何其他地方都长（56 天），与奥克兰和其他地方形成
对比的是，警方在驱逐公园占领者时相对较少使用暴力。

在许多方面，让当地理解和接受其要求和目标，占领洛杉矶也比其
他任何占领运动都更为成功，这在很大程度上要归功于其创新的劳工—
社区联盟建设的遗产。 没有一个强大与进步的公民社会可以依靠的
话，占领洛杉矶运动将不得不"独自漂流"。

大力支持的地方力量基础

占领洛杉矶运动与大多数其他城市和区域的占领运动不同的是，强
大而创新的劳工—社区联盟的坚实基础，以及洛杉矶多样化的社区与该

地区至少部分大学之间的密切联系。换言之,占领洛杉矶从一开始就拥有一个大力支持的地方力量基础。[5]任何其他地方,至少在较大的占领运动当中,没有更大和更公开的来自工会和本地政府的公众支持。在占领洛杉矶运动中,加入工会的教师与学生、家长一起抗议洛杉矶联合学区削减服务,而服务业雇员国际工会和其他工会一起,在2012年5月1日举行游行示威,庆祝工人正义运动。然而,一些抗议者可能不熟悉洛杉矶草根联盟的基础,或者完全被横向民主的自发哲学所吸引,他们将工会视为问题的一部分,脱离了工会领导的游行,转向到美国银行的办公楼前。

但没有任何地方能与洛杉矶市议会表达对占领洛杉矶运动的支持的引人注目的决议相提并论。这项决议是在10月5日公布的,那天是一个雨天,市长分发了100件雨衣,市议会主席告诉市政厅前的抗议者"你们想停留多长时间就多长时间,我们在这里,支持你们"。一周以后,这项决议获得全体通过。该决议有效地总结了占领洛杉矶运动的要求和目标,以及更多内容。[6]以下是市议会决议的节录:

鉴于,洛杉矶人,像美国所有的公民一样,正在从一个威胁我们的财政稳定和生活质量的持续的经济危机中蹒跚而出

鉴于,"占领洛杉矶"是洛杉矶人推动的……与17天以前由占领华尔街抗议运动所引发的全国运动相互团结并给予它支持

鉴于,2011年10月1日,星期六,"占领洛杉矶"运动在洛杉矶市政厅的草坪上开始了和平抗议……示威者正在努力争取继续抗议的许可

鉴于,占领抗议是一个迅速壮大的运动,其共同目标是敦促美国公民和平集会并占领公共空间,以便创造一种共同的对话,通过这种对话来解决问题,并为陷入经济困境的美国人提供解决方案

鉴于,今天,在我国,企业掌握着过度的影响力和权力,这种权力的关键是……最高法院最近在**联合公民诉联邦选举委员会**一案中以

5 比 4 的裁决取消了对选举过程中企业支出的法律限制,从而影响了候选人的选择、选举的结果和政策决定——威胁着人民的声音

鉴于,……超过 2 500 万美国人寻找工作但没有被雇用;超过 5 000 万美国人被迫在没有医疗保险的状态下生活;甚至用我们现在被广泛认为是不充分与过时的贫困指标衡量,也有超过五分之一的儿童成长于贫困之中

鉴于,……美国的收入不平等在世界发达工业国家是最高的,还有因收入、种族和性别而导致健康方面广泛的不平等

鉴于,过去 30 年,美国的平均工资和中位数工资几乎保持停滞……而且几乎所有的经济收益都累积到了最高收入者手中——主要是最富有的 1%,他们现在控制着美国 40% 的财富

鉴于,最富有的 1% 的美国人拥有全国一半的股票、债券和共同基金;最富有的 400 名美国人控制着最底层的 1.8 亿美国人

鉴于,导致我们的经济继续挣扎的最大问题之一是丧失抵押品赎回权的危机,一些银行继续推销有瑕疵的金融产品,在有些案例当中变成了欺诈,这些充斥着市场……加州受到的打击尤其严重。加州每 5 个人中就有 1 个丧失抵押品赎回权……自 2008 年以来,(总共)120 万人……财产税损失估计在 40 亿美元

鉴于,2010 年 3 月 5 日,洛杉矶市议会一致通过了"负责任的银行措施"……这将创建一个负责任的银行项目……给金融机构打分……按照"社区再投资评分",以客观和数据驱动的方式衡量机构在洛杉矶的投资

现在,鉴于,经市长的同意,本项决议获得通过,洛杉矶市特此**支持**"占领洛杉矶"运动继续和平地、充满活力地行使"第一修正案权利"。

当地支持占领奥兰治县的微弱迹象最初是在县府所在地圣安娜表达的,但很快就被撤回了。更强有力的支持来自欧文市议会。当那里的

占领运动被驱散时，运动转移到亨廷顿海滩（那里是南加州硬核朋克和冲浪之都），后来又转移到富勒顿，在那里，经过本地130天的占领之后，市议会通过了三项拟议决议中的两项：第一项，涉及银行对本土社区的投资；第二项，保护大学生免受掠夺性贷款的影响；第三项决议没有通过，但是最具有野心，呼吁拒绝企业/工会的人格概念，反对美国最高法院关于联合公民一案的裁决，该裁决是全国占领运动的焦点。[7]

占领奥兰治县运动与占领洛杉矶运动联合起来，成立了一个名叫"♯一起占领"新团体。占领奥兰治县的网站（www.occupy-oc.org/declaration）包含了下面的宣言内容：

♯一起占领——占领宣言

当我们团结一致地聚集在一起表达对大规模不公正的感觉时，我们不能忽视是什么让我们走到了一起。我们如此写，是为了让所有被世界企业力量不公正对待的人都能知道，我们是你们的盟友。团结如一人，我们承认现实：人类的未来需要其成员的合作；我们的制度必须保护我们的权利，一旦该制度腐败，个人就应该保护自己和邻人的权利；民主政府的正义权力来自人民，但企业不寻求从人民和地球榨取财富的许可；当这个过程由经济力量决定的时候，就不可能实现真正的民主。我们来到你们面前的时候，企业正在操纵我们的政府，它们将利润置于人民之上，将私利凌驾于正义之上，将压迫凌驾于平等之上。我们和平地聚集在这里，这是我们的权利，让这些事实公之于众。

● 他们通过非法的丧失抵押品赎回权程序，拿走我们的房子，尽管没有原始的抵押。

● 他们从纳税人那里获得财政紧急援助而免受惩处，并给他们的管理人员过高的奖金。

● 他们在工作场所延续了基于年龄、肤色、性别、性别认同和性

257

取向的不平等和歧视。

● 他们疏忽大意，毒害了食物供应，通过垄断破坏农业系统。

● 他们通过折磨、禁闭和残酷虐待无数的动物获得利润，并积极掩盖他们的做法。

● 他们一直在试图剥夺员工就更好的工资和更安全的工作条件进行谈判的权利。

● 他们用数万美元的教育债务将学生扣为人质，而受教育本来就是一项人权。

● 他们一直在外包劳动力，并利用这种外包作为杠杆，削减工人的医保和工资。

● 他们影响法庭以实现作为人的同样的权利，没有任何罪责和责任。

● 他们花了无数的美元雇佣法律团队，来寻求让他们自己摆脱有关医疗保险的合同。

258

● 他们把我们的隐私当商品出卖。

● 他们使用军队和警察力量来阻止新闻自由。

● 他们为了追求利润，故意拒绝召回危及生命的缺陷产品。

● 他们决定经济政策，尽管他们的政策已经并将继续造成灾难性的失败。

● 他们向负责监管他们的政界人士捐赠了大笔资金。

● 他们继续阻止能源的替代形式，以保持我们对石油的依赖。

● 他们继续阻止可能拯救人们生命或提供缓解的仿制药，以保护已经实现丰厚利润的投资。

● 他们有目的地遮蔽石油泄漏、事故和有问题的账本和不变的配方以追求利润。

● 他们有目的地通过对媒体的控制，让人们得到错误的信息和保持恐惧。

● 他们接受了谋杀囚犯的私人合同，即使他们对那些犯人的罪行有严重怀疑。

- 他们在海内外延续殖民主义。
- 他们参与了对海外无辜平民的酷刑和谋杀。
- 为了获得政府合同，他们继续制造大规模杀伤性武器。

昭示世人：我们，洛杉矶大集会，占领洛杉矶市中心市政厅公园，要求你们展示自己的力量。行使你们和平集会的权利；占领公共空间；形成一个程序，解决我们面临的问题，并产生每个人都能获得的解决方案。对于所有本着直接民主精神采取行动并组成团体的社区，我们提供支持、注册以及我们能够支配的所有资源。

占领运动的诉求，很少有地方表达得如此明确和详细。在某些方面，这已经将地方运动推向了横向民主和无议程战略的极限，同时利用了地方特殊性的力量。这种本土化的另一个例子是涂鸦艺术家和壁画家的积极参与。

259

图9　《和解放广场团结在一起》，米尔·奥恩的壁画。
在砖墙上喷涂。斯蒂法诺·布洛赫拍摄。

与本土壁画与涂鸦艺术家的支持性联系

占领洛杉矶运动的另一个显著特点是，它与当地活跃的涂鸦作家和壁画家运动有着不同寻常的富有成效的联系，特别是在市中心的战略要地。 涂鸦艺术家和壁画家通过创作新的壁画，从宣布占领洛杉矶的标语到解放广场上自由战士的图片，在普及占领运动方面发挥了重要作用（见图9和图10）。

涂鸦画家传统上专注于市中心，他们在高速公路的墙上以及夜间工作者消失后的商业区关闭的百叶窗上创作。 传统上，市中心是"所有城市"引爆任务的基点，旨在表达当地涂鸦运动的地理范围和力量的配合行动，其影响力和表现力不亚于全国任何地方。 涂鸦艺术家帮助占领运动的成员用原创壁画、公共艺术作品和手绘标牌普及了这场运动。涂鸦画家在帮助组织和领导针对银行和市中心其他机构的突发运动中也发挥了重要作用。

260

图10 《新世界秩序》，米尔·奥恩的壁画。在砖墙上喷涂。斯蒂法诺·布洛赫拍摄。

除了对洛杉矶市中心作为吸引眼球的壁画创作的场所非常熟悉外，很多涂鸦画家被雇佣为市中心的自行车信使（bike messager）。 在洛杉矶，一个著名的团队（DTLA，即"洛杉矶市中心"）通过洛杉矶迅速增长的自行车手运动，努力将涂鸦艺术家与占领运动成员联系起来。 涂

鸦自行车手是高度政治化的，除了在贝尔蒙特（Belmont，涂鸦艺术家的
"安全"展示地点）等涂鸦场地以及通往当代艺术博物馆和格兰德大道
中轴线的桥下徘徊外，还组织了经过批准和未经批准的午夜骑自行车穿
越市中心的活动。 近来，涂鸦画家与自行车手"缓存"（Cache）和"独
眼"（Eye One），分别帮助组织了受欢迎的环洛杉矶（CicLAvia）月度骑
行，穿越9英里封闭的城市街道，以及穿越市中心第二街隧道的午夜飙
车大赛（见图11）。

图11 《环洛杉矶》，为"环洛杉矶"而作，作者"缓存"和"独眼"。斯蒂法诺·布洛赫拍摄。

米尔·奥恩是一位国际知名的涂鸦艺术家，近来从环游世界之旅返
回，展示自己的作品并介入占领运动。 在近来与斯蒂法诺·布洛赫（前
涂鸦艺术家，现在是布朗大学的梅隆学者）的访谈中，米尔说："我正在
以启蒙政治壁画的形式将占领运动的信息带到街头，向各地99%的人
传达。"

在米尔·奥恩最近位于伦敦的一幅涂鸦壁画上，罗斯柴尔德（Roth-
schild）、摩根（Morgans）以及华尔街和伦敦金融城的其他巫师站在工人
阶级的背后玩着大富翁游戏。 在他们的后面是出现在美元货币上的圆

环内截断的金字塔，它是共济会的标志。 再后面，是一个被污染的世界，到处是冒着浓烟的核反应堆；右边是寻找保护的妇女和儿童；左边是一个抗议者，举着一块牌子，上面写着"新世界的秩序是人类的敌人"（图 12）。

图 12　《新世界的秩序是人类的敌人》,壁画,米尔·奥恩绘,
在东伦敦肖迪奇地区的红砖巷。米尔·奥恩拍摄。

　　2013 年 5 月，米尔·奥恩与来自伦敦的占领运动成员本·斯洛（Ben Slow）合作，在银湖创作了一幅新壁画。 在布洛赫的采访中，斯洛表示："占领运动已经四分五裂，变得毫无组织，所以我把我的政治声明带回了街头。 这就是占领运动的全部意义所在。 与其他地方的人合作，通过街头艺术和壁画传递到人们那里。"

　　占领洛杉矶运动已经成为了解洛杉矶涂鸦创作和壁画艺术性的非凡历史的窗口。 壁画运动始于两次世界大战之间大卫·阿尔法罗·西奎罗斯的一幅有争议的作品《美洲热带》，这幅画上是一个墨西哥的农民被绑在柱子上，头戴美国鹰的帽子，旁边还有一个全副武装的美国士兵。 如前所述，它首先出现在从洛杉矶市中心的奥弗拉大街可以看见的一面墙上，大约一周以后因为太过激进而被白粉涂刷，1969 年作奇卡诺运动①的一部分成为修复目标，大约经过十多年时间悬而未决和政治上的批判，在盖蒂基金会的支持下，于 2012 年 10 月向公众开放。西奎罗斯，作为一个墨西哥的共产党员，在完成了这幅画以后很快被驱逐出境，后来他重回纽约，在那里他变得举世闻名。 他是第一个用喷涂方法作画的人，也是圆形壁画的开启人。 有些人说他向杰克逊·波洛克教授过滴画。

　　直到 1990 年代晚期，洛杉矶的壁画运动和它的盟友涂鸦创作，都是非常高度政治化的，特别是对奇卡诺认同和抗议来说。 在过去的大约 15 年里，运动、壁画和涂鸦艺术已经变得不是特别"奇卡诺"，而具有更普遍的政治意义。 这种更广泛的政治化导致了与占领洛杉矶（运动）的联系。[8]

　　理解涂鸦—壁画艺术运动，对于理解近来在警察和占领（运动）粉笔画艺术家之间的战斗是必要的，媒体称他们为"粉笔画行动者"。 2012年 7 月 12 日，在月度"艺术之步"所在的市中心，警察和参加占领运动的抗议者，在第五大街与斯普林街（Spring）发生冲突，这里靠近贫民窟，是美国最大的无家可归者聚集的场所。 警察以前曾经驱散过粉笔画抗议者，这一天他们异乎寻常地决心不容许粉笔画抗议者出现。 按照洛杉矶警察局的一个警监的说法，粉笔画是"故意毁坏（公共）财产的行为"，而不是一种受保护的言论形式。 超过 15 名抗议者被逮捕，4名警察在冲突中受伤。

　　在一定程度上，警察把粉笔画行动者与"非法的"涂鸦画家等同起来。 这个理念被占领运动的成员强化了，他们反复高呼："谁的街道？我们的街道！"回应了涂鸦运动的"夺回街道"的口号。 一个特殊的文件"粉笔画占领世界"被制作出来并散播到全世界，以鼓励人们投入和

---

　　① 奇卡诺运动（Chicano Movement）是 1960 年代墨西哥裔美国人进行的一场民权运动。 试图解决的问题比较多，比如土地使用权利、农业工人权利、增加教育投入、获得投票权和其他政治权利等，其实这也表明了一种集体历史的意识觉醒和对原来墨西哥裔美国人的错误形象的纠偏。 这些活动对于城市居民的关系、构成成分的变化、劳动力关系等有一定的影响。 ——译者注。

组成共同体。 2012 年 8 月再次的月度"艺术之步",又加剧了警察和占领者成员(包括有一些来自奥克兰的粉笔画者)之间的紧张关系,但避免了重大对抗。 和平的庆祝集中在潘兴广场。

然而,很明显,市中心的粉笔画作者运动变成了占领洛杉矶(运动)不可或缺的一部分。 尽管占领运动没有像 2011 年那样有大量填充洛杉矶公共空间的即时计划,但涂鸦画家继续将占领运动的美学和信息表达在墙上,明确了占领运动已经成为城市景观中不可磨灭的一部分。

最后的观点

回顾这一章所论,关于洛杉矶经验的特殊性的几点结论就可以做出来了。 我强调"特殊性",不是反对洛杉矶通过都市重组走向区域城市化的总体趋势特征,因为我认为特殊性和一般是相互促进的。 向洛杉矶学习,既要欣赏它的特殊性,又要欣赏的它普遍性特征。

在 2008 年金融危机爆发以前的 30 年里,洛杉矶摆脱了极端保守的过去,成为美国最自由、最进步的城市区域之一,挑战(如果不是打碎)长期存在的刻板印象。 强大的反抗力量来自新的劳工—社区联盟,这些联盟保护该区域免受新保守主义对福利国家、公民自由和新政传统的一些最糟糕的影响,这些影响几乎摧毁了这个国家其他地方的工人和穷人。 重要的例外是政治和经济两极分化,贫富悬殊的差距在这期间即使不比任何其他城市区域拉得更大,也不亚于任何其他城市区域,主要反映出了洛杉矶在发展新经济方面所扮演的主导角色。 不幸的是,在洛杉矶以外几乎听不到关注这些日益恶化的不平等的呼声。

作为一直以来对立的领域,从乌托邦和反乌托邦的愿景到去工业化和再工业化的紧密结合,洛杉矶看到由于它的自由优势和不断加深的社会经济不平等而产生的新的紧张局势,导致了 1992 年的正义骚乱中可以被认为是城市政治新时代的第一次重大爆炸。 虽然被媒体曲解和政

264

治炒作弄得模糊不清，但 1992 年发生在洛杉矶的事件与其说是由过去与种族有关的旧动乱或阶级引发的抗议造成的，不如说是因为对新经济的不公正、全球化的不均衡影响以及它们所产生的扭曲的地理学表达了更多折中的愤怒和失望——早些时候，这种情况被描述为从一个长期危机引发的重组转化为重组引发的危机的爆发。

出于许多原因，包括对将洛杉矶视为进步政治中心（如果不是激进政治中心）的持续偏见，1992 年的教训——日益增长的贫困和无家可归到处盛行，预示着财富集中在一少部分人手里（1%？）是无法容忍的——在很大程度上没有为洛杉矶以外的人所感受到。 当 1996 年公交车乘客联盟一案的和解协议这样激进的革新事件的威胁有可能蔓延到全美各地时，充满偏见的美国最高法院出马阻止了任何以公正为导向的法律先例扩散到美国其他地区。 在某些方面，人们可以说，至少在美国，正义骚乱是对不断加剧的收入不平等不满的唯一主要表达——它被认为是美国历史上最大的运动——一直到占领华尔街运动及其后继者（的出现）。

2008 年（金融）危机以后，几乎花了四年时间，尽管新自由主义之资本主义的欺诈性意识形态和腐败政策被曝光，但从不断扩大的财富鸿沟中还是出现了类似的社会运动，这讲述了美国和其他大部分工业世界政治停滞的悲惨故事。 尽管在过去 10 年中有所加速增长，但美国平均工资的下降趋势和其他经济衰退的信号至少在 30 年来一直很明显。 虽然中右翼的政治真空已经被媒体产生的以及极端茶党支持者的全国性运动所填补，其中许多人受到了自由的无政府主义的保守形式的激发，但中左翼的增长却没有相应而生，在那里最嘈杂的声音似乎来自一小群暴力倾向极高的（左翼自由主义）无政府主义者。

占领运动带着自己无政府主义的软性印记进入了这个真空，这种无政府主义是以横向民主的概念来定义的，所有形式的权威和领导都受到怀疑。 出于对合作的恐惧，以及对本土社会运动的鲜明特征、市议会的大力支持和工会对占领洛杉矶运动的强烈参与的误解，出现了一些强

265

烈的负面反应。 一小部分活动人士指出，市议会议员多年来收到了数百万美元的企业"捐款"，并担心"咄咄逼人"的地方工会试图控制占领运动。 工会与企业利益在公民联合(Citizens United)决定中的并行也是一个因素。 有人认为，这些强大的本土支持者是问题的一部分，而不是解决方案的一部分。 因此，在利用这些特殊的当地机会方面，乏善可陈。

这里暴露出来的是占领运动中最剧烈的内部分歧和政治挑战之一，在传播到全世界以后它试图生存下去：避免一切形式的领导和权威的愿望会有多纯粹和长久？ 所有自上而下流动的东西都应该被拒绝吗？ 对横向的承诺会不会让特殊的需求与目标而使开发和奋斗变得不可能？ 与之相关的是这样的问题：反全球化，甚至反资本主义的主张必须有多绝对？ 可接受的总体革命不缺什么吗？

266　　互联网一代的政治化青年熟悉"网络社会"的无政府主义主张，致力于对言论和表达自由不加以限制，同样不要来自中央集权的干预，无论是企业、政府还是工会。 对于整个运动而言，这可能是可以接受的政策——拒绝自上而下或者等级制的支持表达，以有利于最大化的横向或者垂直的联系——但是否偶尔也有特殊的条件，导致规则的例外呢？

洛杉矶占领运动的经验没有给这些问题提供明确的答案，但它提出了一种需要所有运动参与者和支持者认可的观点。 占领洛杉矶与包括占领华尔街在内的其他占领运动有些不同。 它持续的时间比绝大部分原发地都要长，受到本土政治文化非同寻常的支持，尽管对横向民主做出了强有力的承诺，但它的目标和要求更具纲领性和明确性。 我认为它对当代城市和国家政治的影响也会更有效。

领导力与对横向民主的承诺、与地方民主和社会空间正义相关的斗争、解决日益加剧的社会经济不平等以及全球化和新经济的其他压迫影响的必要性等问题，都不仅仅是占领运动的问题；它们需要成为政治和政策制定以及全美国草根社会运动组织的焦点。 这里又一次有机会向洛杉矶学习。 然而，要做到这一点，需要把对洛杉矶的长期偏见放在一边，以便认真欣赏洛杉矶在都市重组和区域城市化方面的经验的独特而普遍的特性。 如果《我的洛杉矶》对这个进程有贡献的话，我将非常高兴。

注 释：

　　[1] 正如 Jane Jacobs 曾经指出的那样，城市聚集的生成性力量的形成，不仅仅是因为城市里的人们更聪明，而是因为彼此接近和密度的结合带来了高强度的社会互动的创造性刺激。 Jacobs 一直是当代几乎所有关于城市化经济和城市生成效应的研究的基本参考，从诺贝尔经济学奖获得者到 Richard Florida 关于创造性城市的畅销著作。

　　[2] Dierdre Boden and Harvey Molotch, "The Compulsion of Proximity", in *Now/Here：Space，Time，and Modernity*, ed. R. Friedland and D. Boden（Berkeley and Los Angeles：University of California Press，1994），257—286.它们也为聚集的空间刺激提供了生动的社会学描述：共同的社会互动的厚度。

　　[3] Lasn 最近的著作是 *Meme Wars：The Creative Destruction of Neoclassical Economics*（London：Penguin，2013），号召特别是经济学专业的学生起来抗议保守和新自由主义的教师和教学。

　　[4] 在 2005 年首次以西班牙语出版，"*Horizontalidad*"，后来以英语出版，*Horizontalism：Voices of Popular Power in Argentina*（Oakland，CA，and Edinburgh：AK Press，2006）。 Sitrin 最近的著作是：*Everyday Revolutions：Horizontalism and Autonomy in Argentina*（London：Zed Press，2012）。

　　[5] 几年以前，当我在哈佛设计研究生院做有关寻求空间正义的演讲的时候，我想起了这些支持性联盟的重要性和力量。 后来当我论及 LAANE 与 Madeline Janis 开创的创新性社区利益协议时，一个当地的活动家跳出来说，在他的城市里社区利益协议败得很惨。 他描述的这种失败是很有启发性的。 如果没有强大和警惕的地方联盟基础，开发商可以创建自己的地方"联盟"，并就宽松的条款进行谈判，而进步行动团体则徒劳地从外部抱怨。

　　[6] 该决议的副本，见公共情报网页（访问时间为 2011 年 10 月 6 日），网址：http：//publicintelligence.net/los-angeles-city-council-resolution-in-support-of-occupy-la/。

　　[7] 关于更多的占领富勒顿的情形，见 Samantha Schaefer and Lou Ponsi, "Occupy O.C. Protesters Set Up in Fullerton"，*Orange County Register*，January 11，2012。

　　[8] 关于洛杉矶涂鸦和壁画运动的更精彩和生动的图像史和地理学，见 Stefano Bloch, "The Changing Face of Wall Space：Graffiti-Murals in the Context of Neighborhood Change in Los Angeles"（PhD diss.，University of Minnesota，2012）。

267

附录 1

作者文本来源

重度参考和引用的文本是按章节编号的，编号的参考文献下列出了翻译、重印和主要修订的情况。

第一章

1A(with Rebecca Morales and Goetz Wolff)："Urban Restructuring: An Analysis of Social and Spatial Change in Los Angeles," *Economic Geography* 59(1983):195—230.

French translation："La Restructuration de la région de Los Angeles: Vers une rethéorisation de l'urbain," trans. B. Planque, *Revue d'Economie Régionale et Urbaine* 4(1985):727—740.

New version(with Allan Heskin and Marco Cenzatti)："Los Angeles nel caleidoscopio della restrutturazione," *Urbanistica* 80(1985):55—60; and "Los Angeles through the Kaleidoscope of Urban Restructuring" (Los Angeles: Graduate School of Architecture and Urban Planning, UCLA, Special Publication, 1984).

Reprint: "Industrial Restructuring: An Analysis of Social and Spatial Change in Los Angeles," in *International Capitalism and Industrial Restructuring*, ed. R. Peet(London: Allen and Unwin, 1987).

Reprint: "Urban Restructuring in Los Angeles," in *Atop the Urban Hierarchy*, ed. Robert Beauregard (Totowa, NJ: Rowman and Littlefield, 1988).

Reprint: "Urban Restructuring: An Analysis of Social and Spatial Change in Los Angeles" (with Rebecca Morales and Goetz Wolff), in *Regional Dynamics*, ed. Kingsley E. Haynes et al., Modern Classics in Regional Science Series(Cheltenham: Edward Elgar Publishing, 1997).

1B: "It All Comes Together in Los Angeles," in *Postmodern Geographies : The Reassertion of Space in Critical Social Theory*(London: Verso, 1989), 190—221.

German translation: "In L.A. kommt alles zusammen—Die Dekonstruktion und Rekonstitution von Modernität," trans. A. Schroeder and H.-P. Rodenberg, in *Die neue Metropole : Los Angeles-London*, ed. Bernd-Peter Lange and Hans-Peter Rodenberg (Hamburg and Berlin: Argument Verlag, 1994), 7—32.

1C: "Economic Restructuring and the Internationalization of the Los Angeles Region," in *The Capitalist City*, ed. M.P. Smith and J. Feagin(Oxford: Basil Blackwell, 1987), 178—198.

German translation: "Ökonomische Restrukturierung und Internationalisierung der Region Los Angeles," in *Das neue Gesicht der Städte*, ed. Renate Borst, Stefan Krätke, Margit Mayer, Roland Roth, and Fritz Schmoll(Basel, Boston, and Berlin: Birkhäuser Verlag, 1990), 170—187.

Reprint: Selections from "Economic Restructuring and the Internationalization of the Los Angeles Region" (1987), in *Human Societies : A Reader*, ed. Anthony Giddens (Cambridge: Polity Press, 1992), 301—305.

第二章

2A(with Allen Scott): Editorial essay, "Los Angeles: Capital of the Late Twentieth Century," *Environment and Planning D: Society and Space* 4(1986):249—254.

2B: "Taking Los Angeles Apart: Some Fragments of a Critical Human Geography," *Environment and Planning D: Society and Space* 4 (1986):255—272.

2C: "Taking Los Angeles Apart: Towards a Postmodern Geography," in *Postmodern Geographies: The Reassertion of Space in Critical Social Theory*(London: Verso, 1989), 222—248.

Reprint (with some additional material): "Taking Los Angeles Apart: Towards a Postmodern Geography," in *The Post-Modern Reader*, ed. Christopher Jencks(New York: St.Martin's Press/London: Academy Editions, 1992), 277—298.

German translation: "Los Angeles, eine nach aussen gekehrte Stadt: Die Entwicklung der postmodern Metropole in den USA," in *Rom-Madrid-Athen: Die neue Rolle der städtischen Peripherie*, ed. V. Kreibich, B. Krella, U. von Petz, P. Potz, Dortmunder Beiträge zur Raumplanung 62(Dortmund: IRPUD, 1993), 213—228.

"Postmodern Geographies: Taking Los Angeles Apart" (adapted from chapters 1 and 9 of *Postmodern Geographies*), in *Now/Here: Space, Time and Modernity*, ed. R. Friedland and D. Boden(Berkeley and Los Angeles: University of California Press, 1994), 127—162.

Portuguese translation: "O desenvolvimento metropolitano pós-moderno nos E.U.A.: Virando Los Angeles pelo avesso," in *Territorio:*

Globalização e Fragmentação, ed. M. Santos, M. A. de Souza, and M.L. Silveira(São Paulo: Editora Hucitec, 1994), 154—168.

Reprint: "Taking Los Angeles Apart: Towards a Postmodern Geography," in *The Cities Reader*, ed. R.T. Legates and F. Stout, 2d ed. (London and New York: Routledge, 1999), 180—192. Also in subsequent editions.

2D: "Heterotopologies: A Remembrance of Other Spaces in the Citadel-LA," *Strategies: A Journal of Theory, Culture and Politics* 3 (1990):6—39.

第三章

3A: "Inside Exopolis: Scenes From Orange County," in *Variations on a Theme Park: The New American City and the End of Public Space*, ed. M. Sorkin(New York: Hill and Wang, 1992), 94—122.

3B: "Inside Exopolis: Everyday Life in the Postmodern World," in *Thirdspace: Journeys to Los Angeles and Other Real-and-Imagined Places* (Oxford: Blackwell, 1996), 237—279.

第四章

4A: "The Stimulus of a Little Confusion: A Contemporary Comparison of Amsterdam and Los Angeles," in *Texts of a Special Lecture* (Amsterdam: Centrum voor Grootstedilijyk Onderzoek[Center for Metropolitan Studies], 1991.

Reprint: "The Stimulus of a Little Confusion: A Contemporary

Comparison of Amsterdam and Los Angeles," in *After Modernism*: *Global Restructuring and the Changing Boundaries of City Life*, ed. M.P. Smith(New Brunswick, NJ, and London: Transaction Publishers, 1992), 17—38.

Reprint: "The Stimulus of a Little Confusion: A Contemporary Comparison of Amsterdam and Los Angeles," in *Understanding Amsterdam*: *Essays on Economic Vitality*, *City Life*, *and Urban Form*, ed. L. Deben, W. Heinemejer, and D. van de Vaart(Amsterdam: Het Spinhuis, 1993), 69—91.

Reprint: "The Stimulus of a Little Confusion," in *Strangely Familiar*: *Narratives of Architecture in the City*, ed. I. Borden, J. Kerr, A. Pivaro, and J. Rendell(London and New York: Routledge, 1996), 27—31. Excerpts with new photographs.

German translation: "Anregung für ein wenig Verwirrung: Ein zeitgenössischer Vergleich von Amsterdam und Los Angeles," in *Capitales Fatales*: *Urbanisierung und Politik in den Finanzmetropolen Frankfurt und Zürich*, ed. H. Hitz, R. Keil, U. Lehrer, K. Ronneberger, C. Schmid, and R. Wolff(Zürich: Rotpunk, 1995), 160—175.

Reprint: "On Spuistraat: The Contested Streetscape in Amsterdam," in *The Unknown City*: *Contesting Architecture and Social Space*, ed. Iain Borden, Joe Kerr, and Jane Rendell(Cambridge, MA, and London: MIT Press, 2001), 280—295. With added illustrations.

New version: "The Centrum Reminds Me ...," in *Cultural Heritage and the Future of the Historic Inner City of Amsterdam*, ed. Leon Deben, Willem Salet, and Marie-Therese van Thoor(Amsterdam: Aksant Academic Publishers, 2004), 23—34.

Reprint: "The Stimulus of a Little Confusion: A Contemporary Comparison of Amsterdam and Los Angeles" in *Global Cities Reader*, ed. Neil Brenner and Roger Keil(London and New York: Routledge, 2006), 179—186.

4B: "Poles Apart: New York and Los Angeles," in *Dual City: The Restructuring of New York*, ed. J. Mollenkopf and M. Castells(New York: Russell Sage Foundation, 1991), 361—376.

4C: "Sprawl Is No Longer What It Used to Be," in *Post Ex Sub Dis: Urban Fragmentations and Constructions*, ed. Ghent Urban Studies Team(GUST)(Rotterdam: 010 Publishers, 2002), 76—88.

第五章

5A: "Postmodern Urbanization: The Six Restructurings of Los Angeles," in *Postmodern Cities and Spaces*, ed. Sophie Watson and Kathy Gibson(Oxford and Cambridge, MA: Blackwell, 1995), 125—137.

German translation: "Postmoderne Urbanisierung," in *Mythos Metropole*, ed. G. Fuchs, B. Moltman, and W. Prigge(Frankfurt: Suhrkamp Verlage, 1995), 143—164.

5B: "Los Angeles 1965—1992: From Crises-Generated Restructuring to Restructuring-Generated Crises," in *The City: Los Angeles and Urban Theory at the End of the Twentieth Century*, ed. Allen Scott and Edward Soja(Berkeley and Los Angeles: University of California Press, 1996).

Reprint: "Los Angeles 1965—1992: From Crisis-Generated Restructuring to Restructuring-Generated Crisis," in *Imported: A Reading Seminar*, ed. Rainer Ganahl (New York: Semiotext (e), 1998), 281—316.

Italian translation with photos: "Los Angeles as a Postmodern Metropolis," in *Los Angeles*, ed. Lorenzo Spagnoli (Rome: Laterza,

1997), 45—61.

Also of interest: Edward Soja and Allen Scott, "Introduction to Los Angeles: Metropolis and Region," in *The City: Los Angeles and Urban Theory at the End of the Twentieth Century*, ed. Allen Scott and Edward Soja(Berkeley and Los Angeles: University of California Press, 1996), 1—21.

5C: "Six Discourses on the Postmetropolis," in *Imagining Cities*, ed. Sallie Westwood and John Williams(London and New York: Routledge, 1997), 19—30.

Reprint with Spanish translation: "Six Discourses on the Postmetropolis," *Cartas Urbanas* 5(April 1999):6—20.

5D: "Six Discourses on the Postmetropolis," part 2, in *Postmetropolis: Critical Studies of Cities and Regions*(Oxford: Blackwell, 2000), 145—348.

Also of interest: "Exploring the Postmetropolis" and "Afterword," in *Postmodern Geographical Practice*, ed. Claudio Minca (Oxford: Blackwell Publishers, 2001).

New version: "Fractal Los Angeles: The Restructured Geographies of the Postmetropolis," in *Stadt und Region: Dynamik von Lebenwelten*, ed. Alois Mayr, Manfred Meurer, and Joachim Vogt(Leipzig, 2001), 255—260.

Reprint: "Six Discourses on the Postmetropolis," in *The Blackwell City Reader*, ed. Gary Bridge and Sophie Watson(Oxford and Malden, MA: Blackwell Publishing, 2002), 188—196.

Also of interest: "Urban Tensions: Globalization, Economic Restructuring, and the Postmetropolitan Transition," in *Global Tensions: Challenges and Opportunities in the World Economy*, ed. Lourdes Beneria and Savitri Bisnath(New York and London: Routledge, 2003),

275—290.

Spanish tranlsation: "Seis discursos sobre la postmetropolis," in *Lo urbano en 20 autores contemporáneos*, ed. Angel Martín Ramos(Barcelona: Edicions UPC, 2004), 91—98.

Reprint: "Six Discourses on the Postmetropolis," excerpts in *The Blackwell City Reader*, ed. Gary Bridge and Sophie Watson, 2d ed.(Oxford and Chichester: Wiley-Blackwell, 2010), 374—381.

Dutch translation: "Digitale gemeenschappen: Simcities en de hyperrealiteit van het dagelijkse leven," *Andere Sinema* (Antwerp) 148 (Nov.—Dec. 1998): 17—28 (Dutch translation, by Tom Paulus, of "Digital Communities: Simcities and the Hyperreality of Everyday Life," paper presented and distributed online at Symposium on Transarchitectures: Visions of Digital Community, Getty Research Institute, Getty Center, Los Angeles, June 1998, available at www.members.labridge.com/lacn/trans/soja2.html).

5E: "Postmetropolitan Psychasthenia: A Spatioanalysis," in *Urban Politics Now: Re-Imagining Democracy in the Neoliberal City*, ed. BAVO (Rotterdam: NAi Publishers, 2007), 78—93.

第六章

6A: *Postmodern Geographies: The Reassertion of Space in Critical Social Theory*(London: Verso, 1989).

6B: *Thirdspace: Journeys to Los Angeles and Other Real-and-Imagined Places*(Oxford: Blackwell, 1996).

German translation(selections): "Thirdspace: Die Erweiterung des geographischen Blicks," in *Kulturgeographie: aktuelle Ansätze und*

Entwicklungen, ed. Hans Gebhardt, Paul Reuber, and Gunter Wolkes-dorfer(Berlin and Heidelberg: Spektrum Akademische Verlag, 2003), 269—288.

Also of interest: "Thirdspace: Towards a New Consciousness of Space and Spatiality," in *Communicating in the Third Space*, ed. Karen Ilkas and Gerhard Wagner(New York and London: Routledge, 2009), 49—61.

6C: *Postmetropolis: Critical Studies of Cities and Regions*(Oxford: Blackwell, 2000).

Also of interest: "Writing the City Spatially," in *City* 7, no.3(November 2003):269—280.

Also of interest: "Borders Unbound: Globalization, Regionalism, and the Postmetropolitan Transition," in *B/ordering Space*, ed. Olivier Kramsch, Henk van Houtum, and Wolfgang Zierhofer(Aldershot: Ashgate, 2005), 33—46.

Also of interest: "Vom 'Zeitgeist' zum 'Raumgeist' : New Twists on the Spatial Turn," in *Spatial Turn : Das Raumparadigma in den Kultur-und Sozialwissenschaften*, ed. Jörg Döring and Tristan Thielemann(Bielefeld: Transcript Verlag, 2008), 241—262.

Also of interest: "Taking Space Personally," in *The Spatial Turn: Interdisciplinary Perspectives*, ed. Barney Warf and Santa Arias(New York and London: Routledge, 2008), 11—34.

Also of interest: "Resistance after the Spatial Turn," in *What Is Radical Politics Today?*, ed. Jonathan Pugh(Basingstoke: Palgrave Macmillan, 2009), 69—74.

6D: "The Socio-Spatial Dialectic," *Annals of the Association of American Geographers* 70(1980):207—225.

French translation: *Notes de recherche*, Centre d'Economie

Régionale, Aix-en-Provence, 1982.

Japanese translation: "The Socio-Spatial Dialectic," in *Horizons in Socio-Spatial Studies: Reading Neo-Classics in Human Geography*, ed. Masahiro Kato, Toshio Mizuuchi et al. (Osaka City University, 1996), 46—64.

Reprint: "The Socio-Spatial Dialectic," in *Reading Human Geography*, ed. Trevor Barnes and Derek Gregory (London: Arnold, 1997), 244—255.

6E(with Miguel Kanai): "The Urbanization of the World," in *The Endless City*, ed. Ricky Burdett and Dayan Sudjic (New York and London: Phaidon, 2008), 54—69.

第七章

7A: "Regional Urbanization and the End of the Metropolis Era," in *The New Blackwell Companion to the City*, ed. Gary Bridge and Sophie Watson (Oxford and Chichester: Wiley-Blackwell, 2011), 679—689.

Also of interest: (with Allen J. Scott, John Agnew, and Michael Storper), "Global City-Regions," in *Global City-Regions: Trends, Theory, Policy*, ed. A. J. Scott (Oxford and New York: Oxford University Press, 2001), 11—30.

Also of interest: "Regional Planning and Development Theories," in *International Encyclopedia of Human Geography*, ed. Rob Kitchin and Nigel Thrift (New York: Elsevier, 2009), 259—270.

7B: "From Metropolitan to Regional Urbanization," in *Companion to Urban Design*, ed. Tridip Banerjee and Anastasia Loukaitou-Sideris

(London and New York: Routledge, 2011), 552—561.

Interview: Renia Ehrenfurt, "The New Regionalism: A Conversation with Edward Soja," *Critical Planning* 9(Summer 2002):5—12.

Pamphlet: "Regional Urbanization and the Future of Megacities," in *Towards the Megacities Solution*, ed. M. Visser, T. Jengenell, S.S. Stedebouw, and Architectural Management(Amsterdam: Megacities Foundation, 2008).

"Regional Urbanization and the Future of Megacities" (extended version), in *Megacities: Exploring a Sustainable Future*, ed. S. Buijs, W. Tan, and D. Tunas(Rotterdam: OIO Publishers, 2010), 56—75.

Reprint: "Regional Urbanization and the End of the Metropolis Era," in *Global Visions: Risks and Opportunities for the Urban Planet*, ed. A. Gonzalez Brun, B.L. Low, J. Rosemann, and J. Widodo(Singapore: Centre for Advanced Studies in Architecture, National University of Singapore/International Forum on Urbanism, 2011).

第八章

8A: *Seeking Spatial Justice*(Minneapolis: University of Minnesota Press, 2010).

"Lessons in Spatial Justice," *hunch* 1[Berlage Institute, inaugural issue](1999):98—107.

"The City and Spatial Justice," *Justice Spatial/Spatial Justice* 1 (2009):31—38.

"Spatializing the Urban, Part I," *City* 14, no. 6(2010): 629—635. Responses to Forum on Seeking Spatial Justice, Part I, composed of the following commentaries, with Soja response, pp.625—635.

Andrea Gibbons and Celine Kuklowsky, "Introduction," 597—600.

Martin Woessner, "A New Ontology for the Era of the New Economy: On Edward W. Soja's *Seeking Spatial Justice*," 601—603.

David Cunningham, "Rights, Politics, and Strategy: A Response to *Seeking Spatial Justice*," 604—606.

Kurt Iveson, *Seeking Spatial Justice*: Some Reflections from Sydney, 607—611.

Jon Liss, "In Virginia ... Desperately *Seeking Spatial Justice*," 612—615.

Jane Wills, "Academic Agents for Change," 616—618.

Andrea Gibbons, "Bridging Theory and Practice," 619—621.

Andrew Davey, "Confronting the Geographies of Enmity," 622—624.

"Spatializing the Urban, Part II," *City* 15, no. 1 (2011): 96—102. Responses to Forum on Seeking Spatial Justice, Part II, composed of the following commentaries, with Soja response. pp.87—102.

Andrea Gibbons, "Introduction," 64—65.

Nuria Benach, "The Spatial Turn in Action," 66—68.

Abel Albet, "Spatial Justice: Where/When It All Comes Together," 69—72.

Marcello Lopes de Souza, "The Words and the Things," 73—77.

Peter Hall, "Great Title, Wrong Book," 78—80.

Eduardo Menieta, "The Spatial Metaphorics of Justice: On Edward W. Soja," 81—84.

Fran Tonkiss, "Spatial Causes, Social Effects: A Response to Soja," 85—86.

Gilda Haas, "Mapping (In)justice," 87—95.

附录 2

补充视频资源

视频资源意在为文本提供视觉上的佐证。 几近所有资源都可在线免费观看；有些需要购买 DVD。

第二章

1. "The Postmodern City—Bonaventure Hotel," interview with Edward Soja, extracted from BBC—Open University Sociology Department video "Los Angeles: City of the Future." Available on YouTube.

2. "Los Angeles: City of the Future," produced by the BBC for the Open University course on urban sociology, 1990. Available in four parts on YouTube.

第三章

3. VH1 TV News Special: *Orange County: America's Hip Factory*, written by Mike Goudreau, produced by Lucas Traub, first appeared March 12, 2002, available online with subscription, www.imdb.com/title/tt0838207/combined.

第八章

4. *Bread and Roses*, 2000, directed by Ken Loach, feature film in English and Spanish. Free online at www. ovguide. com/bread-and-roses-9202a8c0400064. Available on DVD through Lionsgate(US).

5. *Bus Riders Union*, 2000, a film by director and cinematographer Haskell Wexler. Free online at www. thestrategycenter. org/.../nlov-5-bus-riders-union-documentary. DVD available through IMDbPro and the Labor/Community Strategy Center.

6. *Wal-Mart: The High Cost of Low Price* (2005), a documentary film produced and directed by Robert Greenwald, available on You-Tube.

索 引^①

---

① 页码均指英语原版书的页码，即中译本的边码。 斜体页码指的是有关插图所在页码，n指原书注释。 ——译者注

图书在版编目(CIP)数据

我的洛杉矶:从都市重组到区域城市化/(美)爱
德华・W・苏贾(Edward W.Soja)著;强乃社译.—
上海:上海人民出版社,2021
(都市文化研究译丛)
书名原文:My Los Angeles: From Urban
Restructuring to Regional Urbanization
ISBN 978 - 7 - 208 - 16754 - 4

Ⅰ.①我… Ⅱ.①爱… ②强… Ⅲ.①城市史-洛杉
矶 Ⅳ.①K971.2

中国版本图书馆 CIP 数据核字(2020)第 206194 号

责任编辑 吴书勇
封面设计 胡 枫

我的洛杉矶

——从都市重组到区域城市化

[美]爱德华・W・苏贾 著

强乃社 译

出 版	上海人民出版社	
	(200001 上海福建中路 193 号)	
发 行	上海人民出版社发行中心	
印 刷	常熟市新骅印刷有限公司	
开 本	635×965 1/16	
印 张	19.5	
插 页	3	
字 数	270,000	
版 次	2021 年 2 月第 1 版	
印 次	2021 年 2 月第 1 次印刷	

ISBN 978 - 7 - 208 - 16754 - 4/D・3668
定 价 88.00 元

都市文化研究译丛

《正义、自然和差异地理学》

［美］戴维·哈维

《下城:1880—1950年间的兴衰》

［美］罗伯特·M·福格尔森

《水晶之城:窥探洛杉矶的未来》

［美］迈克·戴维斯

《一种最佳体制:美国城市教育史》

［美］戴维·B·泰亚克

《文学中的城市:知识与文化的历史》

［美］理查德·利罕

《空间与政治》

［法］亨利·列斐伏尔

《真正的穷人:内城区、底层阶级和公共政策》

［美］威廉·朱利叶斯·威尔逊

《布尔乔亚的恶梦:1870—1930年的美国城市郊区》

［美］罗伯特·M·福格尔森

《巴黎,19世纪的首都》

［德］瓦尔特·本雅明